国际教育前沿丛书

刘宝存　主编

国际视野下的
研究型大学教学模式与方法改革

● 刘宝存　主编

山西出版传媒集团　山西教育出版社

图书在版编目（CIP）数据

国际视野下的研究型大学教学模式与方法改革／刘宝存主编. — 太原：山西教育出版社，2019.7
（国际教育前沿丛书）
ISBN 978-7-5440-9906-6

Ⅰ. ①国… Ⅱ. ①刘… Ⅲ. ①高等学校—教学模式—研究②高等学校—教学改革—研究 Ⅳ. ①G642.0

中国版本图书馆 CIP 数据核字（2018）第 109566 号

国际视野下的研究型大学教学模式与方法改革
GUOJI SHIYE XIA DE YANJIU XING DAXUE JIAOXUE MOSHI YU FANGFA GAIGE

责任编辑	王　倩
复　　审	刘晓露
终　　审	郭志强
装帧设计	薛　菲
印装监制	蔡　洁

出版发行　山西出版传媒集团·山西教育出版社
（太原市水西门街馒头巷7号　电话：0351-4729801　邮编：030002）

印　装	山西康全印刷有限公司
开　本	720 mm×1020 mm　1/16
印　张	16.5
字　数	262 千字
版　次	2019 年 7 月第 1 版
印　次	2019 年 7 月山西第 1 次印刷
书　号	ISBN 978-7-5440-9906-6
定　价	50.00 元

如发现印装质量问题，影响阅读，请与出版社联系调换。电话：0351-4729718

总　序

一

当今世界正处在大发展、大变革、大调整时期，主要表现为以下四个方面。一是国际竞争的加剧。在"冷战"结束以后，世界格局发生了重大变化，世界上一些主要国家都在调整国家目标，力图在急剧变化的世界中为自己定位。各国为了实现国家目标，在新世纪的国际竞争中取得战略有利地位，纷纷把教育改革作为国家整体战略的一部分，作为提高民族素质、增强国际竞争力的战略举措。二是知识经济的发展。世界经济的发展经历了农业经济和工业经济之后，正在进入知识经济阶段。与建立在土地和人口基础上的农业经济、建立在资本和资源基础上的工业经济不同，知识经济是建立在知识和信息的生产、分配和使用基础之上的经济。在知识经济时代，知识、技术和信息成为推动经济发展最重要的因素。知识、技术和信息发展靠创新、靠人才，归根结底要靠教育。因此，教育成为各国应对知识经济挑战的首要途径。三是全球化进程的深入。在经济全球化的影响下，世界各国在政治、经济、文化、教育和社会生活等方面的联系、影响、依赖程度不断增强。全球化同时也加剧了国家之间、地区之间乃至学校之间的竞争，世界各国都把创建世界一流的学校、提升教育的全球竞争力作为战略目标。四是信息技术和人工智能的挑战。信息技术和人工智能的发展正改变着我们的生活方式、工作方式、学习方式、思维方式、价值观念及其物质载体，也为教育的改革与发展提供了更为广阔的空间。国际社会大变革把教育推向社会经济发展舞台的中心，优先发展教育、深化教育改革成为世界性的运动，而提高教育质量、促进教育公平则是这场教育改革运动的主旋律。

如果从历史的角度来考察，20世纪80年代以来世界范围的教育改革，不仅是对当代世界政治、经济、科学技术和文化的大发展、大变革、大调整所带来的挑战的应对，也是基于教育自身发展和改革的需要。纵观风云变幻的20世纪，世界教育经历了前所未有的挑战和改革。20世纪30年代，工业化、城市化所推动的社会全面变革引发了以进步主义教育运动为标志的世界性教育改革运动。进步主义教育直接向传统教育宣战，强调把儿童的兴趣作为教育的出发点，重视职业教育、工业教育、科学教育，倡导以解决问题为核心的教学方法，注重培养学生的合作精神和社会责任感。进步主义教育改革运动使人们反思传统与变革、人文与科学、社会与个人之间的关系，并尝试建立一种新的平衡，但并没有取得预期的效果。20世纪五六十年代，在科技进步、经济发展、民主运动、人口剧增和"冷战"加剧等因素的推动下，以1957年苏联人造卫星的发射为导火线，爆发了新一轮世界性的教育运动。世界各国开始重新审视一度给教育带来一缕新风的进步主义教育思想及其改革运动，结构主义、要素主义教育理论逐渐取代进步主义教育理论取得支配地位，促进中等教育的普及化和高等教育的大众化，改革基础教育课程和教学方法，加强大学的科技人才培养和科学研究，成为国际社会教育改革的主旋律。特别是人力资本理论和终身教育思想的提出，使教育的地位空前提高，改变了人们的价值观念。这一轮的教育改革因70年代的经济萧条戛然而止。因此，20世纪80年代以来的世界教育运动是上一轮教育改革运动在新的社会经济背景下的发展。在中小学教育实现了普及化、高等教育实现了大众化甚至普及化的背景下，世界教育改革的主旋律变成了促进公平、提高质量，也就是为每一个人提供高质量的教育。在新的社会经济背景下，世界各国纷纷把教育放在优先发展的战略地位，打造世界一流的教育体系，确立以培养创新人才为核心的培养目标，改革课程体系和教学模式，加强教育与社会生活的联系，提高教师的待遇和专业化水平，建构终身教育体系，推进教育信息化、教育国际化进程，建立更加灵活、高效的管理机制。与以前的局部改革不同，这是一场关于教育的全面改革，涉及从学前教育到高等教育、从课程教学到管理体制等教育的方方面面；与以前阶段性的教育改革不同，这更是一场长期的教育改革，已经持续30多年的教育改革仍呈方兴未艾之势。

二

自改革开放以来，中国社会发生了翻天覆地的变化。改革开放40年的经济快速增长，使中国从一个经济处于崩溃边缘的穷国一跃而成为世界第二大经济体，人民生活水平大幅度提高，综合国力不断增强。同时，中国也从一个传统社会转变为现代社会，在经济、社会、政治方面实现转型，工业化、城镇化、民主化进程不断加快。经过40年的改革开放，我国社会经济发展进入新阶段。我国面临着国际社会大变革和国内各种社会经济问题凸显的双重压力，既处于新的改革发展战略机遇期，也处于改革的攻坚期和"深水区"。正如《国家中长期教育改革与发展规划纲要（2010—2020年）》所总结的，"我国正处在改革发展的关键阶段，经济建设、政治建设、文化建设、社会建设以及生态文明建设全面推进，工业化、信息化、城镇化、市场化、国际化深入发展，人口、资源、环境压力日益加大，经济发展方式加快转变"。党的十九大明确提出要实现社会主义现代化和中华民族伟大复兴，在全面建成小康社会的基础上，分两步走在本世纪中叶建成富强民主文明和谐美丽的社会主义现代化强国。从现在到2020年，是全面建成小康社会决胜期。要按照十六大、十七大、十八大提出的全面建成小康社会各项要求，紧扣我国社会主要矛盾变化，统筹推进经济建设、政治建设、文化建设、社会建设、生态文明建设，坚定实施科教兴国战略、人才强国战略、创新驱动发展战略、乡村振兴战略、区域协调发展战略、可持续发展战略、军民融合发展战略，突出抓重点、补短板、强弱项，特别是要坚决打好防范化解重大风险、精准脱贫、污染防治的攻坚战，使全面建成小康社会得到人民认可、经得起历史检验。综合分析国际国内形势和我国发展条件，从2020年到本世纪中叶可以分两个阶段来安排。第一个阶段，从2020年到2035年，在全面建成小康社会的基础上，再奋斗十五年，基本实现社会主义现代化。第二个阶段，从2035年到本世纪中叶，在基本实现现代化的基础上，再奋斗十五年，把我国建成富强民主文明和谐美丽的社会主义现代化强国。这一系列战略目标的实现，意味着中国社会将迎来更大的变革，意味着一个真正强国的崛起，也意味着我们必须重新审视我国教育，探讨教育如何适应国家战略的调整，积极改革创新，为国家整体战略服务。

与国际社会的教育改革大势相一致，中国教育以1985年《中共中央关于教育体制改革的决定》为标志开始了前所未有的全面改革。在新的世纪，面对新问题、新矛盾、新挑战，我国在2010年颁布了《国家中长期教育改革与发展规划纲要（2010—2020年）》，对中国教育的发展提出了新的要求：加快从教育大国向教育强国、从人力资源大国向人力资源强国迈进；到2020年，基本实现教育现代化，基本形成学习型社会，进入人力资源强国行列，办出具有中国特色、世界水平的现代教育。教育规划纲要的颁布，宣告了我国新一轮教育改革运动的开始，我国教育进入大改革、大发展、大变化时期。党的十九大报告把建设教育强国作为中华民族伟大复兴的基础工程，要求必须把教育事业放在优先位置，深化教育改革，加快教育现代化，办好人民满意的教育。无论是当前的社会变革还是教育变革，在我国历史上都没有现成的经验可以借鉴，必须从国际社会寻找可供借鉴的理论、经验和发展路径，并在此基础上实现教育理论创新、实践创新和制度创新。一方面，我国教育科学虽然已经有了很长的历史，但是对于教育改革与发展中的许多问题仍然没有一致的认识。因此，当前我国教育研究特别是比较教育研究的一个重要使命就是围绕世界和我国教育改革与发展的重大理论、政策和实践前沿问题开展研究，探索教育发展的规律，把握国际教育发展的趋势，为我国教育改革与发展提供理论支撑。另一方面，在经过40年的改革开放之后，我国教育改革已经进入"深水区"和攻坚阶段，在我国历史上既没有相应的经验可以借鉴，也不可能完全依靠"摸着石头过河"去探索未知的领域。因此，我们必须把视野扩大到国际社会，研究世界各国教育改革与发展的基本理念、政策措施、得失成败，研究世界教育改革发展的基本脉络和发展趋势，尤其是针对我国教育改革发展中的重大问题和紧迫问题，在世界范围内寻求相应的经验，特别是研究发达国家已经走过的道路和经验教训，并根据我国实际探索适合我国国情的政策措施。

三

北京师范大学国际与比较教育研究院创立于1961年，是中华人民共和国成立后设立最早的国际与比较教育研究机构。1981年，被国务院学位委员会批准为比较教育学专业全国第一批硕士学位授权点。1983年，被国务院学位委员会批准为比较教育学专业全国第一批博士学位授权点。1988年，被国家教委（现教育部）确定为国家重点学科，是比较教育领域中唯一的国家重点学科。1999年12月，成为第一批入选教育部普通高等学校人文社会科学重点研究基地的15家科研机构之一，是比较教育学科唯一的重点研究基地。2011年秋季，招收第一届全英文教学国际硕士研究生，开创了我国比较教育学专业国际硕士教育的先河。2012年，与奥地利、德国、芬兰等国大学联合开设欧盟伊拉斯莫（Erasmus Mundus）"高等教育研究与创新"硕士项目，这是我国高校第一次以全面合作伙伴（full-partners）身份全面参与伊拉斯莫项目的招生、教学和管理工作。2012年，入选教育部国别区域问题研究基地，成为教育部国际教育研究中心之一。2013年，在成功举办全英文教学国际硕士项目的基础上，全英文教学国际博士项目顺利招生，成为我国比较教育学专业乃至教育学科第一个开设国际博士教育项目的机构。2017年，加入教育部高校高端智库联盟，成为教育领域首批入选的两家智库之一。

北京师范大学国际与比较教育研究院的基本使命是：1. 围绕世界和我国教育改革与发展的重大理论、政策和实践前沿问题开展研究，探索教育发展的规律，把握国际教育发展的趋势，为我国教育改革与发展提供理论支撑；2. 为文化教育部门和相关部门培养具有国际视野、通晓国际规则、能够参与国际事务和国际竞争的高层次国际化人才；3. 积极开展教育政策研究与咨询服务工作，为中央和地方政府的重大教育决策提供智力支撑，为区域教育创新和各级各类学校的改革试验提供咨询服务；4. 积极开展国际文化教育交流与合作，引进和传播国际先进理念和教育经验，把我国教育改革发展的先进经验和教育研究的新发现推向世界，成为中外文化教育交流的桥梁和平台。

经过50多年的发展，北京师范大学国际与比较教育研究院已经成为我国规模最大、语种最全的国际与比较教育研究机构，语种涵盖英语、俄语、法语、德语、日语、朝鲜语、葡萄牙语、西班牙语等世界主要语种，研究对象包括美国、英国、法国、德国、俄罗斯、日本、韩国、印度、澳大利亚、加拿大、新加坡、芬兰等国家以及联合国教科文组织、世界银行、联合国儿童基金会、欧盟、经济合作与发展组织、亚太经济合作组织等国际组织，研究领域包括比较教育的理论与方法、基础教育比较、高等教育比较、教育政策与管理比较、教育思想比较、文化与教育发展比较、国际教育等比较教育研究的主要领域。

50多年来，北京师范大学国际与比较教育研究院一直是我国国际与比较教育研究的重镇。该院以"立足中国，放眼世界"为指导思想，根据我国社会主义现代化建设和教育改革发展的需要，积极承担起国家重大教育研究任务，取得了一大批高水平的研究成果。这套《国际教育前沿丛书》就是近年该院承担的部分国家级和省部级科研项目的研究成果，我们衷心希望这套丛书的出版能够帮助读者了解国际教育改革与发展的前沿，为我国教育改革与发展提供一些借鉴与启示。

北京师范大学把《国际教育前沿丛书》列为"985工程"重点项目予以支持，山西教育出版社在丛书编辑和出版过程中给予了很大支持，在此特别表示感谢。

刘宝存

2018年2月于北京

序

1999年，根据当时经济社会发展的重大需求和人民群众希望更多地接受高等教育的强烈愿望，党中央、国务院审时度势，作出扩大高等教育招生规模的重大决策。经过各地区、各部门和高等院校的共同努力，我国高等教育规模实现了跨越式发展，先后超过印度、俄罗斯和美国，建立了世界上最大的高等教育体系，高等教育事业步入大众化发展阶段。应该说，21世纪初我国高等教育发展的主旋律是规模的扩张。但是规模持续扩大的同时，教育部始终把提高教育质量放在重要位置，始终将质量作为高等教育发展的生命线，先后出台了《关于加强高等学校本科教学工作提高教学质量的若干意见》《关于进一步加强高等学校本科教学工作的若干意见》等文件，强调在规模持续发展的同时把提高质量放在更加突出的位置。2006年5月10日，温家宝同志主持召开国务院常务会议时强调："高等教育要全面贯彻落实科学发展观，适当控制招生规模增长幅度，相对稳定招生规模，切实把重点放在提高质量上。"为了贯彻落实党中央、国务院的这一战略决策和部署，切实把高等教育重点放在提高质量上，2007年经报国务院同意，教育部、财政部决定实施"高等学校本科教学质量与教学改革工程"（简称"高等教育质量工程"），进一步深化本科教学改革，提高本科教学质量。在国家宏观政策的指导下，许多高校进行了系列的教育教学改革实践，并取得了显著的成果。教学模式与方法作为教育活动中的一个关键组成部分，自然成为改革的重点。

为了研究"高等教育质量工程"中的重大问题，2009年教育部委托新世纪教学研究所设立了一系列研究项目，我申报的"我国研究型大学教学模式与方法改革现状、问题与对策研究"有幸获批立项。我本人作为专家组核心成员，全程参与了"高等教育质量工程"相关文件的调研、论证、起草和相关政策的实施和评价工作，比较方便把握"高等教育质量工程"的精神实质和要求，也充分认识到我国高等学校教学模式和方法存在的问题及其症结所在。在世纪之交，正值世界上高等学校本科生教学改革蓬勃发展、如火如荼之时，可以说我国高等学校的教学模式与方法改革正逢其时。因此，在课题研究过程中，我们把我国研究型大学教学模式与方法改革放到世界研究型大学教学模式与方法改革的大背景下予以审视，并采用文献分析法、问卷调查法、个案研究法、比较研究法等多种方法进行了深入且系统的研究，课题结题时获得"优秀"。现在呈现给大家的这本书就是在该课题研究报告的基础上修改、补充、完善而形成的。

本书共包括五章，各章主要内容如下：第一章主要就研究型大学教学模式与方法的有关理论进行了研究，其中包括研究型大学的界定，教学模式与方法的界定，研究型大学教学模式与方法改革的特点、历史发展和影响因素，研究型大学教学模式与方法改革的取向和发展趋势等。第二章主要就国内部分研究型大学的教学模式与方法改革进行了调查研究。第三章主要对国内的北京师范大学、北京大学、清华大学、山东大学、北京航空航天大学等研究型大学进行了个案研究。第四章主要就世界主要研究型大学的教学模式与方法进行了国际比较研究，其中包括世界主要研究型大学的培养目标、课程体系以及教学模式与方法。第五章主要对我国研究型大学教学模式与方法改革的对策进行了研究，其中包括我国研究型大学教学模式与方法改革的历史演变、现状和发展对策。

研究发现，当前我国研究型大学教学模式与方法改革的突出特点是，通过构建综合化和多元化的课程体系，在吸收国外研究型大学教学模式与方法的成功经验上，采取了以"科研"取向（如导师制、新生研讨课、本科生科研、基于问题的学习、大学生研究训练等）和"实践"取向（如暑期学校、创业实验、企业实习计划等）为主的教学模式与方法，以培养具有创新意识、创新精神和创新能力的现代化人才为目标。同时，研究也发现：与世界主要研究型大学相比，我国研究型大学在教学模式与方法改革方面的主要问题是本科生科研能力训练的制度建设和文化建设还不够健全，本科生实践能力的训练方式还略显单一，教学和科研的有机结合还不够完善等。针对这些问题，本研究认为，我国研究型大学在教学模式与方法改革方面需要进一步加强内外部制度环境的建设，营造浓郁的学术氛围，积极吸收世界主要研究型大学教学模式与改革的成果，同时围绕创新人才的培养目标主动探索、研究与实验符合我国研究型大学发展规律的教学模式与方法，在"科研"与"实践"上继续创新，推动我国研究型大学向世界一流大学迈进的步伐，为国家的建设发挥更大的作用。

该著作是集体攻关的结晶。本书的整体框架由我设计提出，经课题组讨论后分章撰写，具体分工如下：第一章"研究型大学教学模式与方法改革的理论研究"由山东大学黄海啸负责；第二章"我国研究型大学教学模式与方法改革调查研究"由上海电机学院何倩、北京大学第三医院汪恒负责；第三章"我国研究型大学教学模式与方法改革个案研究"由北京大学第三医院汪恒、北京交通大学张安梅、山东大学黄海啸、北京社会管理职业学院吴芬负责；第四章"世界主要研究型大学教学模式与方法改革比较研究"由中国教育科学研究院张永军负责；第五章"我国研究型大学教学模式与方法改革对策研究"由华中科技大学李函颖负责。武警医学院牛丽红、淮北师范大学王瑛、上海电机学院何倩、山东大学黄海啸、北京大学第三医院汪恒参加了调查问卷的设计、实施和数据处理工作。最后，由我负责书稿的统稿工作。北京师范大学张伟协助做了统稿工作。

在调研过程中，我们得到教育部高教司宋毅、李智、张庆国、白文宏等同志和各兄弟院校的大力支持，在此谨向他们表示感谢。没有他们的帮助，本研究的完成是不可能的。在写作过程中，我们参考了国内外专家、同行的研究成果，未能一一列出，在此一并致以谢意！

研究型大学教学模式与方法改革是一个时做时新的话题，我们冒昧以此著作抛砖引玉，希望不久会有更成熟、更完善的同类著作问世。由于作者水平有限，粗浅和遗漏之处在所难免，敬请同行专家和广大读者批评指正。

刘宝存
2016年6月于北京

总序
序
第一章　研究型大学教学模式与方法改革的理论研究
　　第一节　研究型大学的界定及其教学模式与方法的特点　　1
　　第二节　教学模式与方法的理论流派及类型　　15
　　第三节　研究型大学教学模式与方法的历史发展及影响因素　　26
　　第四节　研究型大学教学模式与方法改革的价值取向和趋势　　35
第二章　我国研究型大学教学模式与方法改革调查研究
　　第一节　对我国研究型大学教务处处长的问卷调查　　45
　　第二节　对我国研究型大学教师的问卷调查　　49
　　第三节　对我国研究型大学学生的问卷调查　　54
第三章　我国研究型大学教学模式与方法改革个案研究
　　第一节　北京师范大学的教学模式与方法改革　　58
　　第二节　北京大学的教学模式与方法改革　　71
　　第三节　清华大学的教学模式与方法改革　　86
　　第四节　山东大学的教学模式与方法改革　　106
　　第五节　北京航空航天大学的教学模式与方法改革　　118
第四章　世界主要研究型大学教学模式与方法改革比较研究
　　第一节　世界主要研究型大学的培养目标　　136

第二节 世界主要研究型大学的课程体系　145
第三节 世界主要研究型大学的教学模式与方法　156

第五章 我国研究型大学教学模式与方法改革对策研究
第一节 我国研究型大学教学模式与方法改革的历史演变　180
第二节 我国研究型大学教学模式与方法改革的现状　189
第三节 我国研究型大学教学模式与方法改革的对策建议　204

参考文献　224

附录

附录1 "研究型大学教学模式和教学方法改革"教务处处长调查问卷　232

附录2 "研究型大学教学模式和教学方法改革"教师调查问卷　239

附录3 "研究型大学教学模式和教学方法改革"学生调查问卷　246

第一章
研究型大学教学模式与方法改革的理论研究

研究型大学发端于德国,成型于美国。在长期的发展过程中,研究型大学在各方面都已经形成了一些较为成熟的理论,其中教学模式与方法就是一个重要的方面。本章从研究型大学的概念,研究型大学教学模式改革的特点、历史发展、影响因素、发展趋势等方面对研究型大学教学模式与方法进行了系统研究。

第一节 研究型大学的界定及其教学模式与方法的特点

近几年中国高等教育论域使用率最高的"热词"要数"研究型大学"和"世界一流大学"。它反映了中国进入大众化高等教育阶段后,无论是政府代表的国家意志,还是专家学者代表的民族理性,抑或大众百姓代表的民间诉求等力量,对我国高等教育质量、高等教育国际水平、高等教育层级分布(学界也形象地称为"搭建高等教育立交桥")等制约高等教育乃至整个国家民族未来十年乃至五十年国际竞争力与前途命运的深刻忧患与热切关注。这样的语境之下,"研究型大学"在中国几乎与"世界一流大学"同义;或者说,在我国说"世界一流大学",就是指世界一流水平的"研究型大学";而说"研究型大学",几乎就是暗指"世界一流大学"。事实上,"研究型大学"是个更专业、含义更确定、边界更清晰的专用名词。发端于德国、壮大于美国的"研究型大学"是有其严格的数据指标的,即美国"卡内基教学促进基金会"

(The Carnegie Foundation for the Advancement of Teaching）界定的高等学校分类标准；而"世界一流大学"通俗之余不免含义模糊、边界不清，更多地表达了中国大众及媒体对世界顶级大学的夸赞、向往与仰慕之情。严格地讲，"世界一流大学"未必是"研究型大学"，也无关其规模及是否是综合性大学，有一流师资、一流学科、一流教学与学术水平的任何类型大学都可被称为"世界一流大学"。当然，大多数的"世界一流大学"是"研究型大学"。同时，研究型大学教学质量制约着一个国家的尖端人才培养水平和综合创新能力。"从美国20世纪80年代的改革经验来看，本科教学改革的重点和难点不在普通院校而在研究型大学，因为那里的科研与教学、教学与技术发明及其产业化的矛盾最为激烈。"[①] 为了更有效地探索世界顶级大学的教学模式与方法，我们选择用更专业的"研究型大学"概念，并在此基础上考察世界顶级大学的发展历程，分析研究型大学教学模式与方法的特点。

一、大学职能的拓展与研究型大学之发端

若从人类高等教育发展历史上探究"研究型大学"的起源及内涵，必然要追溯德国伟大教育家威廉·冯·洪堡（Wilhelm von Humboldt）对于大学研究功能的拓展。应该说，是先有了"教师"和"学生"组成的"知识共同体"在大学校园里"教"与"学"基础上对"创新知识"的追求——学术研究行为，之后才有了"研究型大学"（research university）的形成与界定。回顾世界高等教育的发展史，是德国教育家洪堡最早"将科学研究作为学校活动的一个组成部分"[②]，从而实现了传统大学向现代大学的转变。所以，研究型大学的雏形，理所当然应该是成立于1810年的德国柏林大学（Humboldt-Universität zu Berlin），德国教育家洪堡在此开创了大学"研究与教学相结合"的先河。可以说，人类高等教育发展史上，是先有大学的研究活动，才有所谓的研究型大学的萌芽与诞生。而在此以前的大学则被称之为"教学型大学"（teaching uni-

---

[①] 张红霞.从国际经验看研究型大学本科教学改革的基本原则[J].高等教育研究，2006(2):60—65.

[②] 王一军,龚放.高等教育大众化阶段高校教学定位的再思考——基于伯顿·克拉克"教学漂移"观点的分析[J].高等教育研究,2010(2):61—67.

versity）①。当然，我们当下语境里的"研究型大学"是美国高等教育发展的产物，在美国"卡内基教育促进基金会"高等学校分类框架里的一种大学类型，有其严格的量化标准和指标体系。研究型大学是现代大学功能不断拓展的结果，也是世界高等教育发展前沿与中心从德国向美国过渡的标志。

大学研究功能的最早倡导者洪堡是一位新人文主义学者，他促成了德国柏林大学的建立，并领导了德国乃至世界高等教育史上一场学术革命。首先，洪堡将作为高等学术机构的大学与一般高级中学、专科学校加以区分，认为大学是"带有研究性质的学校"，而这种"带有研究性质的学校"毫无疑问是世界"研究型大学"的最初萌芽。在洪堡看来，"大学教授的主要任务并不是'教'，大学学生的任务也并不是'学'；大学学生需要独立地自己去从事'研究'，至于教授的工作则在诱导学生'研究'的兴趣，再进一步指导并帮助学生做'研究'工作。"②这样，洪堡赋予了传统大学新的使命，同时也为大学注入了新的生命力。科研功能的引入，让大学焕发了新的生机。洪堡的改革，可以说使科研、教学、学习统一的思想成为一个永久的原则，从而也历史性地改变了大学教学即为单纯传授已有知识的限定模式，开创了人类高等教育历史上处于高端的大学——逐渐发展并成熟于美国的研究型大学——的教学模式的多样性。可以说，研究型大学在德国的萌芽与诞生，也为研究型大学的多样化教学模式奠定了特色基础——研究型大学的教学必然基于创新知识与传播知识的良性互动与密切配合。值得注意的是，此时的科研是作为一种新的教学模式和手段被引入的，而不是独立于教学工作之外的单纯的研究探索。此时教授的作用，在于把科研和教学结合起来——科研活动十分恰当地成为一种教学的模式。学生的作用就是把科研和学习结合起来——科研活动变成了一种学习的模式。因此，科研使教授和学生同向，把教学和学习合拢来成为促进知识传递、创新的一个无缝承诺之网，铸成了一个紧密的"科研—教学—学习"联结体。可见，洪堡的思想实际上是一种在科学探究的过程中进行教育的思想，其宗旨是继承既有知识基础上面向未来的知识，而不是一味地对以往的知识和真理进行学习、辩护。"洪堡认为大学是带有研究性质的学校，是

---

① 刘宝存.洪堡大学理念述评[J].清华大学教育研究,2002(1):63—69.
② 刘宝存.洪堡大学理念述评[J].清华大学教育研究,2002(1):63—69.

高等学术机构,并把发展科学作为大学的重要职能,使中世纪大学产生以来大学的职能首次得到了拓展,促进了大学由教学型大学向研究型大学的转变,大学不但培养人才,而且还要发展科学,使大学在社会发展中的地位提高了,从此大学逐渐从社会生活的边缘走向中心。"①教学和科研相统一的原则由此得以确立。洪堡的这个原则,具有划时代意义的学术思想,它解放了沉闷中的大学,激发了大学探索知识的潜能,为大学发展打开了一扇通往另一片广阔天地的大门。自从这一原则被认可与接受,世界高等教育中就逐渐诞生并发展、壮大了这样一批大学:其教学已不再单单在于传授已有知识,而更多的是教师和学生一起继承人类已有知识基础上发展新知识;而教学的模式与方法也从单向灌输、一味讲解、传授变为基于知识增扩、创新基础上的研究性教学。如以研究、探讨为基础的德国"Seminar"(习明纳或研讨课)教学模式与方法在世界范围内尤其是美国主要大学的传播与推广;又如美国研究型大学常用的苏格拉底(希腊语:Σωκράτης;英语:Socrates)教学法、案例教学法、合作教学、"三明治课程"、产学研合作教学、探究式教学、本科生科研等,都是基于洪堡原则;之后美国教育家克拉克·科尔(Clark Kerr)在多元巨型大学框架下提出的以培养学生探究能力、创新能力、批判性思维及实践能力为目的的教学、研究、服务社会三螺旋结构教学模式与方法等。这些在一定程度上逐步形成了"研究型大学"在教学模式与方法上区别于"教学型大学"最显著的特征:以培养各行业领袖人才为目标的基于探究能力、创新能力、批判性思维及实践能力培养的多元、灵活教学模式与方法体系的运用。

但洪堡的科研原则还有另外一个维度的含义与影响,即其原则表述从一开始就具有思想的多面性,并没有一套明确的指令。在改革过程中,洪堡的整个理念架构无不体现着他作为一个新人文主义者的人文关怀,贯彻着他所坚持的新人文精神。他在强调教学与科研相统一时,又提出了"学术自由"的理念,以保证大学师生探索真理的自由。他指出:"大学要站在纯科学的角度推动教学工作,要从学生自身中去发展其创造力;对于精神的活动,要使其有必然的自由,不受干扰。"②在他看来,真理高于权威,大学教师要有充分讲学自由、学生享有学习自

---

① 刘宝存.洪堡大学理念述评[J].清华大学教育研究,2002(1):63—69.
② 刘宝存.洪堡大学理念述评[J].清华大学教育研究,2002(1):63—69.

第一章　研究型大学教学模式与方法改革的理论研究

由，师生职责就是从事追求真理的学术活动，师生的研究活动不应受到干扰。为此他还确立了"教授治校"的原则，以讲座教授组成的校务委员会来决定校务大政方针，同时每年推选校长，任期一年，以共同决定来治理校政。洪堡的科研原则所强调的是一种无所限制和拘束的探究，是一种纯基础研究，与其联系的是坚持教学、学习的自由。这种自由的探究，体现了洪堡的人文关怀，正如他所言，"通过探究进行教育将导致能把德国文化举到新的高度的有知识和全面发展的人。"[①]于是，在19世纪后期乃至整个20世纪，洪堡所确定的原则，以各种不同的面貌对世界上先进国家的高等教育产生了深远影响，如美国和日本等。然而，在实践中，洪堡理想的模式并没有坚持多久，洪堡的"科研—教学—学习"的联结体并未能持续。在后来的德国，尤其是在美国等其他国家，科研、教学、学习的关系已经变得越来越复杂和有争议。

也就是说，自从有了研究型大学，便有了大学里教学与研究的冲突，也就有了尽量化解这种冲突促使二者融合、标示研究型大学教学特征的"研究型教学"。研究型教学从18世纪开始就直接或间接地受到关注，20世纪始先后在杜威（John Dewey）、布鲁纳（Jerome S. Bruner）、施瓦布（Joseph J. Schwab）等人的推动下，研究型教学得到了广泛实施。随着世界高等教育规模的变化及高等教育大众化进程，高等教育的目标定位越来越层级分化，功能也越来越复杂、多元，出现了巨型大学和专门的研究型大学。这就是萌芽于以德国代表的欧洲、成熟于以美国代表的北美的世界研究型大学的历史进程。事实证明，现代研究型大学的成熟与专门化，越来越将"研究型教学"作为大学成功融合其教学、研究、服务社会三大功能，通过教师与学生的共同研究保障大学永远站在人类学术前沿引领人类理性的有效手段和模式。正如美国著名教育家伯顿·克拉克（Burton Clark）所言："研究活动能够成为有价值的学习手段，学生参与研究是高等教育大众化条件下通过系统的教育制度大规模地培养学生的有效途径。"[②]

随着历史的发展和世界高等教育的大众化、多元化，研究型教学中的"研究"，已不同于洪堡当年对于"研究""纯科学"的界定，它已具

---

① 刘宝存.洪堡大学理念述评[J].清华大学教育研究,2002(1):63—69.

② Burton R. Clark.The Modern Integration of Research Activities with Teaching and Learning[J]. *Journal of Higher Education*,1997,68(3):241—255.

有丰富的、综合的内涵，除"纯科学"向度的基础研究、理论研究外，也包括面向实践的应用研究。在大学功能多元、大学与社会边界模糊的今天，研究型教学的有效实施需要我们广义地而不是狭义地理解"研究"。

当然，大学研究型教学中，"研究"与"教学"不会自动建立联系，也不会天然或无条件的和谐不悖。事实上，自"研究"被扩展为大学的又一个功能后，大学里的"教学"与"研究"就时常冲突，时常相互"漂移"。研究型教学的有效实施在很大程度上取决于"研究"的运用，以及研究与教学双向互动关系的建立。换言之，研究和教学远不是自然的匹配，只有在一定条件下，它们才能互动和融合起来，形成"研究—教学—学习"的联结体。

说到大学在构建这种联结体时所遭遇的三者的张力与矛盾，我们会想到19世纪中期的英国著名神学家、教育家、自由教育的倡导者亨利·纽曼（John Henry Newman）。他在英国大学的教育实践中充分认识到这种教学与研究的冲突和"研究—教学—学习"的联结体在大学存在的非天然性。纽曼提出，大学教育重在传播和推广知识而非增扩知识，教学是其唯一功能。发现和教学是两种迥异的才能，一个人很少能同时兼顾二者。应该说，纽曼的坚持有其部分合理性。随着民族国家对大学科研的需求及"学科规训"对科研的引导和制约，"科学"在研究型大学里越来越与"教学"对立，证明了当初纽曼科研和教学并不是自然而然就能够被组织在一个框架之内的论断。

洪堡与纽曼两位教育家的争论和共同顾虑的难题也一直伴随着大学的发展历程。随着世界高等教育的发展和社会环境的变化，大学内部科研职能的发挥可能阻碍大学其他职责的实现；相反，科研也可能受到大学其他活动的限制。全球背景下民族国家之间的相互竞争越来越激烈，对科学技术作为国家核心竞争力的依赖也越来越强烈，大学系统的发展受到了来自科学真理本身以外的更多的诱惑与压力，出现了一些背道而驰的现象。同时，科学和高等教育本身的规模也在不断扩大，大学内部组织、机制逐渐分化，科研和教学的融合变得阻力重重，分离的力量越来越强大。于是，伯顿·克拉克将这种大学中科研活动与教学相分离的趋势分别称为"科研漂移"和"教学漂移"[①]。洪堡理想的纯粹的研究

---

① 王一军，龚放.高等教育大众化阶段高校教学定位的再思考——基于伯顿·克拉克"教学漂移"观点的分析[J].高等教育研究，2010(2)：61—67.

第一章　研究型大学教学模式与方法改革的理论研究

逐渐让位于由各种直接利益驱动的研究。市场的需求和政府的赞助，导致科研激增并扩散到大学以外，许多应用和开发研究在一些专门的科研机构、企业等部门都开展得如火如荼。在科研作用显著且经费需求膨胀的情况下，政府和工业界把"科研—教学—学习"的联结体逐渐只集中于少数的大学之中。此外，高等教育的大众化趋势增加了大学中教学的负担，教学逐渐成了一些大学的专职。许多国家在实践科研、教学、学习的统一时，采取了各种不同的模式，如典型的美国研究生院的设立。一些受洪堡思想影响深刻的研究型大学纷纷设立了研究生院，将其作为一个高级层次，形成了一个全新的可以应对时局的"科研—教学—学习"统一的场所。但纽曼曾强调的"大学的真正目的并不是学习和掌握知识，而是在掌握知识的基础上形成思想或理性"①的理念，也为研究型大学本科教学中教学与研究的统一开创了无限可能的空间，使研究型大学在处理知识传授与能力培养的关系上，更加注重知识传授与能力培养相结合，重视有利于能力培养的各种教学模式与方法的灵活运用。美国教育家赫钦斯（Robert Maynard Hutchins）所陈述的论断"事实、数据、消息、现在的、将来的，虽不能忽视，但是必须着重心灵的陶冶，而事实、数据及消息应只用为例证，作为增强智慧行动原则的根据"②已成为世界研究型大学普遍认可的重视研究型教学的价值标准。

二、现代研究型大学的内涵及其教学模式与方法的特征

了解了"研究型大学"的萌芽与诞生，我们再来探究现代意义上的"研究型大学"的含义及其教学模式特征。如上文所述，大学里的研究诞生于德国，研究型大学萌芽于德国，之后其理念由留德学者引入美国。

到19世纪中期，德国已拥有多所世界一流大学，德国成为人们公认的世界科学中心。流行于世界研究型大学的主要基于研究的教学模式与方法的"习明纳或研讨课"（seminar）更是原创于德国，强调"教学与

---

① John Henry Cardinal Newman. The Idea of a University: Defined and Illustrated [M]. Chicago, Illinois: Loyola University Press, 1987: 158.
② 台湾师范大学教育研究所.西洋教育思想（下）[M].台北:伟文图书出版社有限公司,1979:937.

科研相统一","习明纳或研讨课"(seminar)和研究所成为德意志帝国时代大学科学研究的摇篮和中心。麦克莱兰(Charles E. McClelland)认为:"作为学术和发现中心的德国大学的荣誉,很大程度上取决于在大学古老的躯干里所包括的这些有生气的结构。"①

在第一次世界大战前一百年里,美国到德国的留学生已达万人,大批学生留学德国,数百名德国学者到美国执教,双向的学术交流为德国大学观念进入美国提供了便利的渠道。美国落后的背诵式教学方法由此受到了很大冲击。这些因素都为美国研究型大学的创建起到积极的促进作用。而1876年约翰·霍普金斯大学(Johns Hopkins University)的建立,则成为现代意义上美国研究型大学诞生的里程碑。在美国,经过100余年的发展,研究型大学所取得的成就使其在世界科学与高等教育界居于主导地位。虽然美国学界及社会对研究型大学的界定有派别之分,并不统一,但权威性定义及其指标体系设定还是有诸多共同之处。

如成立于1900年的"美国大学协会"(Association of American Universities,简称AAU)的会员目前有60多所顶级大学,协会虽未明确给出"研究型大学"的定义,但美国社会通常将其会员大学视为"研究型大学"。2001年1月,该协会曾发表了一篇题为《美国的研究大学:服务于国家的院校》的白皮书,向美国政府与全国呼吁重视与支持研究型大学的工作。白皮书指出:"国家的研究型大学有必要来迎接这些挑战,它们承担着全美国一半的基础性研究工作……他们培养着国家1/3的本科生,3/4的博士(Ph.D)。"②这暗示其会员大学即为研究型大学。

博耶(Ernest L. Boyer)在其主持的著名报告《重建本科生教育:美国研究型大学发展蓝图》中对研究型大学有如下描述:能够提供从本科生到研究生乃至博士学位的全面教育,且科学研究处于优先地位。除这两条规定外,该报告还认为这类研究型大学应具有如下特点:拥有一大批致力于创造新知识的研究型教师;研究生教育是这类大学的主要任务;具有基本的科研环境;面向世界吸引来自世界各地的学生,增加校

---

① Charles E. McClelland. State, Society, and University in Germany 1700-1914[M]. London:Cambridge University Press, 1980:286.

② The Association of American Universities. America's Research Universities: Institutions in Service to the Nation[EB/OL].[2017-02-15].http://www.aau.edu/resuniv/WhitePaper1.01.html.

第一章 研究型大学教学模式与方法改革的理论研究

园文化的多样性；重视视觉和表演艺术的特殊作用。①

美国佛罗里达大学（University of Florida）"关于度量大学绩效的隆巴尔迪（Lombardi）项目"中心，每年提交一份题为《前列的美国研究型大学》的年度报告，公布对美国研究型大学分门别类的详细排序情况。中心对研究型大学排序的指标共为9项：(1) 所获得的年度研究与开发经费数；(2) 所获得的联邦政府控制的研究与开发经费数；(3) 教师中属于各种国家级院士的数目；(4) 教师中获得重大奖励的人数；(5) 年度授予博士学位的人数；(6) 博士后被任用者的人数；(7) 本科生学术能力评估测试（SAT）分数的中值；(8) 所获得的捐赠款额总数；(9) 所获得的年度赠给额数。这9项指标并无权重系数，各自独立排序。中心为参加排序的研究型大学所下的简单定义是从联邦政府获得的年度开发与研究经费达到两千万美元以上，9项指标中至少有1项排在第25名以内。②

而按照美国1994年卡内基高等学校分类标准，研究型大学主要分为两类。研究型大学Ⅰ类：提供领域广泛的学士学位计划，承担直到博士学位的研究生教育，给研究以高的优先权，每年至少得到4000万美元的联邦政府资助，每年至少授予50个博士学位。研究型大学Ⅱ类：提供领域广泛的学士学位计划，承担直到博士学位的研究生教育，给研究以高的优先权，每年得到1550万—4000万美元的联邦政府资助，每年至少授予50个博士学位。根据这个标准，1994年美国共有研究型大学125所。

2005年卡内基高等学校分类法充分体现美国高等教育的复杂性和多样性。根据2005年卡内基高等学校分类法的基本分类和新增分类，每一所美国高等学校均可归入六种不同的类别。例如，在卡内基教学促进基金会的官方网站高等学校详表中查询哈佛大学（Harvard University），就会出现如下条目：四年制以上（办学水平）；私立非营利（总结性信息）；学士主导文理学院（专科、本科生培养项目）；综合型医学博士学

---

① The Boyer Commission on Educating Undergraduates in the Research University. Reinventing Undergraduate Education: A Blueprint for America's Research Universities [EB/OL]. [2014-09-18]. http://naples.cc.sunysb.edu/Pres/boyer.nsf/673918d46fbf653e852565ec0056ff3e/d955b61ffddd590a852565ec005717ae/$FILE/boyer.pdf.

② 李家宝.何谓美国的"研究型大学"?[J].中国研究生,2005(1):21—22.

位授予机构（研究生培养项目）；研究生/专业学生主导机构（学生类型）；低录取率全日制四年制机构（学制）；寄宿型大型四年制机构（机构规模）；研究能力很强的研究型大学（基本类别）。

虽然几类规定不尽相同，但在美国，"研究型大学"大致就是指经费充足（包括申请到的国家科研经费和社会捐赠的运营经费）、国家院士众多、科研成果突出、研究生比例较高的研究能力很强的大学。这样的界定代表了发达国家研究型大学共同的信念：始终坚信精英人才才是宏大人才队伍中的核心人才、骨干人才，是社会政治、经济、文化等领域的领军人物。培养这样的人才，研究型大学责无旁贷。因此，培养社会政治、经济、文化精英是研究型大学始终如一的人才培养理念。[①]

英国的研究型大学发展有其独特性，但也体现了这种精英与领袖人才的培养目标。英国传统深厚的导师制是其特色，因为它从根本上保证了教学质量。在牛津式导师制模式下，研究型大学里教师的研究过程、研究方法、学术品质、为人处世的原则与作风等，都潜移默化地影响着学生。因而，诸如本科生参与研究、研究性学习、师生互动、批判性思维，还有"高峰课程"（capstone course）、合作学习等，都成为"一揽子工程"而迎刃而解了，真可谓"一石多鸟"。故有人称导师制为"隐含通识课程"。[②]英国研究型大学的发展是保留其牛津式导师制基础上学习德国与美国的结果。

正是这种精英与领袖培养目标的定位，也决定了研究型大学教学模式与方法区别于一般高等教育的独特性："基于研究的教学"——教学与研究相结合。同时，也引发了研究型大学本科教育"静悄悄的革命"。正如斯坦福大学（Stanford University）前任负责本科教育的副校长沙尔迪瓦所称："本科教育产生了静悄悄的革命：重点相对从研究转向教学，而教学被重新定义为学生参与研究。"[③]虽然世界"研究型大学"走过了发源于德国、成熟于美国并向世界传播、辐射的历程，但美国及英、法、中、日等其他国家的研究型大学培育与发展都不会也不可能是

[①] 闫月勤,等.发达国家研究型大学的本科教学及其特色[J].江苏高教,2006(1):105—107.

[②] 转引自:张红霞.从国际经验看研究型大学本科教学改革的基本原则[J].高等教育研究,2006(12):60—65.

[③] 孙莱祥,张晓鹏.研究型大学的课程改革与教育创新[M].北京:高等教育出版社,2005:74.

对德国研究型大学模式的简单复制,而是根植于自身社会和政治环境的基础上对德国讲座式的教学模式不断加以丰富、改良,形成自己独特的发展模式,并呈现出符合自己国家文化的鲜明特点。例如,美国研究型大学教学特色就包括这样几个方面:①

(一)本科生参加科研。首先,许多大学建立了直接负责本科生研究活动的"中心指导组织"。这些组织为本科生参与研究与创新活动提供经费与政策支持、寻找合作研究机构、对其成就进行奖励等,对本科生研究工作的开展负有直接责任。其次是建立促进本科生积极参与研究的机制。麻省理工学院(Massachusetts Institute of Technology,简称MIT)1969年就提出了第一个促进本科教育的"本科生研究机会计划"(Undergraduate Research Opportunities Program,简称UROP),到1996年,已有2800多名学生参加,而1998年度,教师更是从他们自己的研究资金中拿出500万美元作为参加"本科生研究机会计划"的学生的工资。后来,麻省理工学院又针对本科生制定了形式多样的研究型学习方案。例如,独立活动期(Independent Activities Period,简称IAP)计划、工程实习项目(Engineering Internship Program,简称EIP)、综合研究项目(Integrated Studies Program,简称ISP)、回归工程计划(Reengineering Projects,简称RP)等。这些方案尽管形式各异,实质却是相同的,即发挥麻省理工学院在人才、设备和资金上的优势,开展以探究为基础的本科教学与学习。

(二)开设大量讨论课,供学生进行研讨式学习。讨论课对于密切师生关系、培养学生的想象力、激发学生的创造性的作用不容忽视。近年来,美国研究型大学为各年级本科生特别是低年级开设了大量研讨式课程,激发学生学习积极性,开阔视野,使其学会如何成为一名大学生及形成科学探索精神。斯坦福大学目前开设了近200门研讨课程,并将其公布供各年级本科生选择。杜克大学(Duke University)要求大一新生要完成下列小组学习之一:(1)修读一门一年级的研讨班课程;(2)参加一个初级研讨班;(3)参加一个重点课程的研讨班;(4)任何其他可作为研讨班的完整课程。三四年级学生至少要完成两门完整的被指定为研讨班、个别指导、独立学习与研究或撰写论文的课程。伯克利大学

---

① 闫月勤,等.发达国家研究型大学的本科教学及其特色[J].江苏高教,2006(1):105—107.

(University of California, Berkeley)有"新生讨论课项目",斯坦福大学有"斯坦福导读",这些课程可使学生接受特定学科研究方法的训练。

三、研究型大学概念的内涵与特征

根据国内学者的研究,对研究型大学概念的定义大致可分为三类:一类是利用人们观念中对研究型大学的常识性判断或向往性设计,预设大家对研究型大学概念形成基本认识而直接进入相关观点的阐述,回避了对研究型大学概念的理性分析;一类是通过列举研究型大学的特征,采用描述性定义概念的方法,认为具有相应特征的大学即为研究型大学;还有一类是借助评介国外研究型大学的定义、特点或评价指标,得出演绎性的研究型大学定义。[①]这些有关"研究型大学"的概念从不同角度反映了"研究型大学"的内涵,有助于深化、丰富我们对研究型大学概念的探索与认识。然而,目前关于研究型大学的外在、表面的定义,对于研究而言并不够,其内涵边界的不确定性也导致其似乎是个无所不包的"万能箩筐",难以避免地出现了在一定程度上对"研究型大学"的泛化和误用;对实践而言,未对研究型大学本质作深刻揭示和适度抽象的概念定义,无助于从应有高度上达成共识,进而不利于凝聚发展研究型大学的建设资源并形成合力,因而有必要进一步对研究型大学的定义、特征及相关概念之间的关系详加探究。

在国外研究成果和国内探索的基础上,根据逻辑学定义原则,我们认为在逻辑关系上,"研究型大学"的元概念是"大学",大学是上位概念,研究型大学是从属于它的下位概念;从属种关系看,大学是研究型大学的属,研究型大学是大学的一个种。这样,只需在众所周知的大学概念域内对研究型大学特殊本质进行分析,即可得出研究型大学的丰富内涵。什么是研究型大学呢?王战军教授认为,研究型大学是以知识的传播、生产和应用为中心,以产出高水平的科研成果和培养高层次精英人才为目标,在社会发展、经济建设、科教进步和文化繁荣中发挥重要作用的大学。这样,研究型大学的含义可分解为三个层面:[②]

第一,从职能层面而言,研究型大学是"以知识的传播、生产和应

[①] 高增刚.我国研究型大学形成与发展[J].中国科技信息,2007(9):285—288.
[②] 王战军.中国研究型大学建设与发展[M].北京:高等教育出版社,2003:2—3.

用为中心"的大学。从大学刚诞生时的"教学型大学",到洪堡"倡导大学也是研究高深学问的机构"而创建柏林大学模式,再从纽曼力争回归与坚守"大学是传授知识的场所"的断言与中世纪巴黎大学模式到范·海斯(Charles Richard Van Hise)"大学还是提供社会服务的部门"的新识与威斯康星大学(University of Wisconsin)模式创建以来,大学依次衍生出教学、科研、服务的职能,大学也在三者的螺旋变奏中走向巨型、多元。作为大学一个种类的研究型大学自然具有这样的共性,然而简单移植已有的大学职能又不能很好地揭示研究型大学的特质,因为研究型大学每个职能的纵深度、各个职能联系的紧密度今非昔比,它扩充了作为一个知识共同体的效能:进行知识与技术创新、知识传播和知识应用,在知识生产与创新或科学研究中贡献成果、培养人才和服务社会。如果在以往大学职能上附加这些特质的说明,则必然烦琐而不符概念定义的一般规范。因而,将研究型大学归结为以知识为基点,以知识的传播、生产和应用为中心的大学。

第二,就性质层面而言,研究型大学是"以产出高水平的科研成果和培养高层次精英人才为目标"的大学。任何社会活动中的社会机构的特性,都明晰地表征于其所追求的目标之中,并以此引导、激励、规约自身的各种活动形式和行动方向。研究型大学也是如此,它的目标中蕴藏着自己的性质与价值,而尤以产出高水平的科研成果和培养高层次精英人才为宗旨,开展各类教育、科研、服务活动,力争产生对国家建设起支撑作用的研究成果,培养出具有高尚品德、创新精神、实践能力等综合素质的人才。

第三,就定位、水平或程度而言,研究型大学是"在社会发展、经济建设、科教进步和文化繁荣中发挥重要作用"的大学。与管理学中的人员能级对应原理相似,如果从生态哲学的视角出发,各个大学个体组成了大学生态圈,这一生态圈中的每一"有机体"都各显其能,各得其所。其中研究型大学是在社会发展、经济建设、科教进步和文化繁荣中发挥重要作用的大学,也就是能发挥具有国际先进水平的国家知识创新中心、自然科学和高技术综合研究基地、高水平科技人才培养场所等作用的大学,因而不同于发挥"一般"作用的大学;反过来说,研究型大学不是自封的,不经过努力而只具有一般作用的大学暂时不能成为研究型大学。把这种作用定在"重要"而非"重大",一是"重大"可以理解为更重要，能够包容其中；二是给较多大学创造建设成研究型大学的可能性，因而无论在理论上还是实践上都预留适当的概念空间。如果将"一般""重要""重大"之间的关系结合起来看，研究型大学是既非唾手可得、又能可望可及的大学。

事实上，研究型大学是一个发展的概念，这是从研究型大学概念界定的"名"与实践运行的"实"之间辩证关系来说的，后者是决定性的；随着后者的发展，如果要做到"名""实"相符，那么前者要么被全新的概念所替代，要么被赋予新的含义。

虽然不同国家的研究型大学都表现出自己不同的品性，但一般认为，以下三个方面可构成研究型大学的基本特征。

第一，高品位的师资和高质量的学生生源：国外研究型大学聚集了一流的学术大师，拥有高质量的师资队伍，其中多数是名校的博士学位获得者。

第二，充足的科研经费和高层次的科研成果：研究型大学一般都有充裕的科研经费，以美国为例，1999年全美排名前100名大学的联邦科研经费合计130亿美元，占所有大学的81%。在经费有保障的情况下，高层次的科研成果层出不穷，如2001年，世界前10名研究型大学发表于《自然》(Nature)和《科学》(Science)杂志上的论文284篇，约占总数的14%。

第三，通过科学研究培养高水平的人才：研究型大学一般通过不同领域相应的科学研究，培养具有创造性精神气质，具有创造性的"复合能力"，具有提出问题、分析研究问题、解决问题的创造、复合技法，讲求整体性、比例性、层次性、动态性的综合素质的精英人才。不少政治家、科学家、企业家都是这些大学的毕业生。例如，截止到2016年，哈佛大学共培养出包括8位美国总统在内的32位不同国家或地区的领导人、48位诺贝尔奖获得者（仅计算教师获奖者）、48位普利策奖获得者（仅计算教师获奖者）。①

---

① Harvard University. Harvard at a Glance [EB/OL]. [2016-12-31]. http://www.harvard.edu/about-harvard/harvard-glance.

第二节 教学模式与方法的理论流派及类型

教学模式与方法的理论流派一般是与教育哲学的理论流派相对应的。也就是说，有什么样的教育哲学派别，就会有什么样的关于"教育是什么""教育的目标定位""教育的功能实现"等诸多领域的哲学思考，同样也会有其关于不同类型大学目标实现的不同课程体系设计、不同教学模式与方法体系的解读和构想。例如，近些年被教育界广泛接受的"建构主义"哲学流派，就有其关于建构性课程、基于学生知识增长基础上的教学模式等符合建构主义理念的诸多主张。又如德国教育家赫尔巴特（Johann Friedrich Herbart）教育性教学的核心，就是把道德教育与学科知识教学统一在同一个教学过程中，并提出了著名的教学形式阶段理论，即明了、联想、系统和方法。而源于古希腊苏格拉底和柏拉图（希腊语：Πλάτων；英语：Plato）的"知识即道德"的传统的哲学取向的教学理论，则主张偏于以知识授受为逻辑起点、从目的和手段进行展开的教学模式与方法。行为主义教学理论则依靠心理学的研究成果，把"刺激—反应"作为行为的基本单位，认为学习即"刺激—反应"之间联结的加强，教学的艺术在于如何安排强化，并由此派生出程序教学、计算机辅助教学、自我教学单元、个别学习法和视听教学等多种教学模式和方法。美国教育家布鲁纳（Jerome Seymour Bruner）则坚持认知结构教学理论，认为发展学生的智力应是教学的主要目的，教育主要是"培养学生的操作技能、观察技能、想象技能以及符号运算技能"，总结出影响广泛的发现教学模式与方法：强调学习过程，强调直觉思维，强调内在动机，强调信息提取。学生的认知发展主要是遵循其特有的认识程序。学生不是被动的知识接受者，而是积极的信息加工者。教师的角色在于创设可让学生自己学习的环境，而不是提供预先准备齐全的知识。不同的研究型大学究竟采纳哪些教学流派的主张，运用哪些教学模式与方法，则应因"校"而异，因人而异，因课程而异，因学生而异，综合地选择、组配多元的模式与方法。因此，"教学模式为一定的教学理论运用于实践提供了便于操作的实施程序，掌握若干教学模式，就等于掌握了多种常规武器。美国教学模式研究者乔伊斯和韦尔认为，要胜任工作，一般应得心应手地运用多个教学模式，这是完成教学任务不可缺少的。"①

一、模式和教学模式的概念

所谓模式，含义颇多，钟志贤教授在《大学教学模式革新》中进行了归纳，认为模式的基本含义有六：（1）尺度、样本、范本、模本和标准；（2）有组织的事物结构；（3）一种开展研究的理论图式、解释方案或一种思想体系和思维方式；（4）经验和理论之间的一种知识系统；（5）再现现实的一种理论性的简化形式；（6）表明任何结构或过程的主要组成部分以及这些部分之间的关系。概括起来，所谓模式是依据一定的理论基础表征活动和过程的一种模型或形式。一种模式蕴含着一定的理论倾向，代表某种活动结构或过程的范型，一般通过数学、图形或文字的方式，以一种简洁的形式再现活动的结构和操作程序。②

据钟海青的研究，"模式"一词是英文"model"的汉译名词，又可称为"模型""范例""典型"等，指某种事物的标准形式或样式。西方学术界通常把模式理解为经验与理论之间的一种知识系统，一般是指介于经验与理论之间，把二者沟通起来的一种具有可操作性的典型体系和简约化的知识范型。③由此我们可以推断，模式具有下列五个基本特征。（1）典型性：指模型的范型、样本或范本特点；（2）简洁性：指表征方式的概括性、简单性和清晰性；（3）再现性：指反映或描述现实的准确性和可信度；（4）模仿性：指模式的借鉴和指导作用；（5）中介性：指模式沟通理论与实践之间的作用，是模式的关键特征。④

应该说，国内外学术界对教学模式的认识和界定是不一致的，教育工作者对教学模式的认识也多有模糊不清的情况，常与教学方法、教学理论流派、讲课技巧不做区分。对于教学模式，国外代表性的定义是乔伊斯（Joyce Bruce）和韦尔（Marsha Weil）在《教学模式》中所说的：教学模式就是构成课程和作业、选择教材、提示教师活动的一种范型或计划，就是为完成特定的教学目标而设计的、具有规定性的教学策略。

---

① 金春兰.对教学模式的研究（一）[J].黑龙江教育,2001(7—8):36—37.
② 钟志贤.大学教学模式革新:教学设计视域[M].北京:教育科学出版社,2008:89.
③ 钟海青.教学模式的选择与运用[M].北京:北京师范大学出版社,2006:1.
④ 钟志贤.大学教学模式革新:教学设计视域[M].北京:教育科学出版社,2008:90.

国内关于教学模式的定义大概有四种：(1) 教学模式是一种设计和组织教学的理论，这种教学理论是以简化的形式表达出来的；(2) 教学模式是教学活动的基本结构或框架；(3) 教学模式是教学活动的基本程序和策略；(4) 教学模式是教学活动的操作样式和方法。

　　认识概念的另一个角度和路径就是对其对应的实践活动的特征进行清晰、明了的描述，我们选择两组这样的描述来对照理解。钟海青认为教学模式的本质特征有：(1) 教学模式具有系统性，是由教师、学生、教材、教学方法、教学环境等要素构成的教学方法论体系；(2) 教学模式具有中介性，它是沟通教学理论与教学实践活动的中介和桥梁；(3) 教学模式具有可操作性，它是教学理论在教学实践中的运用和具体化而形成的方法论和操作体系。① 而钟志贤对教学模式典型特征的"三型"总结更有助于我们对教学模式的理解：(1) 原型（prototype）：教学模式是对教学活动方式的抽象概括，源于教学活动经验。成熟教学模式的基本结构相对稳定，但不是一成不变，不等于公式，而是一个开放的和不断完善的动态系统。(2) 模型（model）：教学模式是各要素及其相互关系的结构化的、简约化的表达方式，是对理论基础、目标、条件、策略/方法和评价的有机整合，是对教学的空间关系和实践关系的系统概括，在空间上表现为多要素的相互作用方式，在时间上表现为操作的过程顺序。(3) 范型（pattern）：在一定范围内，教学模式具有一定的代表性和示范性。任何教学模式都有一定的适用范围，有其独特的运作条件和系统的策略与方法。②

　　我们认为，理解教学模式，关键要认清其与教学理论、教学方法、技巧、程序的区别。教学理论及一些系统的教学价值观念是其上位概念，而教学方法、技巧、程序则是其下位范畴。这样区分之下，从教学模式的最本质特征出发，就可以清晰、准确地把握教学模式的含义：教学模式是以简约的形式稳定地体现出来的、由师生及环境共同建构的一整套动态方法论体系和连接教学思想或教学理论与教学活动策略体系、基本框架的桥梁与中介。它既是建立在教师丰富教学实践经验的系统总结和理论概括之上，又是教学理论的具体化及教学经验的提炼和简约化归纳。简而言之，所谓教学模式，是指在相应的理论基础上，为达成一

---

① 钟海青.教学模式的选择与运用[M].北京：北京师范大学出版社，2006：2—3.
② 钟志贤.大学教学模式革新：教学设计视域[M].北京：教育科学出版社，2008：91.

定的教学目标而构建的较稳定的教学结构或程序。

教学模式也可称为学习模式。美国教学模式研究专家乔伊斯等人在《教学模式》一书中提出，教学模式既是教师教学的模式，也是学生学习的模式。一种教学模式就是创设一种学习环境，在这个环境里，学生能够相互影响，学会如何学习。教师在帮助学生获得信息、思想、技能、价值、思维和表达方式时，也在教他们如何学习。①

自大学意识到教学模式对教育质量与教学效果至关重要后，就不断地有各种教学模式的经验总结与新旧教学模式的推陈出新。如有所谓传统传输型（亦称传递接受型、继承型等）教学模式，即以捷克教育家夸美纽斯（Johann Amos Comennius）基于认识论的课堂教学模式为基础发展形成的，德国教育家赫尔巴特的弟子齐勒尔（Tuiskon Ziller)和赖因（Wilhelm Rein）根据赫尔巴特的教学过程理论总结为五段教学法：预备、提示、联合、总结和应用。这种教学模式是由教师通过口头讲解、文字阅读、直观演示等手段传递知识，学生则通过观察感知、理解教材、练习巩固、领会运用等手段接受知识，最后由教师考核和学生自我检查来检验掌握知识的情况。这种教学模式虽被学界称为"旧的三中心"，即以"教师为中心"、以"课堂为中心"，以"教材为中心"，尽管在新的教学思想和教学理念指导下的教学改革和实践中，这种教学模式受到了不断质疑，但它至今仍是一种被广泛采用的基本教学模式。当然，在所谓进步教育所倡导的"新的三中心：学生中心、经验中心、活动中心"理念之下，则形成了杜威五步教学法：(1)情境：教师给学生创设一个真实的经验的情境；(2)问题：帮助学生确定问题所在，并使学生产生解决这一问题的愿望与要求；(3)假设：学生自己提出解决问题的设想，或暂提出一些尝试性的不同的解答方案；(4)推论：学生自己根据设想进行推理，以求得解决问题的方案；(5)验证：学生通过应用检验他的观念是否有效。更多的探索并不明确标榜传统教育或者进步教育，而是基于现代社会对于人才创新性的要求，提出一系列更能激发学生潜能、培养学生批判性思维和创新能力的多元教学模式与方法，如本科生科研、研讨班、产学研合作教学、高峰体验课程、基于问题的学习等。有学者将这些模式概括为研究型教学模式：在教学过程中，以教学内容和学生的知识积累为基础，创设一种类似于科学研究的教学环境

---

① 钟志贤.大学教学模式革新:教学设计视域[M].北京:教育科学出版社,2008:90.

和教学氛围,引导学生主动学习、主动思考和主动实践,自主地发现问题、分析问题和解决问题,从而达到积累知识、培养能力和提高素质教学目标的一种教学模式。①

二、教学模式的结构

尽管人们对教学模式的概念界定不一,但对教学模式结构的认识基本趋向一致,认为其通常包括五个因素②,这五个因素之间有规律的联系就是教学模式的结构。

(一)理论基础。教学模式不是凭空产生的,它有所赖以建立的系统教学理论或思想,即建立各个教学模式的理论基础,是一定的教学理论或教学思想的反映。这种模式的理论依据是其深层次内隐的灵魂和本质,它是模式的内在规定性和本质特征。比如,传统教育思想的代表赫尔巴特在他所著的《普通教育学》中以统觉心理学为基础,以多方面兴趣为内容,创立了教学形式四阶段论——"明了"(清楚、明确地感知新教材)、"联想"(形成概念,造成新旧知识的联系)、"系统"(作出概括、结论,实现知识系统化)、"方法"(练习、应用,运用所学知识)。其后的赫尔巴特学派进一步发展了教学的四阶段论,创建了教学的五阶段论,为19世纪后期和20世纪初期世界各国推行赫尔巴特教学理论奠定了基本模式,从而对世界教学理论发展产生了深远的影响。

(二)教学目标。指教学模式所能达成的教学目标或教学效果,是教育者对某项教学活动在学习者身上将产生什么样效果所作出的估计。我们知道,任何教学模式都指向一定的教学目标,为完成特定的教学目标而设计和创立,目标在教学模式的结构要素中居于核心地位,对其他因素起着制约作用,也是教学评价的标准和尺度。没有明确的教学目标,任何教学模式都将失去其存在的意义。正是由于教学模式与教学目标的这种极强的内在统一性,决定了不同教学模式的个性。

(三)操作程序。指完成教学目标的步骤和过程。任何一种教学模式都有达成教学目标的特定操作程序和工作步骤。比如,强调知识传授

---

① 李志义.高水平研究型大学本科教学模式的选择[J].中国高等教育,2007:20—23.

② 钟海青.教学模式的选择与运用[M].北京:北京师范大学出版社,2006:3—5.

的赫尔巴特教学模式，其操作程序是明了、联想、系统、方法四个阶段。杜威的实用主义教学模式强调教学遵循思维的规律，其操作步骤是情境、问题、假设、推断和验证五个步骤。一般来说，教学模式的程序或步骤是相对固定的，在教学过程中体现出来；但也要明确，教学程序只能是基本的和相对稳定的，而不是僵化和一成不变的，不应该把教学模式的相对稳定性当作束缚教学活力的教条，即"教学有法，但教无定法"。

（四）实现条件（手段和策略）。教学模式的构成要素主要包括教师、学生、教学内容、手段、环境、时间、空间等，也可称为教学模式的实现条件。任何教学模式的存在都有其特定的条件，只有在这些条件得以具备，在一定教学思想指导下进行优化组合，形成最佳方案时，才能发挥应有的效用。比如，程序教学模式要求编写程序化的教材，配备必要的教学机器；意义学习教学模式要求教学材料本身要具有逻辑意义，并以先行组织者策略组织起来等。

（五）教学评价。教学评价是教学模式的一个重要因素，是指为完成教学任务，实现教学目标所采用的评价方法和标准等。每种教学模式一般都有自己的评价方法和标准。教学模式的目标、程序和条件不同，评价的方法和标准也就不同。比如，罗杰斯（Carl Ramson Rogers）的非指导性教学模式规定主要实行学生的自我评价；布卢姆（Benjamin Bloom）的掌握学习模式采用诊断性评价、形成性评价和终结性评价三种形式，尤其强调形成性评价的作用。目前，除了一些发展比较成熟的教学模式外，不少教学模式还在探索中，没有形成自己独特的评价方法和标准。

上述几个因素在每种教学模式中所处的地位和所起的作用不一样，功能也并不相同，各因素之间不同形式的、有规律的联系形态就是教学模式的结构。理论基础是教学模式得以建立的思想基础和依据，它对其他因素起着决定性的导向作用；教学目标是教学模式的核心，引导和制约着教学模式的其他因素，是这些因素得以发挥作用的指针，尤其规定着教学评价的标准和尺度；操作程序是教学模式实施的环节和步骤；教学条件是教学模式功能得以发挥的重要保证；教学评价能够提供一个客观的依据，帮助我们了解教学目标的达成度，从而对教学操作程序和师生活动方式等方面进行调整或重组，进行反馈和监控，确保教学模式能更有效地达成教学目标。一般来说，教学模式都包含这些基本的因素，不同因素所发挥作用的

第一章 研究型大学教学模式与方法改革的理论研究

内容和性质不同,因此,也就构成为不同的教学模式。

乔伊斯等人认为,教学模式是一个有力但又脆弱的工具。在使用教学模式时,教师可能要思考这样一些问题:哪种教学模式适合完成当前的教学任务?在什么情况下使用哪种教学模式最合适?某种教学模式是否比另一种更为有效?为此,乔伊斯等人对使用教学模式提出了一些有益建议:(1)每一种教学模式都是整体教学模式的一部分;(2)一种教学模式有其特定的效能,适用于特定的学习类型,有些教学模式是专门为某一特定的学习目的、任务设计的;(3)综合使用教学模式来完成学习任务非常重要;(4)一种教学模式可以帮助某个学生学到很多东西,但不一定适合其他学生;(5)一种模式的效能有限,不可能适用所有的学习任务,同时,没有哪种模式享有优先权或者说是实现教学目标的唯一途径。他同时指出,从个人或职业发展的角度看,教师不是使用一种或两种教学模式来完成教学任务,而是要利用多种教学模式来开发教师和学生的潜能,他们希望学生能从多种教学模式中获益,教师掌握和使用教学模式的能力越强,学生的学习能力提高幅度也就越大。①

三、教学模式的类型

人们采用教学模式分类的方法不同,所列举出的教学模式类型体系也就不同,如按哲学派别分,就会分为赫尔巴特模式、杜威模式、凯洛夫(N. A. Kaiipob)模式等;若从管理学的角度分,则有苏联巴班斯基(Юрий Констинович Бабанский)的教学过程最优化体系、美国布卢姆的"掌握学习"模式;从教育学角度进行分类,美国小安格林(L. W. Anglin Jr.)等把教学模式分成以群体为定向的教学模式和以个体为定向的教学模式两大类。巴班斯基列举了三种有代表性的教学类型:(1)讲解—再现的教学模式;(2)程序教学模式;(3)问题教学模式。此外,我国教学论工作者对教学模式的分类也有一定的参考价值,如王策三把教学模式分成三大类:(1)师生系统地传授和学习书本知识;(2)教师辅导学生从活动中自己学习;(3)折中于两者之间的教学模式。从教育学角度进行分类具有较大的现实意义,它不仅说明了具有鲜明学术特征

---

① 钟志贤.大学教学模式革新:教学设计视域[M].北京:教育科学出版社,2008:92—93.

的典型教学模式，而且也囊括了那些经验性的教学模式或介于模式之间的各种变式。①而当代学术界则偏向于多元化的多元分类体系，下面我们以钟志贤概括总结的教学模式的分类体系为例来说明。具体而言，他把目前教学模式的已有研究分类总结为三种类型，并提出了一种新的类型。②

（一）基于学习理论的教学模式分类

这种分类最为典型的是美国乔伊斯、韦尔等关于教学模式的分类。他们将教学模式分为四个族类（Family）：信息加工模式、个性模式、社会交往模式和行为模式，如表1-1所示。

表1-1 基于学习理论的教学模式分类

模式类别	理论依据	重心	目标	教学方法
信息加工模式	认知主义的信息加工理论，根据计算机/人工智能的运行规则来确定教学过程，把教学看作一种信息加工过程	知识获得和智力发展	改善逻辑思维过程，培养批判性思维和深度思维能力	概念获得的探究模式、数学问题求解的记忆模式、生物科学的探究模式
个性模式	个别化教学理论与人本主义教学思想，强调个体在教学中的能动性，主张个别化教学	人的潜力开发和人格发展	开发个体内部资源，用新的/不同的方法看待事物	头脑风暴、求同存异法、课堂会议、思维导图、启发式教学
社会交往模式	社会互动理论，强调教师与学生、学生与学生之间的相互影响和社会联系	着重社会性和品格的发展	掌握社会技能和沟通能力	合作学习、群体讨论、全身反应、角色扮演、法律调查、社会科学调查

---

① 钟志贤.大学教学模式革新:教学设计视域[M].北京:教育科学出版社,2008:94.
② 钟志贤.大学教学模式革新:教学设计视域[M].北京:教育科学出版社,2008:94—99.

第一章 研究型大学教学模式与方法改革的理论研究

（续表）

模式类别	理论依据	重心	目标	教学方法
行为模式	行为主义心理学，强调环境刺激对学习者行为结果的影响	学生行为习惯的控制和培养	通过知识与技能的教学改变学习者的行为和传承文化	直接教学、掌握学习法、模拟、程序教学、计算机操练与练习

资料来源：钟志贤.大学教学模式革新：教学设计视域［M］.北京：教育科学出版社，2008：94—99.

（二）基于教学论的教学模式分类

教学论的主体包括"教的理论"和"学的理论"两大部分，核心是教师与学生。在教学过程中，教师要发挥主导作用，学生要发挥主体作用。根据教学过程的重心是偏向教的方面还是学的方面，可以划分为五种教学模式：问答模式、授课模式、自学模式、合作模式和研究模式。这五种模式是一个发展序列，从问答模式到研究模式，学生的学习主动性逐渐增强，教师的主导性逐渐减弱，体现了"教是为了不教"和"教是为了发展"的教学规律，如表1-2所示。

表1-2 基于教学论的教学模式分类

名称	特点	基本过程
问答模式	师生问答，启发教学	提问→思考答疑→练习→评价
授课模式	教师中心，系统授课	授课→理解→巩固→运用→检查
自学模式	学生中心，自学辅导	自学→解疑→练习→自评反馈
合作模式	互教互学，合作学习	诱导→学习→讨论→练习→评价
研究模式	问题中心，论文答辩	问题→探索报告→答辩→评价

资料来源：钟志贤.大学教学模式革新：教学设计视域［M］.北京：教育科学出版社，2008：94—99.

(三)基于教育哲学的教学模式分类

众所周知,不同的哲学流派有着不同的世界观、方法论,也就自然有不同的关于教育、教学的不同理解。正如我国教育技术学家祝智庭总结的那样,教学模式的差别本质上是一种教育文化差别,进而更是教育哲学流派的不同,如图1-1所示。

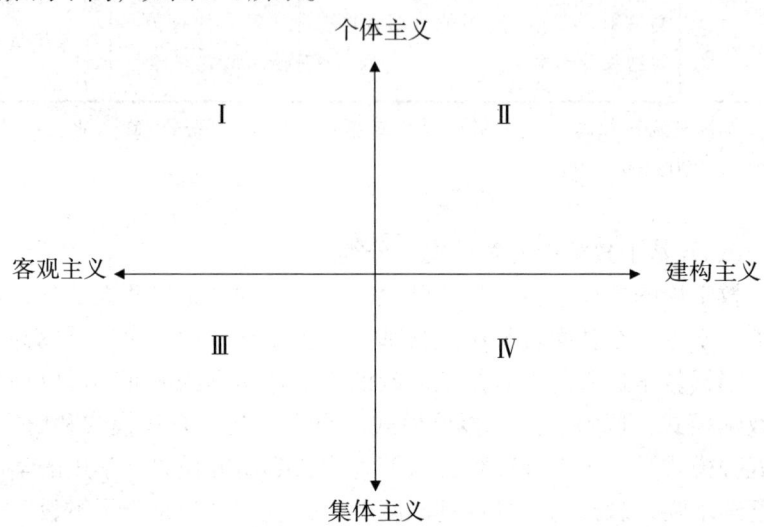

图1-1 基于教学哲学的教学模式分类

资料来源:钟志贤.大学教学模式革新:教学设计视域[M].北京:教育科学出版社,2008:9—99.

从教育文化角度考察教学模式分类,可以把各种文化中所蕴含的价值观和认识论看作两个基本变量,每个变量有两个不同的取值:价值观(个体主义—集体主义,Individualism vs. Collectivism)、认识论(客观主义—建构主义,Objectivism vs. Constructivism)。如果将它们组合,便可产生四种不同的教育文化类型:个体主义—客观主义、个体主义—建构主义、集体主义—客观主义、集体主义—建构主义。但这种分类只能反映少数比较极端的情况,因为变量的两极化造成了分类的对立,而文化系统之间的差异不同于对立。因此,我们将每一变量看作一个连续体(continuum),在两端之间还有不同的值分布。祝智庭认为,教育文化或教学模式的整合是必要的,没有哪一种教育文化或教学模式是天然最优的。整合不是联合，更不是混合，而是摒弃自己文化的弱点，吸收其他文化的优点，实现教育文化的系统更新。教育改革的本质是教育文化的更新问题。文化具有很大的惯性，不能用革命的办法使之在短时间内发生变革。一种比较有效的办法是在适当的政策鼓励下，将现代信息技术运用于教学过程，促进教学模式的改革，将新的技术文化整合到本体文化中。教学模式是教育系统的文化敏感因素。如同电视、网络之类的技术文化很快被人们接受一样，只要新的教学手段和模式真正有效，还是比较容易被教育者和学习者所接受的。历史证明，技术进步是社会文化变革的强大推动力。现代信息技术是推动教育文化变革的重要技术力量。

（四）新的分类框架

根据教学活动性质和教学组织形式来考察教学模式的分类问题，我们可以把教学活动性质（接受—探究）和教学组织形式（个体—群体）作为分析教学模式类型的两个基本变量，通过对基本变量的取值界定和相互组合，构成一个教学模式分类框架，如表1-3所示。

表1-3 教学模式归类例证

教学模式类型	教学模式类型
个体—接受的教学模式类型	个别教学、练习、教学测试、智能导师、模拟与游戏……
群体—接受的教学模式类型	电子讲稿、情境演示、课堂作业、小组讨论、课堂信息处理……
个体探究的学习模式类型	问题求解、微世界、案例教学、基于资源的学习模拟与游戏、认知工具、电子学档、概念地图……
群体—探究的学习模式类型	基于项目的学习、基于问题的学习、合作学习、计算机支持的协作学习（CSCL）、协同实验室、虚拟学习社区、小组学习、知识论坛、头脑风暴……

资料来源：钟志贤.大学教学模式革新：教学设计视域［M］.北京：教育科学出版社，2008：94—99.

值得指出的是，模式的类型是一个开放的、动态的系统，一方面，各种类型可以在原有的框架内不断地扩展生成新的"成员"；另一方面，原来的模式也可能随着技术和理论的改组而改变其本来的属性；因此，模式的性质不可能是一成不变的。

第三节 研究型大学教学模式与方法的历史发展及影响因素

从教育史的视角来看，教学模式与方法的理论发展经历了一个从混沌到体系再到多元的过程。最初，尽管人们自觉不自觉地按照一定的程式进行教育教学，但是尚未以理论的形式被广为传播，所以该时期的教学模式与方法还比较混乱。到了近代，德国教育家赫尔巴特第一次提出了教学形式"四阶段论"，使教学模式与方法成为一种系统化的理论，其影响至为深远。自进入现代社会以来，随着教育理论的不断向前发展，无论是从经验而来的教学模式与方法的理论还是借鉴其他理论所形成的教学模式与方法的理论均逐渐增加，呈现出一种多元化的发展趋势。探究教学模式与方法理论的历史发展，我们还发现，教学模式与方法的选择受多个因素的影响，其中包括培养目标、课程体系、政策制度、评价体系等。

一、研究型大学教学模式与方法的历史发展

了解教学模式的历史发展有助于人们了解历史上各种教学模式产生、发展和作用的过程，借鉴对教学模式的理解，有助于人们把握教学模式的发展趋势。关于教学模式的探讨是从近代教育学形成独立体系之后开始的，但是教学模式这一概念与相关理论则是20世纪50年代以后出现的。教学论的发展史表明，人们对教学模式的认识和研究经历了一个从不自觉到自觉的发展过程。

（一）教学模式与方法理论发展的三个阶段

1. 教学模式与方法理论的酝酿和准备阶段

我国古代伟大的教育家孔子，在其长期教学实践中致力于探求"学而知之"的教学方法，把学、思、习、行视为教与学活动的四大要领。

其后,《中庸》集先秦儒家大师教学实践经验之大成,将教与学的活动归结为五个步骤,即博学之、审问之、慎思之、明辨之、笃行之。南宋大教育家朱熹则称这五个步骤为"为学之序",列为他主持的白鹿洞书院的教学规程的一个部分,将它们奉为施教、治学必须遵循的一般程序,对我国古代学校教学产生极其深远的影响。这是一个以读书为中心,旨在进行道德教化的教学模式,但就其形成的过程来看,是在众多教育家长期的教学实践经验的基础上自发地产生的。夸美纽斯《大教学论》的问世,被认为是现代教学论正式诞生的标志。他首次将观察等直观活动引入教学活动体系,提出了"感知、观察、理解、判断"的教学模式,特别是他所建立的课堂教学形式,在可预见的相当长的时期内仍然会是学校教学的基本形式。

2. 教学模式与方法理论的创建和发展阶段

将混沌一片的课堂教学引向模式化应归功于赫尔巴特。赫尔巴特基于他的统觉心理学思想,创立了教学形式四阶段论:明了、联想、系统和方法。他认为,这是教授新教材、传授新知识所必须遵循的教学程序。不论什么课题,不论课题范围是大是小,都必须一个阶段接着一个阶段地进行,甚至在课题的任何一个最小构成部分中均可以辨别出这四个教学阶段。其后,赫尔巴特的弟子将教学形式四阶段论发展为五段教授法,更是为19世纪后期和20世纪初期世界各国推行赫尔巴特教学理论奠定了基本模式。应该说,教学模式从自在的形成到自为的构建是从赫尔巴特及其学派开始的。

杜威的教育理论可以说是教育发展史上的一个新的里程碑,他创立了与传统教育思想完全不同的实用主义教育思想。于是,在近代教育史上,形成了两种对立和相互作用的教学模式。一种是"传统派"的传递—接受式教学模式,即系统传授和学习书本知识的模式。这种教学模式从夸美纽斯开始,以赫尔巴特的教学形式四阶段和以此为基础的五段教学法为代表,直到苏联提出的综合课的"五个环节"(组织教学→导入新课→讲授新课→巩固新课→布置作业)为止。另一种是"进步派"的活动教学模式,即学生在活动中自己主动学习的模式。杜威提出的活动教学模式是对传统学习书本知识的传递—接受式教学模式的超越性否定。杜威的活动教学模式由情境、问题、假设、推断、验证五个步骤构成。很显然,这两种教学模式都有一定的片面性。

3. 教学模式与方法理论的成熟发展阶段

自20世纪50年代后期以来，在世界范围内发生了新的科学技术革命，知识更新过程愈益加快。在这种新形势下，那种轻视系统科学知识的思想站不住脚了，而忽视学生智能发展的片面观点也显然有待于克服。于是出现了既重视科学知识，又重视学生自己活动的教学模式，其典型的代表就是美国的教育心理学家布鲁纳根据其结构认识论提出的"发现学习"（Learing by Discovery）的教学模式。这种教学模式，一方面，不仅有既定的教材，而且要求教材反映最新科学成果；另一方面，主张经过发现进行学习，要求学生利用教师与教材所提供的某些材料，亲自去发现应得的结论和规律。德国在20世纪50年代出现的"范例教学"（Exemplarisches Lernen und Lehren）模式，保加利亚于20世纪60年代兴起的"暗示教学"（Suggestivo Teaching）模式，都是新兴的、有突出特点的教学模式。1980年，美国学者乔伊斯和韦尔等人在分析和研究了80多种理论和学派的基础上，概括出23种教学模式。由此可知，当代教学模式将朝着多样化的方向发展。

（二）研究型大学教学模式与方法发展的特点

大学教学模式与方法同中小学有着显著的区别，因为大学教育是面向已逐渐趋于成熟的专业人才的高等教育。虽在多数大学教师看来大学教学教无定法，但世界高等教育的飞速发展也使得大学教学的有效性问题越来越被重视。所以，逐渐成熟的大学教学模式体系也必然地与大学的培养目标、大学里教学与研究的矛盾与融合、大学里教学研究服务社会三功能的协调密切相关，必然地具有区别于基础教育阶段教学模式的鲜明特点。

如在美国，经常可以看到学生和老师一起探讨老师并不知道答案的问题，课堂上更多是开放式的师生探讨，这个问题可能没有唯一解，只有若干解里面哪个比较好。其实，这是大学教学模式的差别带来的教学质量的不同。而国外著名研究型大学通常灵活使用多种研究性教学模式。近年来，人们在教学改革与实践中提出的一种新的教学模式——研究型（有时称研究性、研究式等）教学模式[①]成为研究型大学最具特色的模式之一。研究型教学模式的理论基础是美国心理学家和教育家布鲁

---

① 李志义.高水平研究型大学本科教学模式的选择[J].中国高等教育，2009(8)：20—22.

纳的"发现学习模式"和瑞士心理学家皮亚杰（Jean Piaget）的"认识发展学说"。这些学说的基本观点是：学习过程与科学研究过程在本质上是一致的，教育者应建立一种合适的体系，采用一种合适的模式，激励、引导和帮助学生去主动发现问题、分析问题和解决问题，并在这样的探索式学习过程中获取知识、训练思维、培养能力、发展个性。

如果说传统的传输型教学模式的基本特征是"三个中心"（教师、课堂和教材）的话，新的研究型教学模式的基本特征是"三个突出"，即突出学生在教学中的主体地位，突出研究在教学中的重要作用，突出知识、能力、素质三维度的教学目标。研究型教学模式突出学生在教学中的主体地位，在教学过程中始终把学生放在"中心位置"，充分体现了"以人为本"的教学理念。此时，师生的角色发生了重大转变：教师不再是知识的拥有者、传授者和控制者，而是教学过程的参与者、引导者和推动者；学生不再是知识的被动接受者，而是主动学习者、自主建构者、积极发现者和执着探索者。研究型教学模式强调发挥学生在教学中的能动性、自主性和创造性，激发他们迫切的学习愿望、强烈的学习动机、高昂的学习热情、认真的学习态度；让学生从自己的认知结构、兴趣爱好、主观需要出发，能动地吸收新的知识，并按照自己的方式将其纳入已有的认识结构中去，从而充实、改造、发展、完善已有的认识结构；让学生自主选择和决定自己的学习活动，依靠自己的努力达到学习的目标，形成自我评价、自我控制、自己调节、自我完善的能力；使学生在学习中有强烈的创作欲望，追求新的学习方法和思维方式，追求创造性的学习成果。同时，研究型教学模式也十分重视发挥教师在教学中的主导作用。教师要对教学目标、教学内容、教学方式、教学过程和教学评估等教学要素进行精心设计，引导学生完成各种教学活动，达到预期的教学效果。

从上面对研究型教学模式基本特征的分析可以看出，这些特征十分符合高水平研究型大学本科人才培养目标，这种新的教学模式非常适合高水平研究型大学本科人才培养。因此，推行研究型教学模式，应作为高水平研究型大学教学模式改革的方向。"根据时代的需求来考察我们今日的大学教育现状，可以从多方面入手，如人才标准、培养目标、课程体系、评价标准乃至教育体制等，但我们倾向于从大学教学模式的角度来做一番探究。因为教学模式是教学文化的具体表现，任何一种教学模式总是蕴含着相应的文化价值取向，什么样的教学文化培育什么样的人。同时，教学模式是沟通教学理论和教学实践的中介或桥梁，它直接影响教师的教学行为和学习者的素质指向、学习方式与能力形成，且具有切实的操作性。因此，我们应从分析大学教学模式存在的问题开始。"①

研究型大学是美国高等教育的创举。目前，美国研究型大学已经成为影响世界高等教育发展与改革的重要力量。回顾半个世纪以来世界主要国家的高等教育改革，几乎都受到美国研究型大学的影响。今天人们越来越注意到，在研究型大学发展进程中，大学为了减缓发展的压力，维系教学和科研的统一，逐步在其系统内部分化出了研究生院。然而问题是，研究型大学在面对自身内部纵向分化的本科和研究生教育两个层次时，却又回到了纽曼和洪堡争论的老话题上，科研还是教学？能否二者兼顾？以科研为基础的教学自然要向有科研基础的研究生阶段倾斜，才能保证科研的进行，实现探索科学的教育。这样，第一层次的大学本科教育就受到了冲击，于是研究型大学的本科教育问题就突显出来。两种传统大学理想的冲突，教学和科研的论争，"纽曼难题"和"洪堡难题"在此又开始困扰人们。实际上，两个难题可以归结为一个问题，即如何使科研能够不去冲击教学，如何使二者统一，实现洪堡引入科研的初衷。"洪堡难题"表现出来的是：各种因素导致的科研的功利性和由此造成的大学科研的偏向和对本科教学的抛弃，从而引发了纽曼当时反对科研时所担心的局面。上述情形，无论是当今欧美的研究型大学，还是日本、中国、韩国等亚洲国家的研究型大学都是明显存在的。

可见，研究型大学中，"洪堡难题"的解决是一个关键点。研究型大学中的科研，与大学系统之外的一些机构的科研的最大区别，就在于它所依托的是大学这个高端文化和教育组织。大学科研的优势在于所拥有的有活力的研究群体、文化氛围和学科的完整性等。此外，大学科研在培养人才方面的应然作用是科研机构所没有的。从大学的特性看，大学科研最适合的是基础研究。基础研究的长期性、基础性等都要求有一个具备坚实学科基础的团队、一个能抵抗长期寂寞的奉献的环境，研究型大学是理想的场所。美国研究型大学自二战后，就开始接受联邦政府提供的巨额研究经费，经过半个世纪的发展，在基础研究方面已经处于

---

① 钟志贤.大学教学模式革新:教学设计视域[M].北京:教育科学出版社,2008:44.

核心地位。其间因注重研究而有所忽视的本科教育，也在一直不断地寻求改进。如美国卡内基教学促进基金会在1987年发表的《学院：美国本科生教育的经验》、1998年发表的《重建本科生教育：美国研究型大学发展蓝图》、2001年发表的《重建本科生教育——博耶报告三年回顾》等研究报告，其中的核心思想就是让本科生参与科研，倡导本科生研究性教学和学习等方式，着重解决研究型大学本科教育中的教学与科研矛盾。[①]这些无疑对于我们具有重要的借鉴意义。

二、影响研究型大学教学模式与方法改革的因素

从教学模式产生、发展的历史看，不同时代对教育的不同需求、教学理念、人才培养目标定位、教学内容、学生、科学技术、教学政策和教学制度等因素，都影响着对教学模式与方法的选择与运用。我们试对下列主要影响因素简单说明。

（一）教学理念的变革

从世界高等教育发展史可以看出，大学教学模式与方法深受哲学理论、社会思潮、心理学理论特别是其中学习理论的影响。在20世纪上半叶，行为主义学习理论占主导地位。行为主义学习理论认为，学习就是通过条件反射建立牢固的刺激—反应（S—R）联结，因而倡导通过教学强化这种联结。例如桑代克（Edward Lee Thorndike）基于他的实验提出学习的三个规律：（1）练习律。指学习要经过反复的练习。练习律又分为应用律和失用律。其中，应用律是指一个联结的使用（练习），会增加这个联结的力量；失用律是指一个联结的失用（不练习），会减弱这个联结的力量或使之遗忘。（2）准备律。联结的增强和削弱取决于学习者的心理调节和心理准备。（3）效果律。当建立了联结时，导致满意后果（奖励）的联结会得到加强，而带来烦恼效果（惩罚）的行为则会被削弱或淘汰。因此，在教学模式与方法方面，行为主义学习理论就特别强调练习的作用，要求通过组织教学使学习者在学习开始之前做好心理调节和心理准备，要求通过合理地、科学地运用奖励和惩罚调动学生的学习积极性。在20世纪中后期，认知主义学习理论逐渐占据主导地位。

---

① 牛犇.从科研变迁看研究型大学教学[J].扬州大学学报（高教研究版），2009（2）：3—6.

认知主义学习理论认为，学习就是面对当前的问题情境，在内心经过积极的组织，从而形成和发展认知结构的过程，强调刺激—反应之间的联系是以意识为中介的，强调认知过程的重要性。在教学方面，认知主义学习理论重视人在学习活动中的准备状态，强调认知、意义理解、独立思考等意识活动在学习中的作用。在20世纪末，建构主义学习理论逐渐占据主导地位。建构主义认为，学习不是由教师把知识简单地传递给学生，而是由学生自己建构知识的过程，因而教学不是教师传授知识的过程，而是帮助学习者主动建构知识的过程，因而特别强调探究性学习、问题式学习、发现式学习。

（二）人才培养目标的变化

从高等教育关于人才培养的目标定位来看，大致经历了从"通才"到"实用人才"（专门人才），再到"全面发展人才""创新人才"的几个阶段。下面以美国大学为例说明这个问题。殖民地学院在培养目标上深受英国大学学院式教育的影响，坚持大学的自由教育传统，以培养"绅士"和"通才"为目标，并不承担培养某一特定职业人才的任务。到了19世纪后期，美国大学开始培养专门化的实用人才。正如时任哈佛大学校长的艾略特（Charles W. Eliot）所言："我们要培养实干家（doer）和能做出成就的人（achiever），他们成功的事业生涯可以大大增进公共福祉。我们不要培养世界的旁观者、生活的观众或对他人的劳动十分挑剔的批评家。"[①]随着专业教育的发展和过分专业化倾向的出现，在20世纪初，美国大学又转向培养全面发展的人。接替艾略特担任哈佛大学校长的劳威尔（Aboott L. Lowell）说："在当今复杂的世界中，自由教育的最佳目标是，培养知之甚广而在某一方面又知之甚深的人。"[②]"学院应该培养智力上全面发展的人，有广泛同情心和判断能力的人，而非瘸腿的专家。"[③]20世纪80年代以后，创新人才成为美国大学的培养目标。1998年，美国博耶研究型大学本科生教育委员会《重建本科生教育：美国研究型大学发展蓝图》中明确提出："研究型大学应通过一种

---

① Richard Norton Smith. The Harvard Century. Simon and Schuster, 1986:29.

② William Bentinck-Smith: The Hrarvard Book, 350 Aniversary Edition, Harvard University Press, 1986:22—23.

③ 王英杰.大学校长与大学的改革和发展：哈佛大学的经验[J].比较教育研究，1993(5):1—10.

综合教育","造就出一种特殊的人才,他们富有探索精神并渴望解决问题,拥有代表其清晰思维和熟练掌握语言的交流技巧,拥有丰富的多样化的经验。这样的人将是下一个世纪科学、技术、学术、政治和富于创造性的领袖。"[1]按照哈佛大学2002年10月正式启动新的本科生课程改革方案,其本科生教育目标将定位在培养反思性的、经过良好训练的、有知识的、严谨的、有社会责任感的、独立的创造性的思想家。[2]大学的核心职能在于人才培养,采用什么样的教学模式与方法,要服务于人才培养的目标。培养目标的转变,不但引发课程体系的变革,也引发教学模式与方法的变革。

(三)教学内容与学生特点

从教学模式与方法的发展历史看,教学模式与方法并没有优劣之分,只有是否适用于特定的教学内容和学习者。从教学内容的角度看,前沿性的课程比导论性课程更适合探究性学习,理工科课程比文史类课程更适合问题式学习,跨学科课程比单学科课程更适合合作学习,应用类课程比理论性课程更适合服务性学习。因此,课程内容的发展、课程形式的变化、课程性质的演变等,都对大学教学模式与方法产生影响。

教学模式与方法的发展不但与教学内容密切相关,而且必须适应教学对象的特点。从作为教学对象的学生方面看,每一个时代的学生都有不同于以往时代的鲜明的时代特征。现时代的大学生一般追求个性、强调自主、思维独立,他们思维敏捷、头脑灵活、眼界开阔,社会责任感强,敢于担当,富于自信,敢于向传统和权威挑战,接受新事物的意识和能力非常强。面对这样的一个群体,大学的教学模式与方法必须进行相应的改革,突出学生的自主学习,突出教学过程中的探究性、合作性和实践性,倡导发现式学习、探究式学习、问题式学习、合作学习、服务性学习等新的教学模式与方法。

(四)科学技术和教学手段的发展

教学模式与方法的发展依赖于科学技术的进步和教学手段的改进。从教育发展史来看,科学技术进步的成果会推动教学手段的改进,从而

---

[1] 博耶研究型大学本科生教育委员会.重建本科生教育:美国研究型大学发展蓝图[J].教育参考资料,2000(19):1—19.

[2] 刘宝存.哈佛就是哈佛——哈佛大学办学理念探析[J].教育发展研究,2004(2):28—33.

为教学模式与方法的发展奠定基础。在教育发展史上，文字的产生带来了学校的发展，也带来了教学手段的第一次革命。印刷术特别是活字印刷术的发明带来了教学手段的第二次革命。19世纪末幻灯开始应用于学校教学，引发了教学手段的第三次革命，教学手段的发展进入电化教学时期。电化教学手段突破了以前的机械教学手段的局限，最大限度地延长了人体器官，为高等学校的教学提供了多种多样的学习途径和方法，使教学效率大大提高，为高等教育的大发展作出了重大贡献。但教学手段历史上的最具有深远意义的革命来自电子计算技术和网络技术在教学中的应用，它直接延长人的大脑，并导致教学方式的革命性变革，出现了慕课课程、翻转课堂、混合式教学等教学形式，也出现了虚拟大学等新型的大学形式。信息网络技术的发展为大学教学模式与方法创新提供了无限的可能性，也为传统教学模式与方法的改造提供了无限的可能性。

（五）教学政策和教学制度

从管理的角度看，教学模式与方法的发展也与大学的教学政策、教学制度有着密切的关系。毋庸置疑，如果一个国家和大学的教学政策、教学制度鼓励教师进行教学模式与方法的创新、改革与实验，那么这个国家和大学的教学模式与方法就会呈现出好的发展势头，反之亦然。例如，美国绝大多数研究型大学采取多种奖励手段，从政策和制度上鼓励教师采取新的教学方法，鼓励科研与教学结合，鼓励教师吸纳本科生参与自己的课题，鼓励跨学科教学，鼓励开设基础课、公共课。据对斯坦福大学网站资料的不完全统计，该校现有各级各类教学奖共26项，其中大部分创设于20世纪80年代以后，用于鼓励教学改革与创新活动。[①]

经费资助机制也和教师教学模式与方法创新的积极性休戚相关。有些国家运用经费资助国家认可的教学模式与方法的探索，推动科研与教学融合的教学模式。例如，美国国家自然科学基金会（National Science Foundation，简称NSF）设立的"万花筒计划"（Project Kaleidoscope，简称PKAL），资助了大量对科研与教学相结合模式进行研究和试验的项目。据不完全统计，在1991—2002年期间，美国国家自然科学基金会为了提高理工科教学质量，平均每年出版两份研究报告。美国国家自然科

[①] 张红霞.从国际经验看研究型大学本科教学改革的基本原则[J].高等教育研究，2006(12):60—65.

第一章　研究型大学教学模式与方法改革的理论研究

学基金会还出资建立了"国家本科生科研交易所"网站，发布、传播本科生研究项目的成果；主办全国本科生科研年会（National Conference on Undergraduate Research，简称NCUR），每年资助近2000名学生与教师参加会议。尤其值得提及的是美国国家自然科学基金会在1996年设立的"科研与教学融合认可奖"的奖励项目：瑞尔奖（Recognition Awards for the Integration of Research and Education，简称RAIRE）。该奖影响很大，每年奖励10所研究型大学，使得学校和教师们改革的热情高涨。①在美国国家自然科学基金会的推动下，美国研究型大学的本科生科研活动蓬勃发展。

教学评价制度和教学评价指标体系对于教师教学模式与方法创新的积极性有着直接的影响。例如，对于打破学科界限的跨学科课程教学，除了少数很有造诣的教授外，大多数教师往往有畏难情绪，因为他们会遇到很多实际困难，如在跨学科环境中专家地位的丧失，由于脱离原有的学术圈，在成果评奖中处于非主流的地位。②

第四节　研究型大学教学模式与方法改革的价值取向和趋势

　　未来的研究型大学教学模式与方法改革将更加重视建构主义、人文主义的观点，更加重视探索全人格发展教育和创新性教育的完美结合。如美国研究型大学本科生教育已重视加大教师奖励机制的改革、课程改革、教学方法改革、管理制度改革的综合一体化设计，以便培养全面发展而又具创新能力的新世纪领袖。国外许多大学都把研究型教学的重点放在培养学生的独立思考能力、分析能力、批评能力和解决问题的能力上。为了培养能力，哈佛大学本科生教育中采用了多种教学模式与方法，如讲授法（lecture）、习明纳（seminar）、辅导（tutorial）、实验（experiment）、角色扮演（role-play）、案例研究（case study）、模拟法庭

---

　　① 张红霞.从国际经验看研究型大学本科教学改革的基本原则[J].高等教育研究,2006(12):60—65.
　　② 张红霞.从国际经验看研究型大学本科教学改革的基本原则[J].高等教育研究,2006(12):60—65.

(moot court)、独立学习（independent study）等。①

一、教学模式与方法改革的趋势及特点

（一）由"教授模式"和"学习模式"走向"教学统一模式"

一定的教学模式总是在一定的教学思想和理论影响下形成的，简言之，有什么样的教学理论就会产生什么样的教学模式。教学模式是为教师提供的教学"范型"，它一方面必须研究教师教的过程、技巧、策略，为教师提供可操作的教学行动步骤；另一方面，它又必须研究学生心理活动的特点和学习活动的规律，避免教师凭空而教、"目中无人"而教，为教学提供理论借鉴和科学依据。所以，当代教学模式的研究，既非单一的"教的模式"，也非单一的"学的模式"，而是向着二者辩证统一地发展，即研究名副其实的教学模式，把教师教的艺术与学生学习的规律有机地结合起来。

（二）概括性与操作性的辩证统一

教学模式的概括性主要体现在模式的形式、内容和类型上。形式的概括，即用简洁的语言、图表来反映教学模式。内容的概括，即对教学活动的理论或实践进行浓缩、提炼。虽然教学实践为模式的形成提供了原料，但它毕竟不等同于教学模式，教学活动丰富多彩、变幻无穷，而教学模式是从教学活动中概括出来的活动框架，它略去了教学活动中的次要因素，一针见血地反映模式的操作框架及其理论核心。类型的概括，即对多种教学活动的分析，根据共同特征归为一类，其目的在于为模式的研究者和使用者清晰、直接地把握模式的精髓提供方便。

教学模式的操作性是指模式易于被使用者模仿，它突出地反映在操作程序上。有了操作程序，模式就有了行动线索，教师的组织教学才有计划。事实上，探究发现模式虽然有利于主体性的发挥和创造性的培养，但面对大量需要学生在一定时间内掌握的知识时，它就显得无能为力了，尤其是教学对象是自主性已逐渐发展起来的高中、大学学生时，一味地探究发现式教学无异于对学生精力的浪费。因此，开展教学模式研究，去除非此即彼的思维定势，是繁荣和搞活教学理论的当务之急。

---

① 教育部中外大学校长论坛领导小组.大学校长视野中的大学教育[M].北京:高等教育出版社,2007:67.

（三）教学模式有利于教师最优地完成教学任务

教学模式既是教学过程理论体系的具体化，又是教学实践经验的系统总结。相对于教学的基本理论而言，它是低层次的，因而具体、简明、易于操作；相对于教学而言，它又是高层次的，因而概括、完整和系统，便于教师理解和掌握，有利于提高教学质量。从这个意义上说，教学模式可以被看作联系教学理论和教学经验的"桥梁"，有助于改善教学理论与实践相互脱离的状况。

教学模式产生、发展的动力在于教学认识和教学实践的矛盾，当二者发展不相适应时，人们就试图提出某种新的模式，以求实现二者的协调和平衡。一种新的教学模式的构建需要两个条件：一是教学实践水平，二是背景理论知识，二者缺一不可。任何教学模式都必须打上它们的烙印。教学模式的构建方法则不外乎两类，即演绎法和推理法。演绎法是指从一种理论假设出发，推演出一种教学模式，然后用严密的实验验证其有效性。这种方法的起点是科学理论假设，形成过程是思维演绎。推理法是指对教学实践经验进行归纳、总结，形成某种类型的教学模式。它的起点是经验，形成过程是实践归纳。

一种新模式的产生并不是一蹴而就的，它往往需要在理论和实践之间进行多次求证、修改，新模式一旦形成，就要运用于教学实践，从实践中得以发展和完善，并随着认识的进一步深入和提高而转换成更新的教学模式。

二、研究型大学教学模式与方法的改革趋势

在世纪之交兴起的高等教育改革运动中，世界各国大学都不约而同地把培养创新人才作为改革的主要目标之一。教学是培养创新人才的基本途径，为了培养创新人才，各国的学者和大学都在对传统的大学教学思想进行反思，重新审视普通教育与专业教育、知识传授与能力培养、注入式教学与启发式教学、接受式学习与探究性学习、共性与个性等教学思想中的诸多矛盾，提出了一些新的思想，出台了一些改革举措，反映了研究型大学教学模式的改革趋势：①

---

① 刘宝存.创新人才培养与大学教学思想的变革:国际比较的视角[J].河北师范大学学报(教育科学版),2004(5):80—84.

（一）在普通教育与专业教育的关系上，注意普通教育与专业教育的平衡

创新人才发展的基础在于个性的和谐、全面、自由地发展。因此，培养创新人才，需要建立一个内容广泛的课程体系，实现普通教育与专业教育的平衡。

在大学教育中，普通教育和专业教育是一对永恒的矛盾。在大学产生之初，就存在着自由教育与实用教育之争，后来逐渐演变成自由教育与科学教育之争、普通教育与专业教育之争。在19世纪中期之前，理性主义和人文主义的高等教育哲学在大学教育中占主导地位，自由教育在与实用教育、科学教育的对抗中处于支配地位。到了19世纪后期，功利主义和科学主义的高等教育哲学逐渐在大学教育中取得支配地位，专业教育便逐渐确立了在大学教育内容上的主导地位，甚至出现了过分专业化的倾向。专业教育的迅猛发展引起很多教育家的不安。从20世纪20年代起，就不断有人谴责专业教育和专业化，一次次掀起普通教育运动。现在，人们逐渐认识到，普通教育与专业教育这一对矛盾不但有对立的一面，而且有相互联系和相互渗透的一面，它们都是现代大学教育所不可缺少的。著名教育家怀特海（Alfred North Whitehead）就反对把普通教育与专业教育机械地对立起来，认为普通教育和专业教育在目的和内容上不同，但又不能完全割裂开来。普通教育旨在培养心智活动；专门研究则利用这种活动。但是，过分强调这种整整齐齐的对立是不行的。正如我们已经看到的，在普通教育课程中，特殊兴趣的中心将会产生，同样，在专门研究中，学科的外部联系使学生的思想向外发散。再者，并没有一门课程只给学生普通知识，而另一门课程只给专门知识。为了普通教育目的而学习的学科，也就是专门地去学习的专门学科；另一方面，鼓励一般智力活动的方法之一就是培养一种专门的爱好。怀特海认为现代社会需要专业教育，但又要避免过于专业化，必须把二者有机地结合起来。美国当代著名的教育家博耶（Ernest L. Boyer）也认为，普通教育与专业教育是相互联结在一起的，没有纯粹的专业教育，也没有纯粹的普通教育，二者缺一不可。一方面，他要求采用一体化核心方法实施普通教育，开设语言、艺术、传统、社会知识、自然科学、劳动、思想七个方面的统一课程，向学生介绍基本知识以及学科之间的联系；另一方面又要求充实专业教育，提高专业教育的深度。他要求教师

发挥其启发引导和整体一致的基础作用,将普通教育与专业教育有机地结合起来,使本科生教育成为一种成功的经历。近二三十年来,为了培养具有创造性的人才,西方大学一改过去偏重专业教育的倾向,通过多种方式加强普通教育,力求为学生设立内容广泛的课程体系,实现普通教育与专业教育的平衡。

美国大学一二年级不分专业,全部学习普通教育课程,包括人文科学、社会科学和自然科学三个科学领域的课程。以哈佛大学为例,1979年,为了培养"有教养的人",哈佛大学开始实施核心课程计划,从而形成了由核心课程、专业课和选修课组成的课程体系。目前,学校规定,本科生四年必须修满32门学期课程(half-course),其中核心课程8门(从8个领域中挑选8门,每个领域至少1门),专业课大多要求12门学期课程,其余为选修课。

日本大学一二年级为基础教学阶段,也不分系科,由大学教养部统一实施基础教学,教养课程通常为36学分,再加上体育课的4学分,大致占本科教育课程学分总量的1/3。近几年,日本大学虽然实行课程改革,实施四年一贯制的课程,打通教养课程与专业课程,但教养课程的比例并没有多大的变化。

法国大学一二年级为基础教育阶段,只分10个专业方向,主要任务是进行普通教育,初步接触专业知识,通过"多学科的培养和方向指导",为以后的专业学习作准备。

德国的大学也将大学教育分为基础学习和专业学习两个阶段,一二年级分系而不分专业,同系的学生学习相同的课程,以使学生打好普通教育和专业基础教育的基础。

苏联在后期开始注意培养宽口径的专家,加大基础课的比重,减少专业课的数量,这种改革取向在苏联解体后的俄罗斯又有所加强。

(二)在知识传授与能力培养的关系上,注重知识传授与能力培养相结合,重视能力培养

创新人才不但要有宽厚的文化修养和高深的专业知识,而且要有以创新能力为核心的高度发达的智力和能力。因此,要培养创新人才,必须正确处理知识传授与能力培养之间的关系。在大学阶段如何处理传授知识与培养能力的关系呢?在历史上,曾有一些教育家进行过探讨。针对大学教学中偏重知识的倾向,英国教育家纽曼认为,大学教育应该向

学生传授普遍的知识，但"大学的真正目的并不是学习和掌握知识，而是在掌握知识的基础上形成思想或理性"①。因此，大学的任务就是要制定正确的标准，按照标准训练，根据所有学生的不同能力特点发展他们的智力。美国教育家赫钦斯（Robert Maynard Hutchins）承认知识传授的作用，但认为知识传授并不是最终的目的，而是培养智力的手段。他说："事实、数据、消息、现在的、将来的，虽不能忽视，但是必须着重心灵的陶冶，而事实、数据及消息应只用为例证，作为增强智慧行动原则的根据。"②在赫钦斯看来，大学教育就是要通过开发智力，发展学生的智性力量，形成智性美德。德国教育家雅斯贝尔斯（Karl Jaspers）认为，大学不仅要传授知识，而且更重要的是培养学生的学习主动性，发展学生的判断力、理解力、思考力等能力。他说："重要的不是事实性的知识本身，而是自己探索和获取事实知识的能力和主动精神，有效地思考这些事实，并知道问什么问题……在理论学习中，要尽量多学一些实用的材料，这无疑是一个很好的想法。但是，最重要的因素依然是积极思考、把握问题和提出问题的能力、掌握方法。"③可见，在知识传授与能力培养的关系上，各国的教育家大都认为大学教育应注重知识传授与能力培养的相结合，重视能力培养。

在培养创新人才已成为各国大学教育的培养目标的今天，注重知识传授与能力培养的相结合，加强能力培养，已成为国内外一些大学的办学理念。以美国的哈佛大学为例，该校就把教学的重点放在培养学生的独立思考能力、分析能力、批评能力和解决问题的能力上。哈佛大学前校长博克（Derek Bok）曾经指出："迅速增长的信息和知识对各级教育都有影响。在大学，最明显的需要是停止对传授固定知识的强调，转而强调培养学生不断获取知识和理解知识的能力。这个转变意味着更加强调学术研究的基本方法，强调论述和演讲以及掌握基本语言（可能包括外国语、计算机语言和定量分析）的方法，掌握这些方法是获得大量知

---

① John Henry Cardinal Newman. The Idea of a University: Defined and Illustrated [M]. Chicago, Illinois: Loyola University Press, 1987:158.

② 台湾师范大学教育研究所.西洋教育思想(下)[M].台北:伟文图书出版社有限公司,1979:937.

③ Karl Jaspers. The Idea of the University [M]. H. A. T. Reiche & H. F. Vanderschmit,trans. London: Peter Owen Ltd.,1965:58—59.

识的途径。"①他批评一些教师仍然依靠讲课和指定大量的课外阅读作业的行为,认为给学生留下独立思考的时间太少,而不利于发展学生的推理能力。因此,"现在已到了认真考虑成倍地给学生增加机会,让他们考虑疑难问题的解决办法的时候了……这种教学方法需要更加积极的课堂讨论,需要培养教师用苏格拉底教学法进行教学,并要多给学生布置启发其思维发展的写作作业,考试题目也要注意启发思维。"②博克的这些思想从一个侧面反映了哈佛大学在教学指导思想和方法上的要求。目前,哈佛大学本科生教育中常用的教学方法有讲授、讨论、辅导、实验、角色扮演、案例研究、模拟法庭、独立学习等。在教学过程中,教师注重为学生创造一个宽松自由的学习环境,鼓励学生独立思考,培养学生分析问题和解决问题的能力。

(三)在注入式教学与启发式教学的关系上,反对注入式教学,倡导启发式教学

在大学教育发展史上,也许因为注入式教学的盛行,古希腊著名教育家苏格拉底发明的苏格拉底谈话法一直为一些教育家所倡导。特别是近几十年来,反对注入式教学,倡导启发式教学,已成为教育家的共识。例如,美国教育家赫钦斯反对向学生进行灌输,主张启发式教学。他说:"虽然可以帮助人去学习,但人只能是自己学习。要对他们进行灌输,就不可避免地要违背他们本性的规律。批评、讨论、质询、争论,乃是真正的教学方法。和助产士一样,教是一种合作的艺术……理智的进步并不发生在教师直接说出法则让学生记忆之时,而是出现在师生共同工作以引发学生时,对呈现在他面前的问题作理性回答的时候。无论学生是儿童还是成人,苏格拉底的对话法都是教学法的伟大的借鉴。"③

近年来,反对注入式教学,倡导启发式教学,也成为国内外大学教学的基本指导思想。在美国大学的教学中,每门课的教学时数较少,课堂讲授的比重很小,讲授以重点、难点为主,讲清学科主要脉络以及前

---

① [美]博克.美国高等教育[M].乔佳义,编译.北京:北京师范学院出版社,1991:137.

② [美]博克.美国高等教育[M].乔佳义,编译.北京:北京师范学院出版社,1991:137.

③ R. M. Hutchins. The Conflict in Education in a Democratic Society[M]. Harper& Brather,1953,96—97.

沿问题,目的主要在于指导自学、启发思考,而且在有限的课时内大量使用讨论教学和独立研究,培养学生的独立思考能力和独立获取知识的能力。在课时分配上,美国大学中课堂讲授约占 1/3,独立环节约占 3/5,实践环节约占 1/10,课表中规定的自学时间与课堂讲授之比约为 4∶1。课堂讲授内容以重点、难点为主,主要目的在于指导学生学习,而非传递信息。课堂气氛活跃,教师鼓励学生随时提问。与教师的课堂讲授相比,讨论和实验的地位似乎更为重要。讨论课通过独立阅读、集体讨论和写专题报告等环节,着重培养学生的独立学习能力、独立思考能力、分析问题能力、语言表达能力。在课外,美国大学则要求学生进行大量的阅读、独立研究。又如,在德国,大学教学包括讲授课、习题课、实验课、讨论课、课程设计、生产实习等环节。讲授课大约占50%,这是一种由教授主持的指导性启发报告,只讲重点难点,提出问题和解释基本概念,没有统一的教科书,只发讲义和指定参考书,对学生是否参加听课没有严格要求。习题课、实验课、讨论课等均以小组方式进行,通过教师的具体讲解、答题、提供教材和参考资料、师生共同讨论、学生动手操作等,使学生对课程内容有较深的理解,发展学生分析问题、解决问题的能力。这类课小组人数固定,学生不得任意缺课。

(四)在接受式学习与探究性学习的关系上,强调探究性学习

创新人才的最根本的特征在于创新精神、创新意识和创新能力,因此如何处理接受式学习与探究性学习的关系,是培养创新人才必须解决的问题。近几十年来,为了培养具有创新精神、创新意识和创新能力的人才,强调探究和发现的教学思想逐渐成为教学思想发展的主流。美国当代教育家、心理学家布鲁纳认为,所谓学习就是认知结构的改变,是个体以一种新的方式去体味、知觉对象和情景的准备状态的改变。然而,学习知识的过程并不是为了获得最终的结论,而是通过与知识的接触与探索,在对某事物的理解和解释活动中,去发现一些尚未了解的知识。学习不是被动接受的过程,而是一个主动探索的过程。因此,教学中应引导学生像科学家那样探求知识,通过发现法来学习,而不是被动地接受教师的灌输。在布鲁纳提出发现法的同时,美国另一位教育家施瓦布(Joseph J. Schwab)则提出了探究学习法(Inquiry Learning)。他认为,学习活动就是一种探究活动,在这种活动中,教师的作用不是解释书本上不清楚的地方,并测验学生对他所说的内容掌握的程度,而是帮助学生学会学习,发展探究能力,培养学生探究的精神和态度。他说:

第一章　研究型大学教学模式与方法改革的理论研究

"为了进行教学，最明智的办法是根本不把科学当作一个证明或证实的过程，而把它当作一个发现的过程，一个揭示自然事物的过程和以一种提高我们理解力的方式来发现这些事实之间如何互相联系的过程。无论如何，我们不能不懂得：科学是一种构成试验性知识体系的过程，是一个发现如何使得事实材料融会贯通的各种不同方法的过程，是一种'论述'某种教材的过程。"①他主张学生自主地通过探究自然过程来获取知识，主张有组织、有计划地培养学生从事研究所必需的探究的能力，培养探究未知世界的积极态度。在苏联，马丘什金（Н. И. Матюшкин）、马赫穆托夫（М. И. Махмутов）等人认为，教学过程应该遵循提出问题并解决问题的思维过程，从设置问题情境和提出问题入手，看能否用已知的解决方式解决问题，如果不能，就寻求新的解决问题的方式，提出假设，并验证解决方案的正确与否。近年来，建构主义学习理论的影响日益扩大，建构主义所倡导的基于问题式学习（Problem-Based Learning，简称PBL）受到了广泛的重视，它强调把学习设置到复杂的、有意义的问题情境中，通过让学习者合作解决真实性问题，来学习隐含于问题背后的科学知识，形成解决问题的技能，并发展自主学习的能力。无论是发现学习、探究学习，还是问题教学、基于问题式学习，都对传统的接受式学习提出了质疑，要求建立以发现和探究能力为核心的学习模式。

在20世纪80年代开始的教育改革中，各国特别是美国把研究性学习和科研训练作为培养创新人才的重要措施之一，一些研究报告都强调探索，要求制定以研究、探索为本的学习标准。例如，《重建本科生教育：美国研究型大学发展蓝图》则进一步指出：学习即探索，它是以导师指导下的"发现"为基础的，而非信息的简单传递。因此，要转变把学生作为接受者的传统观念，把学生作为探索者，本科生要和研究生、教师共同进行探索之旅，本科生的每一门课程应提供给学生一种运用发现为本的方法而获得成功的机会。从新生入学第一年开始，学生应该在尽可能多的科目中参与研究活动，学会独立思考，探索自然科学和人文社会科学之间的关系。这些报告重视探究和发现的教学思想符合创新人才培养的需求，在大学教育实践中产生了广泛的影响。研讨式学习、独立学习等教学方式和方法越来越受到重视，越来越多的大学开设有关研

---

① 毕淑芝,王义高.当代外国教育思想研究[M].北京:人民教育出版社,1993:311.

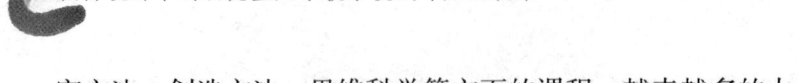

究方法、创造方法、思维科学等方面的课程，越来越多的大学把科学研究作为培养创新人才的手段。

（五）在共性与个性的关系上，重视教学的个性化

个性的自由发展是创新人才的重要特征，也是创新人才成长的基础。然而，在工业化时期形成并发展起来的现代大学的人才培养模式，深受工业生产批量化、标准化的影响，大批量、标准化地"生产"出一批批工具性的学生，却对人的个性、特别是人的创造性的培养重视不够。因此，人才培养的个性化、教学的个性化，成为一些教育家的理想追求。德国教育家雅斯贝尔斯便因倡导大学教学的个性化而闻名。他指出："大学教学不能陷入一定的格式，有利于培养智力的教育通常都采取个性化的形式。只有当教授采用适合于讲授他的思想的真正客观的方法时，他的教学才能真正实现个性化。"①

在世纪之交的教育改革中，个性化成为各国教育改革的一个非常突出的取向。日本临时教育审议会的四份报告都把"重视个性"看作第三次教育改革的最主要的原则，认为它是贯穿在其他各条原则中的一条基本原则，教学内容、方法、制度和政策等各个方面的改革都要遵循这一原则。在大学改革方面，日本要求各大学提出能自主地举行入学考试、选拔并采取具有个性的新生招生办法；对大学教育科研组织的结构实行个性化设计，并促进教育方法的多样化；实行弹性学制，完善学分制，扩大插班、转学、转专业的可能性；沿着自由化、弹性化的方向探讨大学入学资格问题。美国有重视学生个性发展的传统，在20世纪60年代和70年代，斯金纳（Burrhus Frederic Skinner）的程序教学和教学机器、罗杰斯（Carl Ransom Rogers）的非指导性教学、凯勒（Fred S. Keller）的个别化教学体系，都曾在美国各级教育中产生广泛的影响，并传播到世界各地。近年来，美国大学的个性化改革，主要集中在创建个性化、特色化的学校，扩大学生的学习选择性，增强专业设计和课程计划的个性化。俄罗斯在教育改革中一改苏联过分强调统一性的做法，提出了个性化、人性化、人道化、个别化的教育改革思路，同样体现了个性化的改革取向。

---

① Karl Jaspers. The Idea of the University [M]. H. A. T. Reiche and H. F. Vanderschmit, trans. London: Peter Owen Ltd., 1965:58—59.

第二章　我国研究型大学教学模式与方法改革调查研究

第二章
我国研究型大学教学模式与方法改革调查研究

2007年教育部和财政部联合下发了《关于实施"高等学校本科教学质量与教学改革工程"的意见》,正式启动了"高等学校本科生教学质量与教学改革工程"(以下简称"质量工程")。提高本科生教学质量,关键在于教学模式和教学方法的改革与创新。为了了解我国研究型大学教学模式与方法改革的现状,总结近年来我国研究型大学教学模式与方法改革的基本经验、存在的问题和原因,我们在39所研究型大学教务处处长及抽样的教师、学生中开展了问卷调查。问卷内容涉及各群体对教学模式与方法改革的态度、具体措施、实施现状和存在问题等方面,详见附录。通过问卷调查,我们希望能为研究型大学教学模式与方法改革提供理论指导、政策建议和实践帮助。

第一节　对我国研究型大学教务处处长的问卷调查

为了了解我国研究型大学教务处处长对教学模式与方法改革的基本看法,我们于2010年9月面向我国39所研究型大学教务处处长进行了问卷调查,总共发放问卷39份,回收有效问卷26份。

一、问卷调查参与者的基本信息

有效问卷中,参与调查的教务处处长基本情况如下(见图2-1):
1. 性别结构:男性占88.5%,女性占11.5%。

2. 年龄结构：36—40岁有1人，占3.8%；41—50岁有21人，占80.8%；51岁以上4人，占15.4%。

3. 学历结构：最高学历为硕士的有3人，占11.5%；最高学历为博士的共23人，占88.5%。

4. 参与教学改革课题情况：92.3%的教务处处长都参与过教学改革课题。

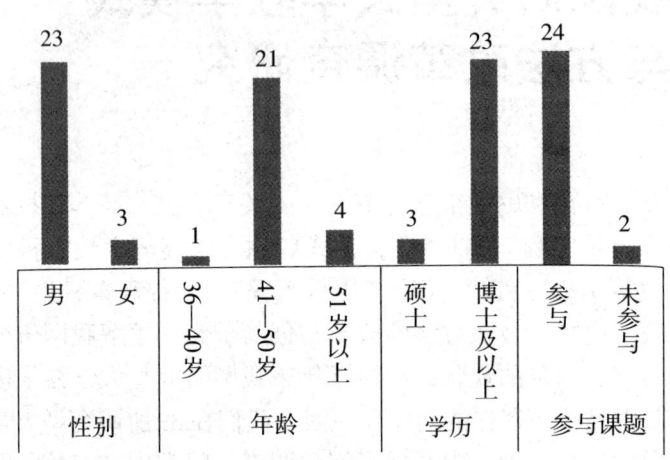

图2-1　参加调查的教务处处长的性别、年龄、学历、是否参与教学改革课题统计图

二、问卷调查的结果分析

（一）各学校对待教学模式与方法改革的态度

2007年2月教育部和财政部联合下发了《关于实施"高等学校本科教学质量与教学改革工程"的意见》之后，各学校教务处领导高度重视，开始以质量工程为抓手，全面推进教学改革。各学校深入学习教育部近3年来所印发的有关"质量工程"的文件精神，并且结合本学校的实际情况制定本校的具体实施意见或细则。65%的教务处处长都能根据工作需要适当关注国内外研究型大学有关教学模式与方法改革的进展情况，从中学习经验教训，并且非常了解本校教师从事教学模式与方法改革的情况。

（二）我国研究型大学人才培养目标定位认识

在人才培养目标定位上，92%的处长认为研究型大学与一般院校的区别主要在于重视科研意识和科研能力的培养，学校和院系是人才培养改革的核心推动力。

在提高教学质量方面，教务处的主要工作是组织院系学习领会国家文件精神，共同探讨人才培养方案；深入研究文件精神，指导院系开展教学模式与方法的改革。也就是说，教务处既履行宏观指导的职能，也承担相关项目。教学团队、高水平的教师队伍以及实践教学与人才培养模式改革创新，是影响研究型大学本科教学质量的核心因素，而在处理教学和科研问题上，88%的教务处处长认为学校应该教学与科研并重，鼓励学生适当参与科研，锻炼其科研能力。

（三）我国研究型大学教学模式与方法改革实施方案

对于"质量工程"的实施，大多数学校教务处所采取的方法都是全面推开，齐头并进地推进教育教学改革。在推进教学模式与方法改革时，有的学校领导高度重视，亲自挂帅主抓；有的学校将管理重心下移，由院系牵头，专家督导；还有的学校依靠政策和经济杠杆进行宏观调控；有88%的学校每年都会设置专项资金鼓励教师参与教学模式与方法改革。这些办法都能对教学模式与方法改革起到一定的推动作用。

为了让教师更有效地参与学校教学模式与方法改革，学校都制定了相关的配套措施，有的学校把教师参加教学模式与方法的改革或获得过教学成果奖作为评定职称的必要条件，有的学校把教师参加教学模式与方法的改革或获得过教学改革成果奖项作为推荐参评高级别优秀教师的必要条件，还有的学校把教师参加教学模式与方法的改革或获得过教学成果奖项作为考核教师工作业绩的必要指标项。教务处在推进教学模式与方法改革的过程中，有73%的学校每年都会定期组织教学改革研讨与交流会，促进教师进行教学模式与方法改革方面的专业交流。

（四）我国研究型大学教学模式与方法改革进展

在历年的教学研究项目申报中，教师申报的有关教学模式与方法改革的项目数量充足；在教学成果奖的评选中，关于教学模式与方法改革的成果获奖比例也比较适中。在每年学校组织申报有关教学模式与方法改革的课题时，部分教师投身教学改革的积极性都很高，而且不同的院系会有自己的侧重点，69%的学校把教师是否主持教学改革项目并获得过高级别的教学成果奖作为评价教师是否优秀的一项重要指标。

目前，我国研究型大学采用的比较多的教学模式与方法主要有课堂讲授、以问题为中心（PBL）教学、案例教学和研讨式（seminar）教学。在学习国内外其他高校新型的教学模式与方法改革经验之后，很多学校采用了本科生科研、合作式教学和产学研结合的教学模式与方法来对本学校进行改革。

为提高本科生的实践能力，我国研究型大学所采取的教学模式与方法主要有组织教学实习和专业实习、实验操作、毕业论文和毕业设计以及本科生科研。本科生参与科研兴趣浓厚，有很多学生投入了很大的热情，特别是对自己感兴趣的课题，很多学生都想方设法通过许多渠道来了解科研信息并参与其中。但是也存在部分学生自己不主动参与课题，或只对自己感兴趣的课题投入很大热情，而对其他的事情并不关心。在进行教学模式与方法改革之后，学生评价方式也进行了相应的调整，由单一的知识和科研能力的评价转向知识与能力并重的综合评价。目前，很多学校对学生的评价主要采用书面考试、撰写论文和研究报告以及能力展示等方式。实施教学模式与方法的改革之后，我国研究型大学的教学质量都有所提高。

（五）存在问题与改进措施

通过调查分析，可以看出我国研究型大学在教学模式与方法改革的过程中仍然存在一定问题，阻碍了改革达到其应有之成效。

在推行教学模式与方法改革过程中，最大的难点存在于改革制度和教师这两部分。由于改革的相关制度不够健全，教师的教学观念、教学能力和教学动机存在差距，所以教学模式与方法改革成果难以推广。高达85%的教师认为教学模式与方法改革有必要，但是不愿耗费太多的时间和精力。大部分教师由于政策制度不健全，教学经费不足，改革见效慢，缺少成就感，学生参与积极性不高等原因不愿意进行教学模式与方法改革。在有的学校，只有不到50%的教师能够积极参与教学模式与方法改革，教师作为实施教学模式与方法改革的主要执行者，这一比例明显偏低。因此，我国研究型大学在今后实施教学模式与方法改革的过程中，要给予相关的政策保障，提高教师自身素质，投入充足的教学经费，避免因外部原因而导致教学模式与方法改革无法推进等问题。

在本科生科研方面，虽然很多学校积极组织学生参与科研，但是在

第二章 我国研究型大学教学模式与方法改革调查研究

大多数学校本科生有机会参与科研的比例不到50%，这一比例偏低，而且有很多学生（达35%）只对自己感兴趣的课题积极性较高，对其他事情并不关心，或者老师不要求自己则不会主动参与。因此在今后的改革中，应该多加强本科生科研，让更多的学生有机会参与到科学研究中，扩宽学生知识面，并把所学知识和科学研究相结合，加强本科生科研的实用性。

在教学质量方面，有73%的教务处处长认为实施教学模式与方法改革后，教学质量有所提高，但是效果不是很明显。在今后的改革过程中，不仅要重视改革过程和措施，还要关注改革的具体效果。

第二节 对我国研究型大学教师的问卷调查

为了了解我国研究型大学教师对教学模式与方法改革的看法，我们于2010年9月面向我国两所研究型大学教师进行了抽样调查。本次调查共发放问卷160份，回收问卷139份，其中有效问卷132份。

一、问卷调查参与者的基本信息

参与问卷调查的教师的基本情况如下：

1. 性别结构：男性教师80名，约占61%；女性教师52名，约占39%。

2. 年龄结构：这些调查对象中有39%的教师年龄在35岁以下，36—40岁之间的占23%，41—50岁的占29%，51岁以上的占9%。

3. 职位：30位男性和6位女性教师承担着管理行政的职务，占27%。

4. 参与教学改革课题情况：共有49位男性教师和13位女性教师参与过教学改革课题，其中有2位教师主持过1次国家级教学研究项目；有20位教师曾主持过1次省部级教育研究项目，有3位教师曾主持过2次省部级教育研究项目；有31位教师主持过1次院校级教学研究项目。

二、问卷调查的结果分析

（一）教学模式和教学方法改革的成效

从调查问卷的结果来看，我国研究型大学教学模式和教学方法改革已取得明显的成效。主要表现在以下几个方面：

第一，我国研究型大学都在积极努力提高本科教学质量。在"质量工程"的实施过程中，68人（占52%）表示学校教务处重点抓好容易立项的优势，进行特殊项目的建设与改革；有44人（占33%）表示学校教务处已全面推开，齐头并进地推进教育教学改革，22人（占17%）认为教务处以"质量工程"项目为杠杆，加强薄弱环节的建设。为了推广学校教学模式与方法改革成果，52%的教师表示所在学校教务处通过树立优秀典型，在校内外作报告以供观摩和推广；另有52%的教师表示所在学校教务处为改革成果的推广给予政策优惠和扶持；还有21%的教师表示教务处通过给予尽可能多的物质奖励来推广学校教学模式与方法改革成果。同时学校在组织实施有关教学模式与方法的改革时，都将其融入课程或实践教学改革的项目之中。有29%的学校单独立项资助，进行专项审批，还有27%的学校在有关项目指南中单独设立专项模块，供教师自由选题。

第二，许多研究型大学正在推广和采用新型的教学模式与方法。在问卷调查中，有66位教师表示学校仍主要采用课堂教学，同时也有61人表示学校主要采用案例教学；还有55人和36人表示学校分别主要采用研讨式（seminar）教学和以问题为中心的教学。此外，一些教师在自己的教学中还采用国内外新型的教学模式与方法。有70人采用本科生科研，48人进行合作式教学，37人采用苏格拉底式教学法，26人采取高峰体验教学法，10人通过服务性学习来展开教学活动。同时在从教学评价上也得到一定优化，53%的教师认为他们对学生学业成绩的评价已由单一的知识和科研能力转向知识与能力并重的综合评价；也有30%的教师在对学生进行学业成绩评价时更偏重对学生基础知识的考查，还有17%的教师则侧重对学生科研能力的考查。（见图2-2）

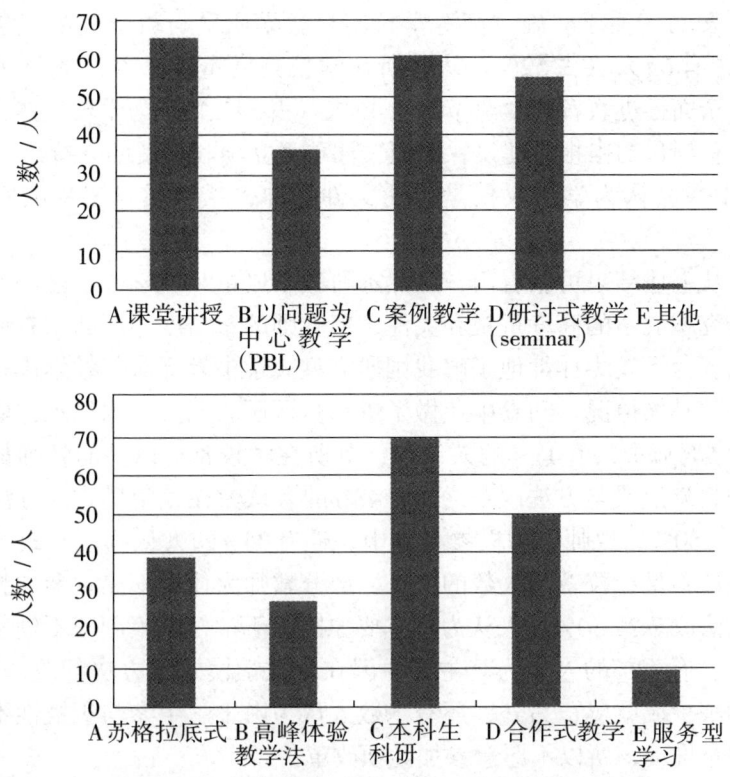

图 2-2 研究型大学教师所使用的主要教学模式与方法统计图

第三，在实施教学模式与方法改革后，68%的教师认为学校教学质量有所提高，虽然效果还不明显；有23%的教师认为学校经过教学模式与方法改革，教学质量得到明显地提高；也有9%的教师认为学校教育质量出现部分下滑现象。

（二）教学模式与教学方法改革中存在的问题

通过对我国研究型大学教师的问卷调查结果分析，我们发现目前我国研究型大学教学模式与教学方法改革中存在的主要问题有：

第一，教师的参与性不高。在接受调查的132名教师中，有58人（占44%）只了解有关教育部近三年来印发的有关"质量工程"的文件的部分内容，有53人（占40%）已经深入学习和领会了文件精神，并结合学校整体部署积极参与执行，还有22人（占17%）对文件内容没太关注，只凭经验积极改进自己的教学。对于2007年2月教育部和财政部联合下发的《关于实施"高等学校本科教学质量与教学改革工程"的意见》,有69人(占52%)认为所在学校高度重视,并以质量工程为抓手,全面推进教育教学改革;有45人(占34%)认为学校虽然也重视质量工程项目的申报和建设,但更关注项目立项和经费的支持,也有19人(占14%)认为学校仅仅是传达文件精神,认为质量工程的实施重在院系。

从上述结果可以看出,虽然本科教学质量和教学改革已经引起了许多研究型大学的高度重视和关注,但教师的参与度还不高,有待进一步提高。为了较为详细地了解我国研究型大学中教师参与教学模式与方法改革的具体情况,问卷中还做了进一步调研。调查数据显示,所调查的132位教师中只有17%的人认为,其所在学校80%以上的教师都积极参与到教学模式与方法改革之中;48%的人认为在教学模式与方法改革中50%—80%的教师已积极参与其中,还有35%的人认为参与改革的教师人数还不足在校教师人数的50%。部分教师为什么不愿意参加教学模式与方法改革? 50%的人认为其主要原因在于学校政策制度不健全,经费太少;有38%的人认为其主要原因在于教学模式与方法的改革见效慢,教师缺少成就感;另外,还有少数人认为由于学生参与积极性不高,教师很难推动,所以不愿意参加此项改革。

第二,教学评价不合理。虽然我国研究型大学经过教学模式与方法改革后,许多教师在对学生进行考核中逐渐转向知识与能力并重的综合评价方式,但从评价的方式来看,59%的教师仍主要采用书面考试的形式对学生学业成绩进行考查,只有7%的教师采用能力展示的方式对学生学习情况进行评定。还有5名(占4%)教师采用的是书面考试、撰写论文和研究报告相结合的方式。(见图2-3)

图2-3 研究型大学教师所采用的主要学业评价方式统计图

第三，缺乏外部保障制度。在接受调查的教师中，有48名（占36%）教师认为在推行教学模式与方法改革的最大难点是与改革相关的制度不够健全；有42名（32%）教师认为最大难点在于教师的教学观念、教学能力和教学动机存在差距；还有22名（占17%）教师指出学生对新的教学模式与方法不适应，参与热情不高，是推行教学模式与方法改革成果的最大难点；也有15%的教师认为最大的难点是经费不足问题。从中可以看出，教学模式和改革的推广不仅有赖于教师和学生的共同参与努力，同时还需要外部的制度健全和经费保障。

（三）教师对教学模式和教学方法改革的建议

在接受调查的132名教师中，有69人（占52%）认为学校进行培养模式改革的核心推动力的关键在于学校和院系；也有49名教师认为进行培养模式改革在于自己；还有14名教师认为学生是推动人才培养模式改革的关键。从中可以看出，研究型大学自身在培养模式改革中扮演着重要的角色，学校应加强自身的建设，同时注意增加学校、教师与学生的交流和合作，增强三者之间的张力。（见图2-4）

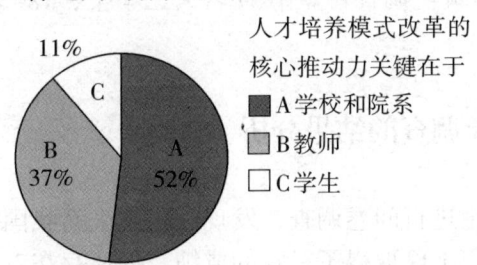

图2-4　研究型大学人才培养模式改革的核心推动力

调查结果显示，在教学和科研的关系问题上，55%的教师认为研究型大学应该教学与科研并重，鼓励学生适当参与科研，锻炼其科研能力，从而促进本科生教学质量的提高；还有26%的教师认为研究型大学应该以教学为主，科研为辅，有针对性地鼓励少数学生参与科研；也有19%的教师认为研究型大学应该重视科研，鼓励学生积极参与科研，着重培养其科研能力。由此可以看出，虽然目前我国研究型大学中仍然存在重科研、轻教学的现象，但大多数教师意识到并指出研究型大学应重视教学活动，应坚持教学与科研并重。

第三节　对我国研究型大学学生的问卷调查

为了了解我国研究型大学学生对教学模式与方法改革的看法，我们于2010年9月面向我国3所研究型大学在校本科学生进行了抽样调查。本次调查共发放问卷300份，回收问卷289份，其中有效问卷268份。

一、问卷调查参与者的基本信息

参与问卷调查的本科学生的基本情况如下：
1. 性别结构：男生96名，约占36%；女生172名，约占64%。
2. 年龄结构：这些调查对象中有82%的学生年龄在22岁以下，23—25岁之间的占16%，26—30岁的占2%。
3. 专业结构：来自文科专业的学生102名，理科专业的学生43名，医科专业的学生57名，商科专业的学生66名。
4. 专业年级：调查对象中37名大二学生，189名大三学生，42名大四学生。

二、问卷调查的结果分析

通过对学生进行问卷调查，发现近年来虽然我国研究型大学在教学模式与方法改革上已取得了一定的成绩，但还存在着一些有待改进的问题。本调查从学生的视角出发，对我国研究型大学在教学模式与方法改革所取得的成效和存在问题进行了分析。

（一）教学模式与方法改革成效

调查结果显示，69%的学生认为其所在学校偶尔会组织培训和锻炼学生创新意识和能力的活动，旨在培养学生的创新意识和创新能力；有21%的学生认为学校经常组织相关活动；而有8%的学生认为学校从未组织过相关活动。

在推进教学模式与方法改革中，研究型大学主要采用教学实习和专业实习、实验操作、毕业论文和毕业设计以及本科生科研等途径来提高本科生的实践能力，其中37%的学生认为学校通过教学实习和专业实习来提高实践能力，他们认为实习不仅能激发自己对所学专业的兴趣，增

第二章 我国研究型大学教学模式与方法改革调查研究

加自己未来就业的竞争力，还有助于理论联系实际，提高自己处理人际关系的能力和个人能力。此外，有学生反映学校采用了国外新型的教学模式与方法，如：产学研合作、合作教育、双元制和服务性学习等，其中合作教育是我国研究型大学最常采用的模式之一。（见图2-5和图2-6）

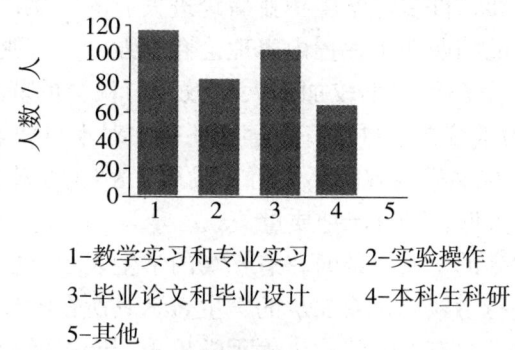

图2-5 我国研究型大学目前主要采用的教学模式与方法

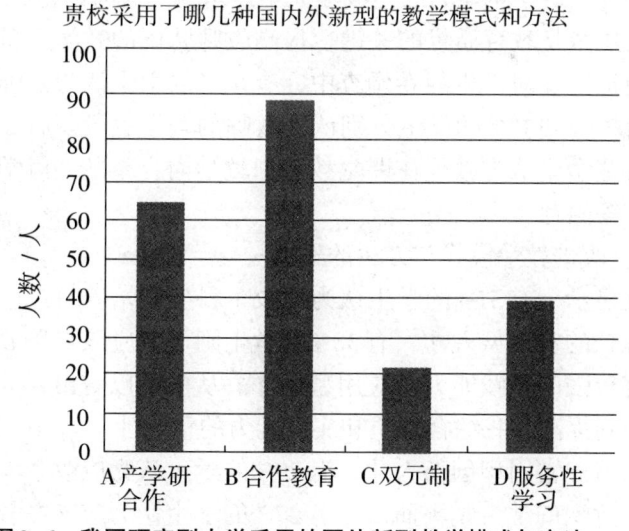

图2-6 我国研究型大学采用的国外新型教学模式与方法

通过实施教学模式与方法的改革，87%的学生认为学校教学质量有所提高，虽然效果还不是很显著；有9%的学生认为学校经过教学模式

55

与方法的改革,学校教学质量得到明显提高;此外还有4%的学生认为学校教学质量并未因此而得到改善和提高,相反还出现部分下滑的现象。

(二)教学模式与方法中存在的问题

调查发现,在本科教学过程中,41%的学生认为最突出的矛盾和问题是学校专业设置与社会需求脱节,这样导致学校培养出来的人才无法满足社会的需要,许多大学生毕业后跨进失业的门槛;有35%的学生认为学校最突出的问题在于课程内容理论性太强,与行业实际不对接。这表明,许多学生都希望学校加强大学教育与社会的联系。此外,还有7%的学生认为学校在本科教育教学中还存在对本科教学不重视;有9%的学生认为学校课程内容落后于行业发展;8%的学生认为学校对学生毕业条件要求太低,没有严把质量关。

在评价学生的学业成绩时,有57%的学生表示学校主要通过书面考试来对学生进行考核,也有32%的学生表示其所在学校主要通过撰写论文和研究报告,只有10%的学生表示学校采用能力展示或其他方式来对学生进行评价。从中可以看出,我国研究型大学在教学评价方面还有待改进和完善,对学生能力的考核在大学还未得到应有的重视。

师资质量是教育质量的关键,提高教师队伍的教学质量是保证教育质量的前提。在对学生问卷调查中,有61%的学生认为教师的教学方法死板,有20%和13%的学生分别认为教师的教学手段落后、教学设备简陋,还有些学生认为教师在课堂教学中教学内容零散,对学生专业基础把关不牢等问题。

(三)改进教学模式与方法的建议

调查显示,有51%的学生认为学校本科生的培养目标应该定位于能力较为综合的复合型人才,有38%的学生则认为应该将培养目标定位于培养具有较强的实践能力的应用型人才。从中可以看出,大部分学生已经都意识到提高自我综合素质和实践能力的重要性。

为了培养实用型创新人才,有29%的学生认为应改革考试方法,鼓励有创新意识的学生脱颖而出,有27%的学生认为应该在教学中运用参与式的教学方式,并改革实践教学环节,逐步开放实验室。在调查中发现实验室开设的情况因学科而有所不同,有96%的理工科(包括商科、医科等)院系都已为学生设立了专门的实验室,而文科院系仅为2%。

第二章 我国研究型大学教学模式与方法改革调查研究

有36%的学生认为实验室有助于提高学习能力，解决学习中遇到的问题；35%的学生认为通过参与科研，可以提高自身的创新能力和实践能力；认为实验室有助于培养团队合作意识的人占总人数的25%。同时，还有些学生认为实验室可以扩大交际面，认识更多的专业人士。这表明，学生都对实验室的作用是予以认可和肯定的。但是，对于那些已为学生设立专门实验室的院系，有44%的学生认为应该增加实验室设备，此外还有26%和25%的学生分别认为实验室应延长开放时间和配备专门的指导老师。

目前，我国研究型大学已经采取了各种教学模式来提高本科教学质量，如：苏格拉底教学法、以问题为中心教学（PBL）、研讨式教学（seminar）等。调查显示，有63%的学生认为基于问题学习的、以问题为中心教学（PBL）的教学模式最能帮助提高教学质量，而支持苏格拉底教学法和研讨式教学（seminar）的则分别占21%和16%。这表明，学生认为通过采用教师指导与学生自学相结合的小组教学法，能促进学生获得更好的学习效果。

第三章
我国研究型大学教学模式与方法改革个案研究

新中国成立60多年来，我国研究型大学取得了积极的发展成果，一批研究型大学在教学、科研、服务等方面都发挥了重要的引领作用，为我国高等教育事业的发展和社会的发展作出了重要贡献。本章选择北京师范大学、北京大学、清华大学、山东大学、北京航空航天大学五所高校，对它们在教学模式与方法改革方面的情况进行案例研究。

第一节 北京师范大学的教学模式与方法改革

北京师范大学是教育部直属重点大学，是一所以教师教育、教育科学和文理基础学科为主要特色的著名学府，学校前身是1902年创立的京师大学堂师范馆，1908年改称京师优级师范学堂，独立设校。1912年改名为北京高等师范学校。1923年更名为北京师范大学，成为中国历史上第一所师范大学。学科点覆盖了除军事学以外的12个学科门类，形成了综合性学科布局。进入新世纪以来，学校积极推进战略转型，在学科结构、专业设置和人才培养体制改革等方面，都取得了重大进展。学科结构实现综合化，专业设置更加适应国家和社会需要，新兴学科和交叉学科成为新的增长点，人才培养模式多元化。

学校高度重视本科教学，确立了本科教学工作中心地位，坚持以高水平学科建设和科学研究促进本科教学，通过完善本科教学管理制度、加大教学投入、深化教学改革等措施保障本科人才培养质量。学校教学改革不断深化，创新教师教育的"4+X"模式的研究与实践，构建多元化教师培养体系；举办"励耘实验班"，实施"励耘优秀人才支持计划"，进行跨学科人才培养模式改革；实行按院系或专业大类宽口径招生的改革；实施通识教育基础上的宽口径专业教育。

一、北京师范大学教学指导思想

在全球化时代，随着中国与世界各国在诸多领域交流合作的日益频繁，具备国际竞争力的人才越来越受到重视和青睐。在知识经济时代，经济要发展，社会要进步，使得对创新人才的需求不断增加，而新一代大学生的身心发展水平和大学教育的特点，也决定了大学必须进行创新教育，才能培养出合格的高级专门人才。而在教育领域，不仅需要培养学生的学习能力和水平，更要求学生通过学习具备专业素养和专业交流合作的能力。因此，高等学校必须破除传统的教学理念，转变传统的灌输式教学模式，用新的更适合社会发展的教学模式来保证教学质量和人才质量的全面提高。

（一）北京师范大学人才培养的目标定位和主要任务

北京师范大学根据学校办学目标和创新型人才培养目标定位，把本科生人才培养目标定位为培养具有良好的人文与科学素养、宽厚的专业基础、开阔的国际视野、勇于实践的创新型高级专门人才。学校的人才培养战略，就是要以学生发展为本，统筹各类人才培养工作，推进人才培养体制改革，依托学校深厚的人文底蕴、多学科的综合平台、高水平的科学研究、优质的国际教育资源等，努力构建研究型大学的创新人才培养体系。

在"十一五"期间，学校本科教育工作的主要任务是：大力实施"质量工程"建设项目，深化教育教学改革；坚持通识教育基础上的宽口径专业教育；进一步推进启发式、讨论式教学和研究性学习，注重培养学生的科学与人文素养；加强教学内容与课程体系建设与改革；完善"励耘优秀人才培养计划"；加强社会实践，加大实习与实践基地、就业基地建设力度；建立人才培养质量标准体系和评估机制，创造一流的学生成长环境，充分挖掘学生发展潜力，促进学生综合素质全面提高。

（二）北京师范大学教学指导思想

在全校师生员工的积极参与和支持下，学校研究制定了《北京师范大学"十一五"发展规划纲要》和《行动计划》，进一步明确了办学指导思想和发展目标。确立了"稳定规模、优化结构、突出特色、自主创新"的十六字发展方针，明确了"十一五"期间的办学指导思想：坚持以科学发展观为指导，面向全面建设小康社会和建设创新型国家的现实需要，继续推进战略转型，立足教师教育、教育科学和文理基础学科等优势，在学科建设、人才培养、科学研究和社会服务等方面实现重大突破，为建设世界知名高水平大学进一步奠定基础。学校明确"加强基础、拓宽口径、因材施教、体现特色"的本科教学指导思想，坚持知识、能力、素质协调发展。[①]

（三）北京师范大学教学模式与方法改革指导思想

北京师范大学教学模式与方法改革的指导思想是：鼓励教育创新，探索构建研究型大学本科教学的新思路、新体系、新模式，结合教育部及北京市"质量工程"建设要求，大力加强教学建设和教学改革，提高教学质量；通过各类教学建设与改革项目的实施，大力加强课程及教学队伍建设，落实本科教学工作水平评估整改措施，促进教学质量的提高与教师教学能力的提升；更新教学管理理念，在建立教育教学新模式、新体系的过程的同时，建立与之相适应的教学管理新措施、新模式、新机制。

二、北京师范大学教学模式与方法改革的主要措施

学校围绕人才培养目标，继续推进多元化人才培养模式改革，进一步完善了本科人才培养方案，并结合落实"质量工程"，进一步加大了课程建设与教学改革的力度，积极组织人才培养模式改革实验区、特色专业、精品课程、精品教材、教学团队、双语示范课程、大学生创新实验计划等项目的实施，取得了一批突出的成果。为建立教学质量保障的长效机制，学校进一步完善了教学管理规章制度，明确了教学各个环节的质量标准，完善了教学质量控制体系，进一步夯实了本科人才培养工作的基础。学校结合师范生免费教育政策的贯彻落实，进一步发挥教师教育的优势和特色，积极探索创新型教师和未来教育家的培养机制，建设教师教育创新与教学平台。

---

① 施达轩.北京师范大学向世界一流大学迈进[N].光明日报,2004-01-06(6).

学校制定了《北京师范大学教学建设与改革项目管理办法》。在不断推进教学改革的过程中，以教学建设与改革立项等方式鼓励教师及教学管理人员开展研究，加强教学建设，促进人才培养模式、课程体系与实践教学体系、教学内容和教学方法手段等改革。

（一）不断完善人才培养方案与创新型人才培养体系

1. 体现时代特征，优化培养方案

学校根据不同时期形势发展的要求和人才培养规律，不断优化人才培养方案。1985年，北京师范大学制定和颁布了《关于本科教学的十二项规定》，提出"加强基础，重视应用，培养能力，扩大知识面，完善学生知识能力结构，提高人才培养质量"的指导思想，并对逐步实行学分制、主辅修制、双学位制作出了明确规定。1987年、1993年和1998年，学校先后对本科教学计划进行修订，形成了符合教育、科技和社会发展要求的培养方案。

迈入新世纪，为适应现代教师教育发展的新形势，学校关注社会对人才的要求，在人才培养过程中尊重学生的个性选择，坚持知识、能力、素质协调发展并于2002年秋季启动新一轮本科教学计划修订工作，着力构建研究型大学创新型人才培养体系。

北京师范大学于2003年9月起实施的教学计划具有如下特点：第一，体现新世纪育人观，贯彻"以学生全面发展为本"的思想，树立知识—能力—素质协调发展的目标，以先进的教育理念培养多规格、个性化的高素质创新型人才；第二，构建"平台—模块式"课程体系，以"学校—院系—专业"三级平台课程夯实学生专业基础，以可供学生自主选择的模块式课程设置，较好地处理了教学计划的相对统一性与人才培养的多样性的关系；第三，贯彻"课内—课外""显课程—潜课程"有机结合的课程观，倡导加强研究性学习，实践教学的形式多样化、学时比例得以提高，以培养学生自主学习能力、实践能力和创新精神；第四，突出学校教师教育特色，顺应国际教师教育与教师资格认证制度的发展趋势，独立设置教师教育课程模块，各专业学生均可自主选修；第五，基于研究型大学的本科生教育是高素质创新型人才培养的基础阶段的思想，注重本科教育与研究生教育的整合、衔接与贯通；第六，体现弹性学习要求，在课程模块内设置选修课程，允许学生跨校、跨院系、跨专业、跨年级选课，实行辅修双学位制度。

2. 适应社会需求，改革人才培养模式

社会需求的多样化和学生发展的个性化，决定了人才培养模式的多元化。学校积极探索人才培养模式多元化改革，并取得显著成绩。学校推进"4+X"模式改革，突显教师教育特色。学校大力推进"4+X"教师教育人才培养模式改革，构建多元化教师培养模式。现行多元化教师教育模式主要有三种："4+0"模式、"4+2"模式、"4+3"模式。

3. 举办"励耘实验班"，推行通识教育基础上的宽口径人才培养模式

为适应中国高等教育改革与发展的大趋势，探索如何处理好大众化教育与精英教育、专业教育与素质教育、学科高度分化与学科综合化的辩证关系，学校从2001年开始先后举办"励耘实验班"大理科班、人文社科班和文理综合班，以多种形式探索大众化教育时期从通识教育阶段到个性化专业教育的高水准对接，同时开展创新课程开发、弹性教学管理、本科生全程科研训练等方面的教改实验。

"励耘实验班"强调加强基础和因材施教，同时把科研训练贯穿始终，形成"三段一体式"人才培养模式。"三段"指的是公共与数理和人文社科基础、专业基础、专业方向三个阶段。基础阶段，采用集中化培养，重点夯实数理和人文社科基础；专业基础学习阶段，学生自主选择分流到各理工或人文社科专业，在导师指导下按个性化培养计划进行学习；专业方向教育阶段是研究型大学共性的本、研衔接贯通培养阶段，学生在继续完成本科专业学习的同时，选修部分研究生课程，并进一步加强科学研究的基本训练，为继续深造奠定基础。与"三段"模式并行的，还有贯穿始终的科研训练，通过本科科研基金资助以及学校启功先生捐赠的"励耘发展奖学金"，鼓励实验班学生实践创新。

实验班实行弹性教学管理，尊重学生个性选择，培养学生自主选择能力和创新能力，形成集中课程（学科基础课程）和个性化（跨院系、跨专业、跨年级自主选课）有机结合的弹性学习计划，同时在质量监控和实验效果分析等方面积极探索，实验班学生在学习策略与综合素质等方面培养成效显著。

2004年，学校在总结以往人才培养改革实验经验的基础上，启动了新的"励耘优秀人才培养计划"。新生入校一年之后，经过测试选拔，5%的优秀学生进入该计划培养。入选学生除在本院系完成专业教学计

划课程外,还参加学校实施的"励耘"专门培养计划,内容包括"名师面对面"、科研创新能力培养、社会实践训练、信息技术素质和能力培养、提前选修研究生课程等。这些培养环节为"励耘实验班"学生充分发挥潜能、全面发展提供了良好的条件。

(二)深化课程体系改革

在课程设置及各教学环节的安排上,均强调学生对基本理论、基础知识与基本技能的学习和掌握,建立了校、院(系)、专业三级基础课程平台体系。公共基础课程包括政治理论、思想品德、大学外语、信息技术、体育等,院(系)平台包括本学科和相关学科基础课程,专业平台包括专业基础课和选修课程。通过课程体系和教学内容的整合优化,夯实了学生的基本理论,提高了学生的基本技能。

1. 加强公共基础课程改革,着力提高学生综合素质

"十五"以来,学校以加强分类教学、因材施教、提高学生自主学习能力为主,全面推进学校平台公共基础课程和公共选修课程的改革与建设。学校重视应用基础课程的教学改革。大学英语课程实行分级分类、必修选修、课内课外相结合的教学模式,建立了网上学习平台,实施基于信息技术的大学外语教学改革,开展了丰富多彩的课外英语学习活动,有效地提高了学生外语综合应用能力。大学英语实行分级分类教学、目标管理、"必修+选修"结合的课程设置及管理模式改革,形成了"基础课+提高课+双语和专业英语课"的贯穿本科学习过程的英语课程体系。2003年北京师范大学成为教育部大学英语教学改革试点单位后,进一步开展基于网络和多媒体的外语教学,学生利用网上学习平台自主学习,学校为学生提供学习软件和相应免费机时,同时鼓励学生参加英语冬令营、课外俱乐部等多种形式的英语课外活动,掌握英语交际能力。

学校还加强了学生应用信息技术能力的培养。现代信息技术课程构建了"1+3+N"(即计算机应用基础+程序设计语言、多媒体技术与网页制作、数据库+选修课)的课程体系。除设置信息技术公共基础课程外,学校还根据不同专业的不同需求,设置了各种类型的选修课程,同时重视信息技术与大学生活、专业学习的相互渗透,并在网上学习平台基础上举办"IT应用及思维扩展"活动等,促进了学生信息素养与能力的提高。

体育与健康课程构建了"形体与健美+体育文化+三自教学（自选项目、自选时间、自选教师）"体系。大学美育课程实施了"大学美育理论课程＋艺术俱乐部"的教学模式，在培养学生鉴赏能力的同时，鼓励和指导学生体验艺术现象并进行艺术创作。公共基础课程建设与改革获得广泛认可，在大学英语、公共体育、信息技术、大学美育以及公共课程体系等方面的改革成果，均获得国家或北京市级教学成果奖励。

学校充分发挥学科门类较齐全、文理基础学科实力雄厚、师资队伍力量强的优势，进一步丰富和完善了公共选修课程体系，加强学生综合素质教育，为学生个性发展创造条件。通过聘请校内外专家开设系列讲座的方式，学校设置了综合交叉学科课程，包括"人文科学教授讲坛""社会科学教授讲坛""自然科学教授讲坛""生命科学教授讲坛"课程，使学生广泛接触校内外、国内外的名师和专家，了解学术进展和学科前沿，拓展多学科综合视野，培养和陶冶科学与人文精神。学校大力推进公共课程教学改革，扩大了学生的选择空间，促进了学生个性发展，在实践中取得了良好的效果。公共体育课程模块建设、心理学课程体系建设、大学英语分级分类教学改革、高校美育教学建设、网络环境下协作学习的理论与实践等多项课程改革与实践的成果，获得高等教育国家级或北京市级教学成果奖。

2. 稳步推进双语教学，重点建设双语课程

双语教学是促进学生接触学科前沿、自主获取最新知识的重要手段，是提高人才培养质量的重要措施。学校高度重视双语教学，1998年有7门课程开展双语教学试点。2002年制定了《北京师范大学使用原版教材进行双语教学课程改革管理办法》，并且在高校中率先采用立项制的形式建设使用原版教材进行双语教学的课程。

本着积极稳妥、建设精品的原则，学校优先选择基础好、条件成熟的专业课进行双语教学试验，对课程建设的原则和目标、申报课程的范围与教材的选用、教学与考核的形式、申请执教的教师需具备的条件、申请办法与审批程序、项目管理与经费使用等作出了明确规定，同时在教师培训、教学工作量计算等方面制定了倾斜政策。学校还加强了对双语课程教学的管理，组织学校教学督导团专家和教务处人员对所有双语课程随堂听课，定期对双语课程建设立项项目进行检查，及时研究和解决教学中出现的问题，保证教学质量的提高。从学生课堂评价、督导评

价和教师自评来看，双语课程教材的选用、教学方式方法等都得到了较高的评价。

在推进双语教学过程中，学校加强了双语教学师资队伍建设。一方面，以留学归国人员作为双语教学的骨干，组织专家教授及外籍教师承担双语教学任务；另一方面，先后选派了10名教师出国进修培训，回国后开设双语课程。通过课程改革立项研究、创建理科基地名牌课程、精品课程建设等多种途径，大力开展教学内容与课程体系改革，从整体上提高了教学质量，为学生基本理论与基本技能的提高奠定了基础。

（三）加强教材建设规划，完善教材选用制度

教材是体现教学内容和教学方法的知识载体，是教师进行课程教学的基本工具，是深化教学改革，培养创新人才的重要保证。长期以来，学校一直将教材建设作为教学基础建设的重点，推动课程教学内容和方法的改革。学校建立、完善了教材建设管理制度，坚持突出重点、打造精品的原则，充分发挥相关学科雄厚的科研实力和师资力量的作用，精心设计教材选题，扩大教材品种，实现教材系列配套。

（四）推进教学方法与手段改革，强化自主性研究性学习

学校鼓励教师积极推进教学方法与手段的改革和创新，探索并实践启发式、研究性教学，引导学生主动参与教学，充分调动学生学习的主动性、积极性，提高学生自我构建知识的意识和能力。

学校大力加强教学评价改革，鼓励开展学习的过程性评价与多元化评价。广大教师积极探索多种方式的考核改革，除改进传统的闭卷笔试方法外，还引入开卷考试、撰写小论文、读书报告等多种考试方法。同时，教师还注重加强对学生学习的日常考核，包括平时作业、课堂讨论、平时测试、实习报告、调研报告等。多样化的考核方式有效地调动了学生学习的主动性和积极性。

学校十分重视现代教育技术在教学中的应用。注重发挥国家重点学科教育技术学在教育技术研究、开发和运用上的领先优势，鼓励教师积极探索现代教育技术改革与实践，以多种措施鼓励和资助教师积极研发与应用多媒体课件及网络课程，将多媒体辅助教学、网络教学与传统教学手段有机结合，促进优质教学资源共享。同时，还建立了Blackboard网络课堂教学平台，为利用网络媒体辅助教师教学和学生的学习提供了极为便利的条件及服务。学校对教师多次开展现代教育技术的培训，以

比赛的方式鼓励教师利用现代教育技术手段开展教学改革。在2007年学校组织开展的多媒体教学软件比赛中，各院系推荐参赛项目106个，其中有58项获一、二、三等奖。学校通过教学建设与改革立项的方式，鼓励教师研发多媒体课件。教学方法和手段的改革极大地调动了学生的学习积极性，提高了学生自主学习能力。

为了适应社会经济发展和教育变革对本科生素质提出的新要求，进一步提高本科生教育质量，大力培养本科生科研创新能力，充分发挥教育学院的学科优势，自2005年秋学期始，教育学院在本科四个专业（教育学专业、教育经济与管理专业、学前教育专业、特殊教育专业）中开展导师制实验。每位本科生导师的职责基本上包括以下几个方面：制订《高年级本科生指导计划》；指导本科生专业课学习（含选课指导、学法指导、读书笔记指导、信息查寻指导）；指导本科生自主开展科学研究、参加各项学术活动；指导本科生学位论文；协助党团系统和班主任对本科生进行人生观教育、价值观教育和就业教育。本科生导师制面对教育学院所有高年级的本科生，自学生三年级即第五学期起开始实行，直至学生毕业。在试行阶段，教育学院首先开展了组织动员工作，随后由各系所负责人向学生介绍本单位导师情况、公布学生导师名单。学生根据导师提供的基本信息自愿报名，每名同学可以按第一志愿、第二志愿、第三志愿顺序填写三位导师名单。在第六学期开学后，本科生导师开始指导学生。

（五）加强实践教学，提高学生实践能力

学校按照学生能力形成的不同阶段和认识发展的规律，围绕培养高素质创新型人才的目标，对实践教学进行系统设计，达到实践教学与理论教学相融合，培养目标与教学内容、教学手段与教学方法相统一，着力培养学生发现并解决问题的能力。

学校的实践教学体系包括基础实践教学、专业实践教学、综合实践教学三个层次。各层次之间有机结合，并与各类课外实践活动密切联系。

1. 基础实践教学体系

基础性实践教学体系建设重在培养学生的综合素质、动手能力和创新精神。该体系分为必修实验课程（或实验教学环节）与选修实验课程（或实验教学环节），91.8%的必修实验课程中开设综合性、设计性实验。

必修实验课程包括信息技术课程和基础物理实验课程等。信息技术课程分为三个层次：第一个层次是1门面对全校学生开设的计算机应用基础课程及实验；第二个层次为针对理工科与文科的培养目标分别开设的程序设计、多媒体技术与网页制作、数据库应用等3个系列的多门课程及实验；第三个层次是供学生拓宽或提高信息技术基础的多门选修课程，形成了"1+3+N"的信息技术课程体系。

基础物理实验课程为数学学院、化学学院、生命科学学院、环境学院、地理学与遥感科学学院、信息科学与技术学院、教育技术学院等理工科学生的必修课程，分成基础物理A实验和基础物理B实验两个不同层次、不同难度、不同学分的实验课程，在实验课程中还提供一部分体现不同专业特点的选修实验项目。

针对跨院系不同专业学生的需要，学校开设相关学科基础实验课程与实验教学环节，如生物科学与生物技术专业学生学习的无机化学实验、分析化学实验、有机化学实验等；教育学、心理学专业学生学习的人体解剖生理学等。

为培养学生科学素养，拓展学术视野，贴近学生生活，激发学生兴趣，学校开设了生活化学实验、文科物理实验、基础生命科学实验等选修实验课程，安排了深入浅出的实验教学内容。基础实践教学体系中还设有军事训练、艺术俱乐部等与所学理论相辅相成的实践性教学内容。

2.专业实践教学体系

专业实践教学体系由学科基础课程平台、专业课程平台中的各实验课程及实验教学环节以及专业实习等构成，通过专业实践教学体系的培养，使学生掌握专业基础知识、基本技能与方法，具备较强的实践能力、创新意识与初步的创新能力。学校以"四个结合"的观念指导专业实践教学体系建设，即"理论与实践结合，经典与前沿结合，强化基础与培养创新能力结合，校内实验课程、实训同校外实践相结合"。

（1）面向学科前沿与科技发展，建设专业实践教学体系。学校鼓励院系面向现代科技发展，发挥重点学科在专业实践教学体系建设中的引导作用。如化学学院自20世纪末以来，面向现代科学综合交叉的发展趋势，探索建设了"一体化、多层次的化学一级学科实验教学体系"，将原来依附于理论课程的"四大化学实验课程"综合成一级学科的"基础化学实验""化学合成实验""化学综合设计实验"三个层次，使之更有利于加强学科基础，培养实践创新能力。生命科学学院在教育部高等理工教育教学改革与实践项目"研究型大学生命科学与技术本科生实践能力培养改革与实践"的研究中，发挥生态学与细胞生物学国家重点学科的龙头作用，宏观与微观相结合，开展生物学实践教学体系建设，倡导教学与科研结合，改革实验教学内容。学校教师不断将科研成果转化，更新本科实验教学内容。

（2）改革实践教学模式，培养创新能力。学校制定了《综合性、设计性实验建设要求和实施办法》，要求各院系根据人才培养目标，加强教学与科研结合，改革实验教学模式，建设综合性、设计性实验。现行教学计划中，有综合性、设计性实验项目的课程占全部实验课程或设有实验环节课程的91.8%。其中，物理、化学、生物科学与生物技术专业的实验课程中有综合性、设计性实验的课程已经达到了100%；在高年级的实验课程中，综合性、设计性实验项目占较高的比例。

同时，实验与实习课程也积极探索教学模式改革，如国家精品课程"分子生物学实验"，加强了学生自主设计实验中的讨论与交流环节。"细胞生物学实验"让学生亲自培养细胞，利用自己培养的细胞完成一系列设计性实验项目，使学生在实验课程中体验了科研过程。地理学与遥感科学学院、生命科学学院指导学生开展野外科研。天文系将实习学生编入实习基地导师的科研课题组。这些改革引发了学生的学习兴趣，发挥了专业实践教学体系在创新型人才培养中的引导与启蒙作用。

（3）加强学校与社会的联系，校内实践与校外实践有机结合。学校鼓励院系、专业在实验教学、校内实训的基础上，拓展实践能力培养的空间，面向实际增加实践教学内容，吸收科研院所、知名企业、政府机关等各类校外高水平的指导力量，建设校内外结合的实践教学体系。如学校社会工作、法学、金融学、工商管理、会计学、传播学、生物技术、材料物理、天文学、环境工程等专业实践教学体系，在校内开展实验课程、模拟技能训练后，在校外开展实战性的专业实习，分层次分阶段提升学生的实践能力。

3. 综合实践教学体系

综合实践教学体系包括大学生创新性实验、本科生科研项目等科研训练活动、教育实习、毕业论文设计等，使学生进一步应用所学基本理论、知识与技能，在科学研究和技术开发实践中提高研究与创新能力，在教育实习中提高教育教学实践能力。

学校在综合实践教学体系中突出教师教育特色，为培养未来教师的教育教学能力，设置了现代教育技术基础课程（含实验）、中学学科教学相关课程与教学技能训练课程（或环节），开设与中学学科实验教学相关的课程，开展教育实习等，构建了教育教学实践能力培养体系。

三、北京师范大学教学模式与方法改革的经验和存在的问题

（一）北京师范大学教学模式与方法改革的经验

1. 校方重视，制度保障，管理严格

北京师范大学非常重视教学模式与方法改革，下发文件并积极动员教师申报相关项目。学校制定了《北京师范大学教学建设与改革项目管理办法》，在不断推进教学改革的过程中，以教学建设与改革立项等方式鼓励教师及教学管理人员开展研究，加强教学建设，促进人才培养模式、课程体系与实践教学体系、教学内容和教学方法手段等改革。

高素质管理队伍和科学管理是加强教学建设、推进教学改革、维护教学秩序、提高教学质量的重要保证。学校充分发挥了教务处的管理职能，严格执行教学法规，贯彻本校制定的有关规章制度，督促、考核与评价教师履行职责的能力与水平。管理内容大到教学思想、课程设置，小至功课调度及资料发放。

2. 充足的经费投入

学校通过多渠道筹措资金，确保教学经费投入逐年持续增加。学校预算优先安排本科生培养经费，在教学基本运行、课程建设与改革、实践教学、教学实验室建设等方面不断加大经费投入，为进一步提高本科人才培养质量提供了坚实的资金保障。

学校投入的各项教学经费都达到了教育部制定的本科教学工作评估A级标准（生均六项教学经费大于1500元，且逐年增长）。并且，学校通过教学改革立项，为教师对教学模式与方法改革提供了充足经费。

3. 合理构建教师队伍

"十五"以来，学校围绕建设综合性、有特色、研究型世界知名高水平大学的发展目标，大力实施人才强校战略，积极建立开放、多元的

人才培养和引进机制，采取一系列有效措施，全面提升教师队伍的整体素质和创新能力，建成了一支规模适中、结构合理、素质优良的高水平师资队伍。学校以"211工程"和"985工程"建设为契机，立足学科平台建设，加大高层次教师引进与培养力度，积极推进教师职务聘任制度改革，不断优化师资队伍结构。

学校有计划、有目的地培训中青年教师，将培训情况记入教师业务档案，作为聘任岗位职务的重要依据。学校结合教育部"高层次创新人才工程"，实施了本校的"跨世纪优秀青年培养计划"，对优秀青年教师、骨干教师到国外著名大学进行教学进修和用英语授课提供重点资助。学校根据人才培养目标构建了岗前培训、在职攻读学位、国内进修访问、国际合作研究等比较完善的教师培养体系，鼓励教师通过多种途径不断提升自身的整体素质和学术水平。

4. 注重实践教学

学校十分重视实习、实训等实践教学环节在创新人才培养中的重要地位，学校按照学生能力形成的不同阶段和认识发展的规律，围绕培养高素质创新型人才的目标，对实践教学进行系统设计，达到实践教学与理论教学相融合，培养目标与教学内容、教学手段、教学方法相统一，着力培养学生发现问题、解决问题的能力。

学校根据自身特色，建立了综合实践教学体系，它包括大学生创新性实验、本科生科研项目等科研训练活动、教育实习、毕业论文设计等，使学生进一步应用所学基本理论、知识与技能，在科学研究和技术开发实践中提高研究与创新能力，在教育实习中提高教育教学实践能力。

（二）北京师范大学教学模式与方法改革存在的问题

北京师范大学在创建综合性、有特色、研究型世界知名高水平大学的进程中迈出了坚实的步伐，取得了显著的成就，初步构建了研究型大学创新型人才培养体系。但是，面对经济社会的发展和科技进步的日新月异，学校在本科教学方面还面临着许多困难和问题。

第一，处理好师范型和研究型大学之间的关系，进一步明确办学定位问题。在传统的师范大学办学思维模式当中，这种"师范型"与"研究型"的关系问题已经成为一种根深蒂固的观念悖论，一直困扰着人们的思想。师范教育的这种"师范派"与"研究派"的分歧与争论已逐渐演变成"面向中学"和"向综合性大学看齐"两种对立的主张。研究型与师范型是相辅相成、内在统一的,高等师范院校在确定发展方向、选择战略措施时,应该重新检讨旧的师范教育观念,超越有关"师范型"和"研究型"的不必要争论,站在更高层次上统观全局,两者兼顾,并使之融会贯通。

第二,如何建立稳定而开放的、以学生为本、与研究型大学人才培养目标相适应的创新型人才培养体系,尤其是在教师教育培养模式和体制创新方面还需要加强研究和政府的多方面支持。

第三,要建立全面的实践教学体系。由于北京师范大学历来重视师范教育,所以学校在实践教学方面很重视教育实习,学校和中小学合作建立了很多师范生教育教学实践基地,学生通过教育实习提高了自身教育教学的实践能力。但是随着学校专业发展,办学规模不断扩大,学校还需要加强对专业实习的重视,要结合本校的专业建设,提高专业实习质量,培养和强化学生实践能力,建设更加全面的实践教学体系。

第二节 北京大学的教学模式与方法改革

北京大学创办于1898年,初名京师大学堂,是我国第一所国立综合性大学,也是当时最高教育行政机关。辛亥革命后,于1912年改名为北京大学。

作为新文化运动的中心和五四运动的策源地,作为中国最早传播马克思主义和民主科学思想的发祥地,作为中国共产党最早的活动基地,北京大学为民族的振兴和解放、国家的建设和发展、社会的文明和进步作出了不可替代的贡献,在中国走向现代化的进程中起到了重要的先锋作用。爱国、进步、民主、科学的传统精神和勤奋、严谨、求实、创新的学风在这里生生不息、代代相传。近年来,在"211工程"和"985工程"的支持下,北京大学进入了一个新的历史发展阶段,在学科建设、人才培养、师资队伍建设、教学科研等各方面都取得了显著成绩,为将北大建设成为世界一流大学奠定了坚实的基础。今天的北京大学已经成为国家培养高素质、创造性人才的摇篮、科学研究的前沿、知识创新的重要基地和国际交流的重要桥梁与窗口。

一、北京大学教学指导思想

(一)人才培养目标

建校伊始,北京大学就将"造就通才、发明新理、传承文化"作为办学宗旨。北京大学人才培养的总体目标是为国家和民族培养具有国际视野、在各行业起引领作用、具有创新精神和实践能力的高素质人才,他们应当具备道德高尚、学识渊博、体魄健全、意志坚定的基本素质,具有良好的人文素养和科学精神。北京大学聚集了中国最优秀的青年学生,他们求知欲强,富于进取精神,这要求学校提供启迪智慧和富于挑战的教育平台,使他们成为具有强烈责任感的社会主义事业合格建设者和国家栋梁之才。

(二)教育思想观念

建校伊始,《京师大学堂章程》就申明"中西并重、观其会通""造就通才""发明新理"等开明的办学思想。辛亥革命后,以"教授高深学术、养成硕学闳材、应国家需要"为宗旨,严复校长反复强调,"大学固以造就专门矣,而宗旨兼保存一切高尚之学术以崇国家之文化。"[1]1916年蔡元培出任校长,借鉴德、法、美等国大学的先进办学模式,将学术自由、大学自治、教学与科研相结合以及通才教育等西方高等教育的经典理念引进中国。20世纪30年代,蒋梦麟校长对北大学生提出了"探求真理""笃学慎思""利人利己"的要求。这些融合了中西方教育思想精华的理念一直影响着北京大学后来的发展。

随着科学技术的突飞猛进,知识经济的迅猛发展以及全球化带来的各种挑战,年轻一代将面对不同于今天的生活方式和社会经济发展模式。作为中国最优秀的大学之一,北京大学的重要任务就是启迪学生智慧,培育挑战精神,使学生将来能够应对世界快速变化的形势并在社会中发挥引领作用。

北京大学继续坚持"加强基础,淡化专业,因材施教,分流培养"的十六字本科教育改革方针,深化本科教育教学改革,努力开辟一条适合国情、适合校情、"面向现代化、面向世界、面向未来"的高素质人

---

[1] 王学珍,郭建荣.北京大学史料[第二卷:1912—1937(一)][M],北京:北京大学出版社,2000:29.

第三章　我国研究型大学教学模式与方法改革个案研究

才培养之路。一方面，用社会主义核心价值体系教育学生树立正确的人生观和世界观，使他们具有强烈的社会责任意识，坚持真理、严谨求实、诚信公正、善良正直和关爱他人；另一方面，使学生通过学习最具普遍意义的基础理论，掌握深度的科学思维方法，触类旁通，厚积薄发，同时拓宽学生视野，培养跨学科思考问题的能力，从而适应和把握未来社会和科学技术的发展。北大坚持以学生为本，建立开放型学习环境，尊重学生的个性和选择，因材施教，为学生提供多样化的培养方案，充分发挥学生潜能，培养锐意进取、勇于开拓和独立思考的优秀人才，提高学生的综合素质，使学生具有良好的人文素养和合作精神，鼓励学生参与学术研究和社会实践，在创造中丰富知识，在实践中增长才干。

（三）实施"元培计划"，探索教改方向

步入新世纪，学校提出要进一步贯彻"十六字方针"，深化本科教学改革，不断开拓创新，走出一条适合校情、适合国情、"面向现代化、面向世界、面向未来"的人才培养道路。2001年，北大开始实施"元培计划"。"元培计划"的基本思想是：在低年级进行基础和通识教育，在高年级进行宽口径的专业教育，逐步实行在教学计划和导师指导下的自由选课学分制和自主选择专业制度。①学校还确定了稳步推进"元培计划"教育改革的基本策略：一方面，建立"元培计划实验班"，在较小范围内探索推进元培教育理念的模式；另一方面，在全校范围内有计划、分步骤地推行一系列教育教学改革措施，为元培教育理念的全面推广奠定基础。

按照上述思想，学校采取了一系列改革措施，努力加强学生的素质教育，加强基础和实践环节，努力扩大学生自主选择的空间，更加尊重学生自身的选择。在全校范围内推进按院系或学科大类的招生和培养模式，全面修订了教学计划，加强了主干基础课和大类平台课的建设，建立了通选课体系。很多院系还建立了模块化课程体系，使培养方案更加科学合理。学校实行了更加灵活的选课制度、转系转专业制度和辅修双学位制度，开设暑期学校，加强教师对本科生的指导，努力增加学生的选择机会。学校积极鼓励本科生参与科学研究和社会实践活动，实施了医科学生早期开展临床实践、以问题为中心和以器官系统为中心的医学

---

① 佚名.北京大学本科教育教学十大特色[EB/OL].[2010-07-30].http://edu.sina.com.cn/gaokao/2009-04-16/1814196200.shtml.

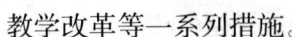

教学改革等一系列措施。

"元培计划实验班"的设立进一步突破了传统的专业教育模式：入学不分专业，低年级重点学习通识课程和宽口径基础课程，在学生对北大的学科状况、专业设置、培养目标有一定了解后，再根据自己的能力和兴趣选择专业。"元培计划实验班"较彻底地实行了自由选课学分制、导师制和弹性学习年限，学生在教学计划和导师指导下，在较大的学科范围内选择和安排自己的课程、设计自己的知识结构。这种教育模式继承了北大重视基础的传统，保证学生受到严格的基础训练，同时给学生较为充分的自主选择权，推动了学校的整体教育教学改革不断向前发展。2007年9月，学校在"元培计划实验班"基础上，成立了元培学院。元培学院利用其跨学科、跨院系选课的特点，灵活地进行个性化教育和跨学科专业设置方面的探索。作为本科学院的雏形，元培学院将对进一步推进北大本科教育改革产生深远影响。

二、北京大学教学模式与方法改革的主要措施

（一）人才培养方案改革

北大本部本科教育以四年学制为主。在大多数院系，前两到三年主要学习基础课和通修课，然后选择专业。如北大医学部以培养高层次医学专门人才为主要目标，从2001年开始，医学部在基础医学、临床医学及口腔医学专业实行八年制教育，学生完成全部学业后获得医学博士学位。

1. 调整培养模式

2001年，学校确定了"元培计划"教育教学改革思路：继续贯彻"十六字方针"，在低年级实施通识教育，高年级进行宽口径的专业教育，逐步实行在教学计划和导师指导下的自由选课学分制。

在这一方针的指导下，学校于2001年建立了"元培计划实验班"，面向全国招生，入学不分专业，比较完全地实行低年级通识教育、高年级宽口径的专业教育的理念，这是一次培养模式的重大转变。与此同时，学校从2002年开始实施按院系或学科大类进行招生和培养，并对教学计划和课程体系等进行了一系列调整。至2004年，除外语类和医学类专业外，全校所有院系都实行了按院系或学科大类招生和培养。学生入

学后，首先学习学科大类基础课、通选课和公共课程，在高年级阶段选择专业方向。这种培养方案拓展了学生的基础，也适度增加了学生对专业的选择，是在专业教育模式基础上进行的拓宽培养领域的重要改革。医学部率先在国内实施八年制医学教育，遵循"以学生为本"的教育理念，强调"通识、通科"的医学教育，加强医学生的基础和素质培养，学生先进入本部进行两年的大学基础教育，高年级再进行医学基础教育和临床训练，这一教育模式适应了现代医学对高素质人才的要求。

2. 修订教学计划，加强基础，增加选择

为适应招生和培养方案的调整，学校在2003年进行了新一轮本科教学计划和课程体系修订。新教学计划强调加强基础和给学生更多的选择，实现了从按专业组织教学向按院系（或学科大类）组织教学的转变。一方面，为改善学生的知识结构、提升素质修养水平，学校建立了通选课体系，设置了300多门通选课；另一方面，学校适当减少了毕业学分要求和必修课学分比重，毕业学分要求从150学分减少到140学分左右，必修课学分占总学分的比重下降到60%左右。[①]根据八年制医学教育的特点，医学部不断优化培养方案，调整教学计划，压缩教学课时，周学时已经压缩到26—28学时。[②]

为了在制度上保证培养方案和教学计划的落实，学校改变了课程的组织模式和选课管理系统：学校的公共必修课（政治、英语、体育等）每学期或学年滚动开课，学生可以根据需要安排修习时段和选择不同的任课教师；通选课面向全校学生开放，学生可以在规定的五个领域中，选择16个学分；学校鼓励院系开放基础课和专业课程，供全校学生选修；"元培计划实验班"的学生可以在全校范围内选择各类课程。在选课方法方面，学校实行试听和网上选课相结合的方式，使学生在课程选择方面具有了更多的自主权。[③]

为丰富课程资源，北京大学于2004年设立暑期学校。暑期学校立足

---

① 北京大学校长办公室.关于修订北京大学本科生教学计划的意见[EB/OL].[2010-08-20]. http://dean.pku.edu.cn/cgjzl/fujian/911003/yijian.doc．

② 北京大学医学部教育处.北京大学医学部本科生选修课程（任选课）相关规定[EB/OL].[2010-09-01]. http://jiaoyuchu2.bjmu.edu.cn/jiaowuguanlinairong.asp?jiaowuguanliid=9&lei=xiao.

③ 徐笛.北大大幅修订本科教学计划 毕业总学分不再统一[EB/OL].[2010-09-01]. http://news.xinhuanet.com/school/2008-06/05/content_8315092.htm.

本校优质课程资源，同时聘请校外优秀学者开课。暑期学校课程兼顾人文教育与应用知识技能传授，涉及自然科学的理论与实验、文史哲基础、社会科学、艺术理论与欣赏实践、经典解读、外语强化训练、体育、医学基础等多个学科领域。①钟万勰院士的"应用力学的辛数学方法"、阎崇年的"清朝开国史"、戴锦华的"影片精读"、陈波的"悖论研究"、谷振诣的"逻辑与批判性思维"等都受到学生的欢迎。暑期学校开设的一些选修课也深受学生欢迎，如张顺燕的"数学的精神、方法与应用"、肖东发的"北京风物与传统文化"、张大庆的"西方医学传统"以及体教部开设的"游泳"和"健美操"等。学校还通过国际合作，选派优秀学生参加国际著名大学的暑期学校，产生了良好反响。

学校要求各个院系根据自身学科特点，建立有特色的课程体系和培养方案。例如，物理学院建立了模块化的课程体系，针对学生从事物理研究、应用物理研究和其他相关学科研究的需要，设计了三种深度和广度不同的基础课程模块，供学生在导师指导下根据志向和兴趣进行选择；根据大多数毕业生继续攻读研究生的特点，数学科学学院加强了数学基础和专业基础，注重学生基础数学或应用数学研究能力的培养，为学生继续学习深造奠定了基础；文史哲等传统人文学科在加强基础的同时，注重培养学生的文化素养，扩大学生的学术视野，培养学生的语言表达能力和外语运用能力，以适应社会的需要；光华管理学院等针对本学科应用性较强的特点，注重理论与实践相结合；新闻与传播学院等则充分利用北大整体优势，加大人文、社会科学基础知识的比重，加强基础和通识教育。

为适应社会对专业基础扎实、同时具备其他领域知识的复合型人才的需要，北京大学在1989年开始进行辅修—双学位人才培养模式的探索，大多数院系都开设了双学位或辅修课程，全校选修双学位课程的学生一直保持在30%左右。学生通过双学位和辅修课程拓宽了知识面，为未来发展打下了更宽厚的知识基础。双学位和辅修教育已经成为北京大学复合型人才培养的重要组成部分。

在给予学生更多选择机会的同时，学校要求加强对学生选课和学习的指导。各院系根据各自特点，以各种方式加强对本科生的指导。例

---

① 北京大学教务部. 北京大学暑期学校手册[EB/OL]. [2010-09-02]. http://summer.pku.edu.cn/ss/upload/attachment/attach_1274323703556_caojian.pdf.

如，化学与分子工程学院、中国语言文学系等院系比较早地试行了本科生导师制并取得了良好效果；物理、化学、生命、信息等院系则采取了鼓励学生参加科研项目和教师科研组活动等举措，加强对学生的指导和科研训练。

3. 加强科研训练

加强本科生科研创新能力训练是北京大学本科人才培养的一项重要措施。除了教育部最近设立的"国家大学生创新训练计划"之外，自1998年以来，北京大学设立了君政基金、泰兆基金、校长基金和毛玉刚基金等四项本科生科研基金，学校教育基金会也为本科生科研训练设立了专项基金。大学生创新计划和科研基金促进了本科生的科研活动，加深了他们对学术研究的理解，培养了他们发现问题、分析问题和解决问题的能力。2001年至2006年，共有1716名本科生的1208个项目受到本科生科研基金和教育部国家大学生创新训练计划的资助，资助总额500余万元，其中1182人承担的880个项目结题，有860名本科生获得了研究课程学分。① 为鼓励更多的学生参加科研工作，学校制定了《北京大学本科生研究课程相关管理规定（试行）》和《北京大学本科生研究课程补充规定（试行）》，将研究课程纳入学校课程体系，完成研究计划的学生，可获得研究课程学分。

除了学校的本科生科研资助计划，很多院系的学生主动参加科研工作。例如，生命科学学院近三年招收了450名本科学生，其中253人在本科期间参加了教师课题组，40多人得到了本科科研基金的项目资助；化学与分子工程学院50%的二年级学生、75%的三年级学生都参加了教师课题组；物理、力学、环境、地学、考古等实验学科的学生都积极踊跃参加科研活动。据不完全统计，自2010年以来，全校约有40%的本科生在导师的指导下参与了较为系统的科学研究活动。

学校鼓励把学术科技活动作为第二课堂的重要内容，通过各种课外学术科技竞赛，组织学生开展创新实践活动，如"挑战杯"五四青年科学奖竞赛、学生创业计划大赛、"江泽涵杯"数学建模与计算机应用竞赛、ACM/ICPC程序设计大赛等。由北大团委、学生就业指导服务中心

---

① 北京大学教务部.北京大学本科教学水平评估自评报告[EB/OL].[2010-09-03].http://pkubbs.net/attach/boards/PKUdevelopment/M.1200514270.A/2007112892757635.pdf.

和北大科技园共同建立的"北京大学学生创业中心",成功培育了多个学生创办企业。

4. 加强国际交流,促进教学国际化

北大十分重视通过与世界著名大学的联合培养项目,拓展学生的国际视野。目前,北大与日本早稻田大学、美国耶鲁大学等名校建立起了本科生联合培养项目:北大和早稻田大学每年互派约20名本科生在对方学校学习一年,毕业后可以获得两校的学位证书;北大与耶鲁大学建立的联合本科项目,每学年从元培实验班和耶鲁本科学院中选拔数目相等的学生,在北大共同生活、学习,由两校选派优秀教师开设课程。

学校利用校际交换、海外暑期学校及院系交换等方式,选派学生赴海外学习。校际学生交换项目有50多个,每年约有200名学生参加,分布在欧洲、美洲、大洋洲和亚洲的多个国家和地区。每年还有100多名学生分别参加耶鲁大学、约克大学和欧盟暑期学校。国际关系学院、外国语学院、法学院、经济学院、光华管理学院以及一些理科院系的交换项目都非常活跃,很多学生通过在海外的专业学习,开阔了国际视野,增强了创新能力。

北大有20余家与国际交流和探讨国际问题相关的学生团体,如学生国际交流协会(SICA)、拉丁美洲研究会、模拟联合国协会等。他们直接参与接待了克林顿、瓦杰帕伊、普京、希拉克、查韦斯等近40位国家元首,与联合国前秘书长安南、美国前国务卿基辛格博士等政要进行面对面交流,与诺贝尔奖获得者、商界巨擘、名校校长亲密接触和深度对话,北大学生的自信、睿智和思辨给国际友人留下了深刻印象。北大学生自己组织了很多高水平、高规格的国际学生交流活动,各国学生之间的互动交流增进了彼此间的相互了解,拓宽了眼界,如学生国际交流协会组织的斯坦福中美学生会议、北京大学—东京大学"京论坛",青年外交协会举办的"外交大讲堂"系列讲座等;2004年启动的"北大—哈佛交流营",组织哈佛学生来到北大感受中国,同时也组织北大学生回访哈佛;[①]2006年3月,来自世界50多个国家160多所世界著名高校的1100多名大学生齐聚北大,参加2006年哈佛世界模拟联合国大会并获

---

① 北京大学学生国际交流协会. 思想的交锋·智慧的碰撞——2007 北大—哈佛交流营开幕[EB/OL]. [2010-09-02]. http://www.chsi.com.cn/jyzx/200703/20070327/764555.html.

得了巨大成功。2007年5月，国际医学教育论坛在北京举行，医学部的学生作为大会的志愿服务人员，凭借良好的自身素质、过硬的专业知识和娴熟的英语技能，出色地完成了任务，为北大学生赢得了良好的国际声誉。

（二）课程体系改革

1. 深化教学内容与课程体系改革

根据本科人才培养方案中加强和拓宽基础、增加学生选择的思路，学校进行了课程体系建设和教学内容改革。学校重点建设了主干基础课、学科大类平台课、通识教育选修课、本科生研究课程，加强了共同基础课和课程模块建设，为新培养方案的落实奠定了课程基础。

第一，主干基础课始终是课程建设的重点。20世纪90年代，为加强基础课教学，学校把公共必修课和在学科体系中处于基础地位的重要专业必修课程确定为主干基础课，聘请教学经验丰富的教师担任课程主持人和主讲教师，并给予重点建设和资助。这些措施提高了教师的教学积极性，保证了基础课质量和教学队伍稳定。2004年，学校对主干基础课进行了重新认定，校本部确定主干基础课程295门，医学部46门。一批知名教授长期担任主干基础课课程主持人和主讲教师，其中包括院士7人，长江学者25人。①

全校公共必修课是主干基础课的重要组成部分。思想政治理论课以专家教学组的方式，由不同学科专业的教授讲授专题，把课堂讲授与课外参观、调查等实践环节相结合，提高了教学的效果。"邓小平理论和'三个代表'重要思想概论""思想道德修养"等被评为国家级精品课程，"毛泽东思想概论"被评为北京市精品课程。公共英语建立起模块化教学体系，第一模块为基础课程，进行分级教学；第二模块为选修课，分为专题课和通选课，其中专题课重点培养学生的语言应用技能，通选课着重提高学生的文化素养。学校还建立了多媒体技术支持下的大学英语教学网络平台，采用小班课堂教学和学生自主学习相结合的方式提高教学效果。"大学英语综合课程"在2005年被评为国家级精品课程。

为了进一步拓宽基础，学校在学科大类层次重点建设了一批理科共

---

① 北京大学教务部.北京大学本科教学水平评估自评报告[EB/OL].[2010-09-03]. http://pkubbs.net/attach/boards/PKUdevelopment/M.1200514270.A/2007112892757635.pdf.

同基础课程。数学、物理、化学等院系针对不同学科的要求,设计了不同类别的共同基础课。以数学课程为例,A类数学基础课是数学类专业学生的必修课,包括了数学分析、高等代数、概率统计等课程;B类数学是物理、信息、管理等专业学生的必修课,包括高等数学、线性代数等课程;C类数学为化学、生物、地质等专业学生必修;而D类数学主要为文科各院系开设。物理、化学等学院也建立了类似的基础课程体系。各院系根据培养方案,安排必修共同基础课程,学校允许学有余力的学生选择高于本专业必修要求的基础课。主干基础课和大类共同基础课的建设也大大促进了教学基地的建设。2004年以来,全校共承担26项"国家理科基地创建名牌课程"项目,其中12项已被评为国家级精品课程。①

第二,通选课是拓宽知识、提高素质的重要环节。2000年9月,学校正式建立了通选课体系。通选课打通了学科专业的界限,由各个院系分别开设,供全校各院系学生共同选修。通选课使学生了解和掌握本科教育必须了解的知识领域及其思想方法,为学生长远学习和发展做好准备。学校要求所有学生都要在数学与自然科学、社会科学、哲学与心理学、历史学、语言学文学与艺术五个领域选修总共不低于16学分的通选课程。

为保证通选课的质量和水平,学校组织专家进行通选课的遴选,开展通选课教师培训,加强通选课系列教材建设,并改进选课方法和制度。目前,通选课已经达到300多门,每学期开设120门左右,选课学生达1万多人次。一大批高水平的名师都参与通选课的建设和讲授。值得指出的是,"演示物理学""普通统计学""环境生态学""保护生物学""心理学概论""魅力化学"等一大批理科通选课深受学生欢迎。学生对通选课给予了积极评价。调查表明,学生对于通选课的满意度较高,部分同学建议增加通选课的学分比例。北京大学"构建以素质教育为取向的跨学科通选课体系"教学改革项目获得2004年北京市级和2005年国家级教学成果一等奖。

第三,建立合理的课程模块,为学生提供更多选择。按院系和学科

---

① 北京大学教务部.北京大学本科教学水平评估自评报告[EB/OL]. [2010-09-03]. http://pkubbs.net/attach/boards/PKUdevelopment/M.1200514270.A/2007112892757635.pdf.

大类招生和培养的模式促进了院系的课程体系建设。北大基础学科院系招生规模较大，多数学生毕业后在本专业或其他相关专业继续攻读研究生，因此，培养方案和课程体系要满足各类学生的需要。很多院系的模块化课程体系建设都取得了积极的进展。例如，化学与分子工程学院建立了模块化课程体系，在保证化学基础人才培养的同时，也兼顾了其他志向学生的需要；哲学系把主干基础课按哲学、马克思主义哲学、中国哲学、外国哲学、逻辑学、伦理学、美学、宗教学和科技哲学等九个系列课程统筹安排、加强建设。

为推进跨学科人才培养，学校积极筹划跨院系、跨学科的模块化课程建设。例如，学校进行古生物学本科课程体系的建设。北大的古生物学研究实力比较强，但由于其交叉学科的特点和过去专业化教学管理体制的限制，古生物基础人才培养一直比较薄弱。学校依托元培学院跨院系、跨学科选课的优势，利用学校较强的生物和地质学科基础，开展古生物学本科人才的培养。跨学科教育可以充分发挥北大多学科和基础学科比较强的优势，以较小的资源投入，为国家培养急需人才。

第四，推进精品课程建设，提高教学质量。北大高度重视精品课程建设，形成了包括国家精品课程、北京市精品课程和学校精品课程在内的精品课程体系。1999年学校遴选出38门优秀主干基础课，设立专项经费，支持课程建设。从2003年开始，结合国家精品课评选，加大精品课程建设力度。2003—2006年，共有117门课程入选北大精品课程，52门入选北京市精品课程，46门课程入选国家级精品课程。物理学院"电磁学"等5门课程、生命科学学院的"细胞生物学"等4门课程、中国语言文学系的"古代汉语"等5门主干基础课、数学科学学院的"高等代数"、历史学系的"中国古代史"等，先后入选国家级精品课，充分显示北大基础学科实力和课程建设成果。

北大公共必修课和通选课建设也取得成效。"博弈与社会""中国历史地理""太空探索"等多门课程入选北京市精品课程，"艺术概论"等被评为国家级精品课程。①

（三）积极倡导教学方法和手段改革

为配合教学内容和课程体系改革，学校积极提倡改革教学方法，调

---

① 北京大学. 北京大学精品课程[EB/OL]. [2010-09-03]. http://www.jpk.pku.edu.cn/pkujpk/.

动学生的学习积极性和主动性，鼓励教师采用新颖灵活的教学方法和多种教学手段改善教学效果。例如，法学院朱苏力等教授开设的法理学课程，综合运用专题讲座、录像教学、案例讨论、网上答疑、论文写作等多种教学形式和手段，将法律实践环节纳入理论教学体系。生命科学学院张崇本、中文系杜晓勤、经济学院董志勇、信息科学技术学院李戈、医学部肿瘤医院吴楠等一批青年教师积极运用新的教育技术，改进教学方法，在北京市青年教师教学基本功比赛中获得一等奖。

学校鼓励教师突破单一的课堂讲授模式，实施启发式、讨论式、探究式的教学方法，引导学生主动学习，积极参与教学过程。为此，学校对文史楼进行了改造，把传统课堂式的教室布局改造成为圆桌讨论式布局，建立研讨班课程教学模式。这样的教室环境使得教师与学生处于更加平等的地位，学生的主体地位得到加强，师生之间更易展开充分的讨论、提问和答疑。研讨课教室以小班教学为主，限制学生人数，以适应讨论课的需求。学校新建的第二教学楼也设置了多个研讨式教室，第三、第四教学楼全部设置活动桌椅。

很多课程的教师要求学生大量阅读课外参考书，撰写读书报告，加强对学生的指导。例如，社会学系的"民族与社会"课程，安排学生每周至少进行5小时课外阅读，要求学生结合思考题阅读，并要求参加课堂讨论。很多课程都安排了习题讨论课和教师或助教课外答疑；很多教师利用教学网站与学生进行对话交流。

学校为大部分教室配备了多媒体教学设备，推动多媒体辅助教学，加强电子教案和电子课件以及网络教学平台的建设，鼓励教师应用现代化教学手段改善教学效果，并规定教师职称晋升要通过现代教育技术考核。近年来，学校必修课程使用多媒体授课的比例达到50%以上，医学部更达到80%以上。数学科学学院的数学分析、微分几何等很多课程都应用多媒体教学手段进行图形演示，实现了可视化教学。

学校现有网络课程406门，涉及院系28个，累计注册学生16 582人。[①]网络教学平台有效地促进了师生的沟通和交流，提高了学生自主学习的积极性。以公共英语教学为例，大学英语课程从16学分减至8学

---

① 北京大学教务部. 北京大学本科教学水平评估自评报告[EB/OL]. [2010-09-03]. http://pkubbs.net/attach/boards/PKUdevelopment/M.1200514270.A/2007112892757635.pdf.

分，为在压缩课时的情况下保证教学质量，学校运用多媒体技术和自主开发的网络教学平台，实行小班课堂教学和学生网上学习相结合的方式，满足不同程度学生需求，提高了教学效率，保证了教学质量。

2002年开始，北京大学开始试点实施本科生导师制，目的是让本科生提前熟悉科研活动，培养其创新能力。北大提出的在本科生中实行导师制的导师更确切的说法应该是指导老师，这个概念不同于研究生阶段实行的导师制。这些指导老师的职责有三项：一是负责对学生进行政治思想方面的指导；二是对低年级学生给予从中学阶段到大学阶段学习方法转变方面的帮助；三是最重要的一点，就是给学生选择专业提出一些建议。

（四）稳步推进双语教学

双语教学对学生尽快了解学科前沿、获取最新知识具有重要意义。学校十分重视双语教学，在2002年的《北京大学关于加强本科教学工作提高教学质量的措施》中明确了积极推进双语教学的方针，要求生物技术、信息技术、金融、涉外法律等专业积极引进和使用国外优秀原版教材，推进双语教学。

2005年至2007年期间，学校开设双语教学课程达到200多门次。生命科学学院"基础分子生物学""遗传学""生物进化论""植物分子生物学""发育生物学"等多门高年级课程采用双语教学，其他课程也都选用了英文参考书。"生物化学"课程用英文授课，读书报告和考试要求用英文完成。信息科学技术学院"计算机组织与体系结构""人工智能导论""数字图像处理"等多门专业课程用英语讲授或使用英文原版教材。地球与空间科学学院"岩石学""矿床学""近代地层学""演化生物学"等12门课程，国际关系学院、历史学系各11门课程，经济学院"高级计量经济学""中国经济""宏观经济学""保险学""投资银行学"等都进行双语教学或英语教学。光华管理学院约有60%的课程使用外文原版教材，在2005—2006学年开设的61门课程中，34门课程采用了双语教学。哲学系有19门课程实行外聘教师与北大教师共同讲授。"生物学导论""认知神经科学""地球物理专题""岩石学前沿理论与研究方法""微分几何与可积系统""偏微分方程""宏观经济学""国际财务管理""国际广告与市场营销""美国史""德国古典哲学原著""宗教的哲学分析"等一批各个领域的专业课程聘请国外大学教授授课。法学院的一些涉外法律课程也聘用来访外籍教师授课。

三、北京大学教学模式与方法改革的经验

改革开放以来，在建立社会主义市场经济的过程中，面对新科技革命和经济全球化的机遇与挑战，为实现国家的可持续发展，党和政府提出了建设社会主义和谐社会和创新型国家的目标，对我国高等教育的发展提出了新的要求。在一百多年的办学过程中，北京大学积累了丰富的办学经验，成为以人文、社会科学、理学、医学和技术科学为主的、实力较为雄厚的综合性大学。北京大学前任党委常委、校长许智宏曾说，在新的历史时期，北京大学的使命是陶铸群材、发明新理、引领文化、服务社会。其中，创新型人才培养则是北大的核心使命。北京大学通过多年来的不断改革，已经形成了独有特色的人才培养体系和教学模式，这对其他高校进行教学模式与方法改革具有一定的借鉴意义。

（一）转变教育思想观念，高度重视本科教育

在1994年7月举行的北京大学第九次党代会上，北京大学明确提出了"创建世界一流大学"的奋斗目标。1998年5月4日，党和国家领导人在庆祝北京大学建校一百周年大会上的重要讲话中，将这一目标上升为国家战略。"创建世界一流大学"不仅是北大师生的共识，更是国家赋予北京大学的崇高使命，是建设创新型国家、弘扬中华文明和建设和谐社会的历史需要。北京大学制定了两次重要的发展规划。1999年，在深入分析当时形势、北大基础和优势、面临挑战和困难的基础上，《北京大学创建世界一流大学规划》明确提出了创建世界一流大学的宏伟目标和两步走的发展战略：第一阶段是基础准备阶段，计划用七年左右的时间重点进行学科调整，推进教育改革和人事制度改革，完成新老交替，提高学术队伍水平，为进一步发展打下坚实的基础；第二阶段是快速发展阶段，计划用十年左右的时间建成一批达到世界先进水平的学科，并在人才培养、科学技术和社会发展领域取得重要成果，使北京大学的学术影响和社会声誉都进入世界大学的先进行列。

在2003年制定的《北京大学"985"二期建设规划》中，学校认真分析了面临的新形势和新挑战，认为经过"985工程"一期和"211工程"建设，北京大学基础学科实力进一步增强，教学和研究的整体水平显著提高，但与世界一流大学相比仍有差距。"985工程"二期应在人才

第三章 我国研究型大学教学模式与方法改革个案研究

队伍建设、学科前沿布局、解决国家重大社会和科学技术问题的能力建设等方面加大力度。为此，学校提出了"以队伍建设为核心，以前沿交叉学科为重点，以体制创新为动力，全面规划和推进北京大学科技创新平台和人文社会科学创新基地建设，实现跨越式发展"的"985工程"二期总体建设思路，并陆续出台了一系列配套政策和措施，促进学校的整体教学和研究实力进一步提高。

（二）合理构建人才培养模式，整合优化课程体系、内容、方法和手段

北京大学在创建世界一流大学过程中，为了探索新世纪本科人才培养新模式，培养具有国际竞争能力的高素质创新型人才，启动了以蔡元培先生命名的本科教育教学改革计划——元培计划，并按"元培计划实验班"招生培养，由元培计划管理委员会的执行机构负责日常管理。元培计划是北大自1952年院系调整之后的又一次重大教学改革计划。学生入学按文、理分类，不分专业，在低年级重点学习通识课程和较宽的基础课程，然后再根据能力和志趣选择专业，在高年级实行宽口径的专业教育。该计划在学习制度上实行在教学计划和导师指导下的自由选课学分制，进行了积极的探索和实践，包括低年级实施通识教育、学生入学时不分专业，只按文理两类招生，入学后首先学习通识教育选修课和学科大类平台课，学生自主选择课程和专业，采用更为灵活的弹性学习年限、导师制等。"元培计划实验班"比较彻底地实行了自由选课学分制、导师制和弹性学制，从而推动了北大的本科教学计划、培养方案的调整和改革。

元培学院作为一个独立建制的院系，其基本职能和任务有别于现有的专业学院：一方面，元培学院仍然肩负着探索北大本科教育和教学改革的重任，作为本科教育教学改革的尖兵，为全校范围的教育改革积累经验、提供建议；另一方面，元培学院可以看作北大本科学院的雏形，具备了一定的跨学科组织专业和跨学科建立课程体系的功能。"元培计划实验班"还与国外大学建立交流合作关系，如把耶鲁大学作为本科生交换的合作伙伴。元培学院在本科人才培养模式的探索，将对北大乃至整个中国本科教育产生影响。

（三）以研究为基础，培养学生的实践动手和创新能力

研究型大学的核心是创新，途径是实践。北京大学一方面及时将一

批学科前沿课程纳入人才培养方案,把科研成果、学科动态融入教学,将科研训练纳入教学计划;另一方面加强实践教学环节和内容,尽可能多地开设有利于培养学生科学思维和创新能力的设计性、研究性和综合性实验。北大建设了一批教学实验中心和校内外教学实习基地,为学生实践动手能力培养提供优越的条件。学校大力推进大学生学科竞赛和科技创新,增加科技训练环节,建立能吸纳大学生参加和独立进行科技创新、创业设计活动的大学生创业中心,开办大学生科技论坛,让学生尽早接触科研,触摸到专业技术发展的脉搏,引导学生在研究和开发中学习,在课外活动和社会实践中学习,激发学习和探究的兴趣,使实践能力和创新能力得以提高。

(四)因材施教,发展个性,多渠道培养优秀人才

北京大学以人为本,充分赋予学生较多的自主权和选择权,不断根据需要调整课程设置更新教学内容,制定有利于人才培养的管理措施。一是逐步实行学分制,允许学生跨系跨校流动,允许学生在一定范围内选择专业、课程、教师。二是进一步修订完善人才培养方案,压缩总学时,增加课程综合训练学分和创新学分,给予学生更多自主的空间。三是优化课程结构和内容,鼓励教师开设跨学科、跨专业课程以及前沿进展课程,积极推进教授上本科生讲台,让学生充分享受最优质的教育资源。四是推进教学管理改革,实行重修和弹性学制,允许学生提前毕业或延长学习年限、休学创业;推行双学位和主辅修制,全方位满足学生需要,提高学生的学习积极性和主动性;改革考试制度和方式,增加灵活多样性,真正反映学习情况。

第三节　清华大学的教学模式与方法改革

清华大学是中国著名高等学府,是中国高层次人才培养和科学技术研究的重要基地之一。清华大学的前身是清华学堂,成立于1911年,当初是清政府建立的留美预备学校,1912年更名为清华学校。为实现人才的本地培养,1925年设立大学部,同年开办研究院(国学门),1928年更名为国立清华大学,并于1929年秋开办研究院,各系设研究所。1937年抗日战争全面爆发后,南迁长沙,与北京大学、南开大学联合办学,组建国立长沙临时大学;1938年迁至昆明,改名为国立西南联合大

学。1946年，清华大学迁回清华园原址复校，设有文、法、理、工、农等5个学院，26个系。

1952年，全国高校院系调整后，清华大学成为一所多科性工业大学，重点为国家培养工程技术人才，被誉为"工程师的摇篮"。1978年以来，清华大学进入了一个蓬勃发展的新时期，逐步恢复了理科、经济、管理和文科类学科，并成立了研究生院和继续教育学院。1999年，原中央工艺美术学院并入，成立清华大学美术学院。在国家和教育部的大力支持下，经过"211工程"建设和"985工程"的实施，清华大学在学科建设、人才培养、师资队伍、科学研究以及整体办学条件等方面均跃上了一个新的台阶，已成为一所综合性、研究型大学。

一、清华大学的办学定位及人才培养目标

（一）办学目标定位

创建让中华民族引以为豪的大学，肩负起科学救国、科教兴国的使命，是代代清华人的崇高理想和不懈追求。在长期的办学实践中，清华大学不断深化对于世界一流大学及其办学规律的认识，办学定位日益清晰，并于20世纪90年代中期提出建设"综合性、研究型、开放式"大学的办学定位。

综合性是清华大学办学类型的定位。清华在历史上曾经是综合性大学，具有综合性色彩的悠久传统和文化底蕴。改革开放以后，学校根据世界科学文化和教育发展的趋势，着眼于培养高素质、高层次人才，把恢复综合性学科布局、重建综合性大学作为努力方向。在30多年的建设中已经初见成效，为今后的发展奠定了宽厚扎实的学科基础。

研究型是清华大学办学层次的定位，也是建设高水平大学的一个重要标志。在人才培养上，研究型大学具有鲜明的特征，强调教学与研究紧密结合，以研究促教学，建立研究型人才培养体系。近年来，清华大学承担的国家重大科研任务的数量大幅度增长，注重科技成果的转化和应用，沿着高水平研究型大学的道路迈出了坚实的步伐。

开放式是清华大学办学模式的定位。随着经济全球化和知识经济的发展，大学只有在开放的体系中才能不断进步。清华大学的开放式办学有两层含义：一是对国内开放，面向社会，密切与地方和企业的合作，

加强知识创新和科技成果的转化，为社会提供智力支持；二是面向世界，向国际开放，加强国际交流与合作，吸收各国教育办学之长，促进自身的发展和国际化，密切国际文化交流和融合。改革开放以来，清华大学坚持开放式办学，社会声誉和国际知名度都有显著提高。

（二）人才培养目标

20世纪90年代，清华大学根据国家人才总体战略和社会发展的需要，立足于学校自身的发展定位，提出21世纪的人才培养目标，即培养"高素质、高层次、多样化、创造性"的拔尖创新人才。

人才培养目标的总体要求是高素质。学校希望清华大学的学生德智体美全面发展：以科学理论武装头脑，坚持正确的政治方向，具有报效国家、贡献社会的理想和道德；具有坚实的科学基础和较高的文化素养，富有敏捷的思辨能力和较强的实践能力；具备健康的身心素质和高雅的审美情趣。

时代对人才的知识和能力提出了多样化的要求，为此，清华大学提出，要用多学科的知识培养学生，使学生的知识能力结构更加合理、素质更加全面，还要进一步完善多样化的人才培养模式，在教学方法上因材施教，突出个性优势。

清华大学把创造性作为拔尖创新人才培养的重点，作为高层次人才质量观的重要标志。为此，清华大学提出了学生创造性培养的主要任务，即激发创新动机，强化创新意识，培养创新思维，塑造创新精神，提高创新能力。

清华大学本科教育定位为通识教育基础上的宽口径专业教育，培养具备高尚的健全人格、宽厚的业务基础、敏捷的创新思维、厚重的社会责任、广阔的国际视野和潜在的领导能力等优秀素质的高质量人才。

（三）人才培养特色

在一百多年的办学过程中，清华大学形成了一系列优良的办学传统，并在办学实践中与时俱进，发扬光大。清华素以学风严谨扎实而著称，毕业生也以基础扎实、解决实际问题的能力强而受到社会的肯定。严谨为学、基础与实践并重，是清华大学长期形成的人才培养特色。这种特色也是对学校人才培养和教育教学质量的反映。

在具体的教育教学实践中，清华大学以教育思想观念的更新为先导，加强教育研究，积极推进教育教学改革，促进教学和科研的结合，

第三章 我国研究型大学教学模式与方法改革个案研究

提高教学质量和办学水平。坚持促进教学和科研紧密结合,一直是清华大学推进教育教学改革、提高教学质量和办学水平努力的方向。具体主要体现在以下过程中:通过高水平前瞻性的学科和学术研究带动本科新专业的建设,引领人才培养的方向;将高水平学术成果及时地转化为教学内容,促进教育内容的更新和丰富;良好的科研环境为学生广泛开展研究性、探索性学习提供平台;通过高水平教学科研工作提高教师的学术水平和教学水平。自2001年开始,清华大学着力构架研究型人才培养体系,突出研究性教学特色,在教学模式与方法上也强调突出学生的主体地位,加强师生间的互动,突出教学与训练方法的科研特色。

此外,实践教育也是清华大学教育教学改革的一大重点。学校非常注重理论与实践的结合,培养学生解决实际问题的能力。清华大学把实践教育作为学生全面素质和创新能力培养的重要环节,不断丰富和发展实践教育形式,形成了实践教育全面育人的传统,努力做到"受教育、长才干、做贡献"的有机统一。学校进一步健全了以纳入教学环节的实践环节为主体、课内与课外"两个课堂"相结合的实践教育体系,实践教育成为培养拔尖创新人才的有效形式。

二、清华大学教学模式与方法的历史沿革

(一)新中国成立后学习苏联经验,开展教育教学模式改革

新中国成立后,中国进入逐步由新民主主义社会向社会主义社会转变的历史新时期。新中国的文化教育必须适应社会主义改造和社会主义建设的需要,通过学习苏联先进教育经验,有计划、有步骤地把我国半殖民地半封建性质的教育逐步转变为社会主义性质的教育。新中国成立后,国家以中国人民大学和哈尔滨工业大学为试点,先行学习苏联高等教育经验,希望取得成功的经验之后,在全国的高等学校中推广。从1952年起,我国仿效苏联高等学校的类型对我国高等教育类型结构进行大规模的院系调整,清华大学在院系调整中改为多科性高等工业学校。为此,清华大学学习苏联经验进行教学改革,建立一套适应社会主义建设需要的新的教学体系和教学方法。

1952年七八月间,为了响应中央"以学习苏联的先进教学经验为主要内容的教学改革"的号召,清华大学在全校教师中进行了俄文专业书

籍阅读速成学习的实验。经过速成学习，90%的学员从不识俄文字母提高到能独立阅读本专业工程书籍的程度，并翻译了一些苏联教材。在此基础上，随后采取了一系列教学改革措施：（1）采用苏联高等学校的专业目录设置了22个专业；（2）根据苏联的教学计划压缩制订出四年制的教学计划；（3）采用苏联的教学大纲，90%以上的课程部分或全部采用苏联教材；（4）普遍成立教研组，全校共成立了39个教研组，包括了全体教师。[①]在教学改革初期，广大师生学习苏联的热情和积极性高涨，教师的教学质量和学生的学习成绩都有了显著提高。但是由于一些主客观原因，导致产生了形式主义和要求过高、紧张忙乱的倾向，师生们普遍感到负担过重。

为克服教学改革因操之过急而产生的忙乱现象，1953年1月，清华大学着手采取了一系列克服忙乱的措施：（1）将一年级学生按程度分班；（2）适当放慢教师讲课进度；（3）组织学生自己制订学习计划；（4）减少教师课外社会活动的时间等。这样，忙乱现象稍为缓解。为了深入地抓好修订教学计划这一环节，清华大学修订了各门课程的教学大纲和教学日历，并进一步制订出比较完备的教研组工作计划。经过一个学期的实施和改革，全校教学工作的组织性、计划性、工作效率及工作中的预见性均大大提高，教师们对苏联的一套教学制度和教学方法的精神实质体会比较深刻，开始把学习苏联和中国实际相结合，走上了一条有序轨道。

1953年8月31日，清华大学举行第五次教学研究会，校长蒋南翔指出今后的工作方针总的就是进一步学习苏联，目标是三年到五年把苏联教学工作的一套方式方法初步摸一遍。这一阶段学习苏联的方针是"以教研组为基础分工合作有计划有组织地学习一整套苏联教学经验"，包括培养目标、教学计划、教学大纲、教材，以及诸如讲课、课堂讨论、习题课、实验、实习、课程设计、考查、考试、毕业设计与答辩等教学环节，都全盘照搬下来。当时学校提出一个口号："三年过河"，即用三年左右时间初步掌握培养五年制本科生的各主要教学环节与教学方法，使教学工作基本过关，这一切都是在苏联专家的指导和帮助下实现的，采取的具体措施主要有以下一些：

---

① 王雯.中国大学学习苏联教育经验开展教学改革的历史回顾——以清华大学为案例[J].清华大学教育研究,2003(12):79—85.

第三章　我国研究型大学教学模式与方法改革个案研究

（1）制订五年制的教学计划。为了在学制上向苏联靠拢，学校重新订正了各专业五年制的教学计划，并重新审核了本专业各门课程的教学大纲、教学日历及实验指示书、设计指示书等教学文件，使这些专业有了一套为本专业五年制教学计划服务的全部教学文件。另外，除翻译的苏联教材外，专家还亲自编写了40余种教课直接使用的教材，更贴近于中国学生的实际情况。

（2）培养师资，学会一整套苏联教学经验。院系调整后，清华大学师资严重缺乏，新的教学计划也要求广大教师们从头学起。为了尽早培养出能独立工作的师资，专家工作的重点放在给教师讲课、指导做课程设计和毕业设计等方面，每个教研组都派专人分工合作向专家学习。到1955年暑假，全校已有11个专业"过了河"，即已把苏联高等学校全部的教学过程——讲课、辅导、习题课、家庭作业、实验、考试、生产实习、课程设计、毕业实习、毕业设计等系统地从头至尾做过了一遍，①这为开展以后的教学改革工作提供了有力的师资保证。

（3）建立实验室和资料室。学校对原有的17个实验室和实习工厂在专家帮助下进行了改建和扩充，另外还新建了金属切削机床及机制、公差及技术测量、汽车拖拉机、高压、无线电发送等29个实验室。其中，水利工程系在专家指导下修建了一个小型的水力枢纽和露天试验场，包括滚水坝、发电站、泄水孔、进水闸、水轮机试验间、抽水机站等部分，可供学生实验和教师作科学研究之用，已经达到苏联高校同类实验室的先进水平。此外，全校还成立了12个资料室，收集各种挂图、幻灯片、教学模型、手册等，供教师和学生作教学参考和科学研究之用。②

经过一系列教学改革的措施，清华大学对整个教学工作——教学制度、教学方法和教学组织都已经作了根本改革。1956年2月，清华大学举行第十次教学研究会，蒋南翔校长做了《清华大学三年来教学改革的基本总结和今后的任务》的报告，指出"三年来我们学校的教学制度、教学内容和教学方法根本改革了，我们的教学质量显著地提高了……所

---

① 王雯.中国大学学习苏联教育经验开展教学改革的历史回顾——以清华大学为案例[J].清华大学教育研究,2003(12):79—85.

② 王雯.中国大学学习苏联教育经验开展教学改革的历史回顾——以清华大学为案例[J].清华大学教育研究,2003(12):79—85.

有这些变化，使得我们清华大学的面貌焕然一新。"[1]然而由于新中国成立初期学习苏联带有强烈的政治倾向，尽管中央和教育部多次强调学习苏联要结合中国实际，清华大学也力图避免教条主义地学习苏联，但仍然没有摆脱盲目迷信、机械照搬苏联高等教育全套经验的弊病，因而不可避免地带来一些失误，如专业划分过于狭窄（例如土木工程系设立的工业与民用房屋建筑专业和工业与民用房屋建筑结构专业，动力机械系设立的汽车专业和拖拉机专业等），既不利于多种学科互相渗透、交叉发展，而且学生毕业后社会适应性差，在一定程度上造成人才的浪费；变学分制为学年制，按统一的教学计划和教学大纲教学，教学模式单一，妨碍了学生学习主动性、创造性的发挥，导致教学方法的僵化，不利于因材施教地培养拔尖人才。

（二）改革开放以来清华大学教学模式与方法的变革

在恢复正常教学秩序的同时，鉴于苏联人才培养模式在"文化大革命"之前已经逐步暴露各种问题，1978年3月，时任国务院副总理的方毅在全国科学大会上第一次正式提出："有条件的高校要实行学分制。"[2]与此同时，教育部也提出高校可以试行学分制。自1978年起，清华大学陆续增加少量选修课以试行学分制改革，逐步探索以学分制为重点的教学改革。

改革开放以来，清华大学逐步调整学科布局、提高办学质量，自上世纪80年代中期开始，提出了建设世界一流大学的目标，并逐步明晰了发展战略，在人才培养方案上强调"通识教育基础上的宽口径专业教育"的基本教育理念，并强调通识教育的最终目标必须要落到专业化的方向上。这一教育理念必然要求教学模式与方法的变革和创新。清华大学自1993年起，就开始尝试进行了各种教育实验。依据不同的改革方向，我们可以把这些教育实验分为几种类型。一是以"精英教育"为目的的小灶式的培养计划，如"基础强化实验班"（1993年）、"基础科学班"（1998年）、"社科和人文实验班"（2001年）、"中外文化综合班"（1999年）、"化学—生物基础科学班"（2003年）等；二是以课程改革为突破口的各种教学改革计划，如"百门精品课程建设工程"（2001年）、

---

[1] 王雯. 中国大学学习苏联教育经验开展教学改革的历史回顾——以清华大学为案例[J]. 清华大学教育研究,2003(12):79—85.

[2] 胡建华,等. 我国高等学校教学改革30年[J]. 教育研究,2008(10):11—20.

"新生研讨课计划"（2003年）等；三是以加强培养学生研究能力和创业能力为核心的各种实战计划，如"大学生研究训练（SRT）计划"（1996年试行，2002年全面实施）等。所有这些实验，目的都是从与本科生教育有关的各个不同面向出发，从具体的角度切入，尝试对原有的教育体制作出局部的或单向的突破。

1998年前后开展的全校教育思想大讨论，以及不断推出的各种教育改革举措，是清华大学深化教育改革，加速教育向现代化转型的标志性事件。与此同时，"211工程"的实施以及"九五"后期"一流大学建设计划"的启动，又为清华大学提供了一个难得的发展机遇。2002年，清华大学在本科生培养方案中明确提出了高等教育的"通识教育"理念，提出了本科生教育朝向以"通识教育"为基础的宽口径专业培养方向发展的基本战略。清华大学校方在方案中阐述了这一教学改革的主导方针，即清华的本科教育以通识教育为基础，这种通识教育指的是有一定专业知识的通识教育。因此，这一教育观念的转化，意味着本科生教育应该从传统的以单一学科背景下的"专业对口"培养为主，到学科交叉背景下的具有"通识教育"基础的宽口径专业培养；从单向知识传授的教学型教学到关注创新性教育的研究型教学，探索形式丰富多样的教学模式；从教学过程中以教师为主体到强调以学生为主体、教师为主导，推行讨论式、启发式、参与式教学的方法和手段，试行本科生导师制，学生自己量身定做"个人学习计划"。

以清华大学工业工程系为例，2007年，工业工程系完成了建系以来"着重于知识"和"着重于实践"的两次跨越，开始进一步思考人才培养方向。相对于工业工程系国际化程度较高的研究生教育，国内本科生教育中存在着偏重于知识传授的不足。于是，以"提升本科生创新力"为核心的一系列教学尝试与改革开始启动，这些尝试与改革的目的是激发学生的自主性——让"我要学"成为学生学习的原动力。工业工程系开始了一项为期10个月的创新型教学方法实验。这次实验选择本科生的三门课程为改革对象，分别采用实验教学法和传统教学法对不同组学生进行授课，运用定量研究全面探索学生学习"动机""资源""思维"之间的关系。在实验教学法中，每门课程都会将三分之一的课堂时间用于学生讨论。任课教师在课程开始之前要提供包括课程项目具体描述的教学大纲，并提供如何处理在课堂中提出问题等具体信息。教师们会在课前和任课教师讨论提问引导、如何留作业等每一个细节，再通过课堂记录分析学生对问题的反应。通过实验，工业工程系的教师们得出了这样的结论：课堂讨论可大大强化学生对教学的满意度，从而强化学生的学习兴趣和自主性；单一课程对提高学生创造性作用不显著；增加学生讨论不会降低学生对知识的理解程度……他们还测得了增加多少课堂讨论才能使效率最大化的数据。与创新型教学方法实验同步，教师可以依据学习内容设计具有交叉性的学生团队组织，并通过电子信息平台对学生学习过程进行管理。就连让一些教师和学生头疼的"学习与社会工作时间分配"问题，工业工程系也尝试着有效的解决方法，其途径不是"分割"，而是基于学生兴趣的"融合"。根据偏重管理的学科特点，教师允许学生在一些科目中将自己组织的典型学生活动的策划、设计、组织和运作作为专业课程作业；教师可以在同时包含学生专业课程信息和社会工作信息的数据库中动态观察学生的状态，随时调整对学生的任务分配；另外，专业课程实验、社会实践、生产实习项目等都可以作为学生课外科技活动的项目来源。改革对工业工程系的人才培养产生了积极效果。工业工程系以创新型教学方法实验为基础，进而开展"本科生四年创新力培养教学研究规划"，通过对特定年级实施贯彻本科生的创新计划，探索出有效的创新能力培养方法。

三、清华大学教学模式与方法改革的主要措施

为了实现人才培养的目标，落实通识教育基础上的宽口径专业教育，清华大学积极推进人才培养模式改革，不断优化培养方案，推动按学科大类培养，全面提高培养质量，不断探索多样化的教育教学模式，在教学方法上重视灵活多变，开展多种形式的因材施教，为创新人才的脱颖而出搭建基础平台，开拓发展空间。其教学模式与方法改革的主要措施包括以下几个方面：

（一）因材施教，探索多样化人才培养模式

清华大学积极开展多种形式的因材施教，不断探索多样化创新人才培养模式，为拔尖创新人才的脱颖而出创造优良环境。为培养新世纪能够在基础科学领域有所发现、有所创新的后备人才，1998年以来学校先后举办"数学—物理基础科学班""化学—生物基础科学班""人文科学实验班""社会科学实验班"。2006年，计算机领域最高奖图灵奖获得者、清华大学高等研究中心教授姚期智先生倡导创办"软件科学实验

班",以注重基础科学、注重国际学术交流和实践环节为特色,探索培养世界顶尖计算机科学人才的模式。为适应国家经济社会发展的需要和国际化人才培养的要求,2007年经管学院开设经济与金融国际班,以全英语讲授大部分课程,并与国外一流大学开展本科生交换。2009年,学校推出"清华学堂人才培养计划",旨在充分发挥学校综合优势,整合优质教育资源,从学生遴选、教师配备、培养模式、学术氛围、国际交流等方面进行综合改革,培养具有国际一流水平的拔尖创新人才,并通过优秀"领跑者"的示范和引领作用,带动各院系、各学科对拔尖创新人才的培养,进而促进整体人才培养质量的提高。2009年秋季学期,学校正式实施清华学堂数学班、物理班、计算机科学实验班、钱学森力学班等该计划首批项目,菲尔兹奖和沃尔夫奖获得者丘成桐先生、理学院院长朱邦芬院士、图灵奖获得者姚期智先生、长江学者郑泉水教授分别担任首席教授。

着眼于促进人才培养模式改革和交叉复合型创新人才培养,学校扩大学生专业选择的空间,对每届学生提供一定的第二次选择主修专业的机会。校内还设立主、辅修制度,设立理科—工科、理工—人文、理工—管理等学科大类之间的复合型人才培养项目,设置经济学、艺术设计、法学、英语等第二学士学位、辅修专业供学生选修,合格者可获得相应第二学士学位证书或辅修专业证书。本科阶段学业成绩优秀的学生可以免试直接攻读本校硕士、博士学位,也有一部分本科毕业生可被推荐到外校或科研院所免试攻读硕士研究生。学校在部分院系实行为优秀学生配备优秀导师,并不断发展第二课堂各种形式的科技、人文、实践活动,拓展确有专长学生的发展空间。

(二)坚持教学与科研相统一,学习与研究一体化

教学是实施教育的基本途径,也是教师与学生沟通的主要渠道,教师在教学过程中把科学研究融入教学过程,并让学生积极参与,实现坚持教学与科研相统一对师生双方都有积极的影响。对教师来说,从事科学研究,不仅丰富了教学内容,而且知识的应用可以促进专业水平的进一步提高,使专业领域得以拓展以至有所创新。对学生而言,他们的创新、发现和合作精神得到了培养,动手能力和对学科的洞察力也大大增强。曾任清华大学校长的王大中教授认为,教学与科学研究的有机结合,不但可以拓展办学的功能,提高治学的境界,也使得教育思想和观

念发生质的变化。它有利于提高学术水平，也有利于提高人才培养质量。[①]学校强调实践与研究融入教学过程，并把实践与研究工作训练实行集中与分散相结合，使全体学生都有机会参与。清华大学在课程教学中提倡学生做课题或项目，积极鼓励设置课题型、讨论型的课程，为优秀创新人才培养奠定了良好的基础。

清华大学鼓励开展研究性课程专项建设，使学生在本科学习期间能够不断地接受研究训练，使每位教师都掌握研究式教学方式，形成研究性教学与研究型学习的校园环境。1996年，清华大学设立"大学生研究训练计划"（Student Research Training，简称"SRT计划"），旨在加强培养学生创新意识和科研能力。参加对象主要为一至三年级的本科生，学生可以根据自己的情况选择项目。学生能做到"以我为主"，进行调查研究、查阅文献、分析论证、制定方案、设计或实验、分析总结等方面的独立能力训练，教师为学生的研究活动提供指导。完成"大学生研究训练计划"的学生可以获得相应的学分和成绩，其中达到一定水平的还可以取代其相关的课程设计乃至综合论文训练。截至2009年秋季学期，共设立"大学生研究训练计划"项目7400余项，参加学生人数15 000余人，经过发展，现在50%的本科生在校期间有机会参加"大学生研究训练计划"项目。

此外，清华大学鼓励学生积极参加校内外的各种学科竞赛，并将其视为实现创新教育的有效载体，鼓励学生将学习与研究一体化，学生科技赛事历经数十载而不衰。学生课外学术科技创新活动成体系、上规模、有计划、有组织地发展，营造了浓厚的科研与学术环境。全校已经形成了以"挑战杯"为龙头的系列创新赛事。该竞赛体系包括学校"挑战杯"学生课外学术科技作品展览、学生科技活动月，以及覆盖全校各学科群的结构设计竞赛、数学建模竞赛、机械创新设计竞赛、计算机知识与技能竞赛、环境友好科技竞赛，而且清华大学学生在一系列国际和国内赛事中取得了突出成绩。

（三）立足基础理论课程教学，注重课程设置的精品化

清华大学重视课程建设，开展百门精品课程建设，推动课程整体水平的提高；开设新生研讨课，由名师示范推广研究型教学方式；鼓励教师编写和选用优秀教材，有效利用现代教学手段改革教学方法。

---

① 黄惠.探究研究型大学的教学[D].南京：河海大学，2005:16.

第三章 我国研究型大学教学模式与方法改革个案研究

为了适应现代科技、社会发展趋势，改善学生知识结构，提高学生的综合素质，学校及时调整课程设置，使之具有鲜明的时代特征。为了使大多数学生都能获益，清华大学尤其重视对教学质量具有重要影响的重点课程建设。1986年《清华大学本科重点课程建设与一类课程评选的决定》提出，在教学上抓好一批重点课程，以提高课程的教学质量，并为此开展了"一类课"的建设和一年一度的评选工作。"一类课"以量大面广的基础课为主，在人才培养中发挥了重要作用，为以后的课程建设和改革奠定了坚实的基础。①在"一类课"建设的基础上，2001年清华大学又启动了"百门精品课程建设工程"，重点加强课程内涵建设和授课方式的改进，推进课程整体水平的提高。截至2007年，清华大学已经有129门课程被评为校级精品课程，其中42门入选国家精品课程，70门入选北京市精品课程。②

清华大学的精品课程特别强调课程理念的先进性、教学内容的创新性、教学方法与手段的示范性、教师队伍的高水平。学校要求每门课程的建设目标明确，定位于国内领先、国际一流；采用与研究型教学理念相适应的教学方法和手段，落实讲授、讨论、作业、实践、考核、教材等课程教学六要素，激发学生自主探索与研究的积极性，有优秀教材和教学参考书、网络学习资源以及相关的实验条件；有教学水平和研究水平较高的课程负责人，教学队伍结构合理。

清华大学的精品课程建设还特别重视课程的培育与持续发展，建立包括立项、审批、中期考核、结题验收、定期复审在内的管理措施。在评选工作中，除考核课程要素外，更注重教学效果，特别是近三年的课堂教学评估结果以及专家听课意见。对于已经建成的精品课程学校还进行定期复审和日常监督，强调随着学科发展和知识体系的不断更新，加强课程内涵建设，实现课程内容和课程体系建设的吐故纳新机制。

学校坚持精品课程建设为学生服务的理念，非常注重学生的受益面，努力让最广大的学生分享优质的教育教学资源。微积分、大学物理、思想政治理论课、大学英语、大学体育、理学等重要公共基础课均

---

① 清华大学教务处.清华大学本科教学水平评估自评报告[EB/OL].[2010-09-27].http://www.pgzx.edu.cn/upload/files/zpbg/tsinghua.pdf.

② 清华大学教务处.清华大学本科教学水平评估自评报告[EB/OL].[2010-09-27].http://www.pgzx.edu.cn/upload/files/zpbg/tsinghua.pdf.

已成为国家或北京市精品课程。各学科大类平台课也是精品课程建设的重点。例如，机械大类平台覆盖机械、精仪、热能、汽车、工业工程和航天航空等6个院系，本科生人数约占全校的五分之一，课程总学分的70%是国家或北京市精品课程。①

各类基础课程改革的重点是通过改革课程体系、教学内容和教学方式，努力达到精品课程标准，确保教学质量。专业课改革与研究生课程总体改革相协调，通过课程改革与重组，结合所在学科的科研活动，增加前沿性内容，加强学科交叉与融合。同时，在教学方式上，倡导讲授型、实践型、研讨型、自主学习型等类型的多样化。讲授型课程以传授知识为主，实践类课程侧重提高创新精神与实践能力，研讨型课程培养提出问题、协作研究与报告表达能力，自主学习型课程为学有余力的学生开辟学习新途径。

为改变以讲授为主的传统授课模式，清华大学加强理论课程教学和训练等6个主要环节的规范化建设，在教学理念、教学内容和教学方式上体现研究型教学的特点。在课程讲授方面，要求内容少、精、宽、新，适当分开讲授体系和教材体系，设置一些开放式内容，提倡交流互动。课程讨论不仅要帮助学生吸收和深化知识，而且要能够激发学生学习兴趣，训练学生提出和解决问题的能力，而传统作业则注重提升学生知识能力水平。

（四）推广新生研讨课，加强师生互动，营造浓郁的学术氛围

以培养创新性人才为目标，清华大学于2003年推出了新生讨论课，成规模、有计划地组织知名教授向大一新生开设小班讨论课，每门课程的人数一般不超过15人，通过教授引导、师生互动、小组学习等方式，建立一种教授与新生沟通的新型渠道，创造一个新生进行研究性学习的机会，探索一种以研究讨论为主的教学模式。新生研讨课从问题开始训练研究能力，以教师引导激发研究兴趣，以师生互动启迪自主学习，以鼓励质疑倡导探索精神。新生研讨课吸引了更多名师走上本科讲台，推动教师转变传统的教学观，促使学生体验研究式学习。新生研讨课还改变了传统的师生关系，使教师主导的课堂成为师生共同探究的场所，教师成为学生学习的促进者和合作者。在学习与研究的过程中，学生在学

---

① 清华大学教务处.清华大学本科教学水平评估自评报告[EB/OL].[2010-09-27].http://www.pgzx.edu.cn/upload/files/zpbg/tsinghua.pdf.

到知识的同时,训练了创新性思维,培养了研究能力和创新能力。

2006年底,清华大学对首批2003级新生研讨课选课学生的问卷调查结果显示,新生研讨课在提高学生主动学习能力、沟通和团队合作能力、批判性与创新性思维能力、表达与写作能力等方面取得了良好的成效,而且使学生深切感受到任课教师的师德风范。^①一大批学术水平高、科研能力强的知名教授活跃在本科教学的讲台上,不仅向学生传授科学文化知识,而且使得本科生能够亲耳聆听教授的治学之道,亲身感受他们的魅力风范,潜移默化中感悟为人为学之真谛。诺贝尔奖得主杨振宁先生亲自为大一新生讲授普通物理课程;原校长顾秉林等多位院士、教学名师奖获得者、长江学者特聘教授、杰出青年基金获得者、院长、系主任等知名教授均开设新生研讨课;精品课程负责人也大都由知名教授担任。新生研讨课及其所反映的全新的教学理念得到教授、学生的充分理解和高度认同,深受师生欢迎,也获得了社会的普遍赞誉。借鉴新生研讨课经验,清华大学于2005年开设了教授主持的高年级专题研讨课。截至2007—2008学年秋季学期,已累计开设新生研讨课和专题讨论课400余门次,覆盖全校文、理、工等各个学科,6000余人次学生选修,受益面近50%。

另外,清华大学在课堂教学和课外活动中特别注重提高学生的兴趣。学习兴趣是学生自主性学习的主要动力和源泉。为了提高学生的自主性学习和研究创新能力,学校从培养学生的学习兴趣入手,利用自身的科研优势,辅以资金支持和制度化管理,由教师选择合适的科研题目和部分项目,作为学生科研训练(SRT)的题目和内容。以清华大学计算机实验教学中心为例,为了培养学生对科研能力训练的兴趣,中心还举办各种国际、国内计算机知识技能的竞赛或组队参加各种竞赛。例如ACM(美国计算机协会)大赛、数学建模大赛、"挑战杯"全国大学生课外学术科技作品竞赛、两岸清华程序设计大赛、智能体大赛、趋势科技百万程序设计大赛、"英特尔杯"清华大学创业计划大赛、清华大学程序设计竞赛、校计算机知识与技能大赛等等。^②在这些科技活动中,

---

① 清华大学教务处.清华大学本科教学水平评估自评报告[EB/OL].[2010-09-27]. http://www.pgzx.edu.cn/upload/files/zpbg/tsinghua.pdf.

② 杨士强.在学习中研究问题,在研究中提高能力——清华大学计算机实验教学中心[J].计算机教育,2008(15):4—8.

教师根据学生各自的兴趣，协助学生制定详细的设计方案和实施方法，培养学生们的自主性研究和创新学习的意识，养成自主学习的好习惯，提高研究和创新的能力。

（五）开展各种实践教育活动，提高学生科研创新能力

1993年，清华大学拟定了分阶段建设世界一流大学的奋斗目标。清华大学在第一阶段的"调整结构、奠定基础"目标落实以后，2003年进入建设世界一流大学进程的第二个阶段，其目标是"重点突破、跨越发展"。毫无疑问，高水平的教育质量是清华大学跻身世界一流大学的根本保证。面对如何提升教育质量和完善人的发展这个尖锐而持久的问题，清华大学第22次教育讨论会提出了"加强实践教育，培养创新能力"的主题，希望以此为契机，力求在人才培养机制上探索出一条新的途径。顾秉林校长在清华大学第22届教育讨论会上的报告指出："实践教育既包括为认识、探索自然规律，掌握技术知识而开展的科学实验、生产实习等必要的验证性实验，也包括为解决实际的生产和社会问题，提高创新能力而开展的研究性、探索性、设计性、综合性实践，还包括以了解社会和国情、提高全面素质为宗旨的社会实践。"[1]可见，清华大学拟通过实践教育，培养学生分析问题的能力和解决问题、动手协作的能力，培养学生完善的人格和适应社会的能力——既让学生从做事中形成批判性思维，又让他们从中明白如何成为良好的社会公民。

《清华大学关于加强实践教育工作的若干意见》明确提出"要结合专业特点，在培养方案和教学计划中更加突出实践环节，积极支持学生走出校门，开展形式多样的专业实习和社会实践"[2]，并提出从三个方面将实践教育的育人理念通过培养方案与教学计划落实于学生培养全过程：课堂教学要更多地通过实际问题引导学生学会独立处理复杂问题，提高解决实际问题的能力；校内设立实验、研讨、设计训练、综合论文训练等实践教育环节；开展"学生研究训练（SRT）计划"、学生科技学术竞赛等课外实践教育活动。在这一思想的指导下，清华大学的各个院系围绕创新人才培养和提高教育教学质量，从完善实践课程体系、建设

---

① 刘钰,张会平.实践教育:人才培养的新模式——以清华大学文科教学为案例[J].教育探索,2006(11):38—39.

② 清华大学.清华大学关于加强实践教育工作的若干意见[N].新清华,2005-12-23(4).

校内实验教学平台、拓展校外专业实践、建设社会实践基地、加强教师实践能力建设和完善实践教学评价体系等方面入手，制定了加强实践教育的初步实施方案。有些院系重新规划了实践教学体系；有些院系加强了一度放松要求的专业实践等重要环节；有些院系创造性地开设了综合设计型和研究创新型实验、实战模拟训练课程，增设了企业实习计划（Internship）等教育形式；更多的教师开始在教学过程中采用案例分析、课程项目等形式来激发学生的学习兴趣，锻炼他们的动手能力，鼓励和引导他们走上创新之路；有些院系提出了重在培养拔尖创新人才的因材施教实施方案；有些院系对实践教育的管理作出进一步规范，通过引导SRT（"大学生研究训练"）项目、课外科技学术竞赛、综合论文训练等走向更高水平。

至2008年，清华大学已建成8个北京市实验教学示范中心和5个国家级实验教学示范中心，已建成12个校级本科生校外专业实践基地。为了充分利用研究型大学的丰富科研资源，使学生形成跨学科、跨系统、跨专业的思维，清华大学于2007年春季学期起以校内一批包括国家和省部级重点实验室在内的科研实验室为依托，开设了大型本科生选修课"实验室科研探究"。秋季学期参与"实验室科研探究"课程的实验室教学单元共有72个，涉及约30个院系，多位院士、国家级教学名师及学术带头人参与此课程的教学工作，受到学生的热烈欢迎。[①]在实践教育中，清华大学大力增加研究性、探索性、设计性、综合性实验，使学生发挥其主观能动性，有目的地进行探索和研究。例如，清华大学法学院与河北省固安县人民法院合作建设了实践基地，每年清华大学都有法学院学生深入县乡基层，参与基层司法实践，了解农村民主和法制现状，既培养了学生理论联系实际的科学作风，也帮助当地解决了一些实际问题。[②]

（六）积极改革教学方法和手段，充分运用现代化教学技术

清华大学各类基础课程改革的重点是通过改革课程体系、教学内容和教学方式改革，努力达到精品课程标准，确保教学质量。专业课改革

---

① 李向荣,李蔚,段远源.研究型大学人才培养体系建设的新探索——清华大学"985工程"二期本科人才培养项目规划及建设成效[J].清华大学教育研究,2008(6):40—43.

② 黄惠.探究研究型大学的教学[D].南京:河海大学,2005:15.

与研究生课程协调，通过课程改革与重组，结合所在学科的科研活动，增加前沿性内容，加强学科交叉与融合。同时，按照主要教学方式，讲授型、实践型、研讨型、自主学习型等类型的课程各有侧重。讲授型课程以传授知识为主，实践类课程侧重提高创新精神与实践能力，研讨型课程培养提出问题、协作研究与报告表达能力，自主学习型课程为学有余力的学生开辟学习新途径。为改变以讲授为主的传统授课模式，清华大学加强理论课程教学和训练等6个主要环节的规范化建设，在教学理念、教学内容和教学方式上体现研究型教学的特点。在课程讲授方面，要求内容少、精、宽、新，适当分开讲授体系和教材体系，设置一些开放式内容，提倡交流互动。课程讨论不仅可以帮助学生吸收和深化知识，而且能够激发学生学习兴趣，训练学生提出和解决问题的能力。传统的作业则是提升学生知识能力水平的重要环节。

在课堂教学中，清华大学教师创造并总结了多样化的教学方法和考核方式，"将精彩的内容，以精彩的方式，传授给精力旺盛的学生。"例如，"弹性力学"课程强调"西写东唱"，即英文讲稿，中文讲授；强调"深入浅出"，即宏观为主，兼论细观；强调"提纲挈领"，即内涵扩大，篇幅缩小；强调"以理明技"，即以理为纲，以技为辅。再如，"量子力学"课程将教学和科学研究紧密联系在一起，将单纯的传授知识变成"传授知识+讨论+科研训练"，使学生讨论与科研训练相结合，达到正确掌握、深入理解的目的。[①]

现代信息技术、网络技术和多媒体技术在教学过程中的广泛运用，改变了传统教育教学的时空理念，有力地促进了教学方法的改革。清华全校60%以上的课程使用多媒体授课，大多数课程实现了网络教学。通过"清华网络课堂"，师生可以随时随地发布和下载课件，提交和批改作业，开展网上答疑讨论，进行网上自学自测，在实践中总结出网站式教学、网络辅助教学、资源型学习、兴趣学习、互动学习等多种网络教学模式，使网络教学成为课堂教学的有力辅助手段，成为教学过程中不可缺少的组成部分。

此外，清华大学在鼓励教师运用现代教育技术进行教学的同时，也强调教学手段使用的有效性。学校建立了教师憩园、精品课程网站，为

---

① 清华大学教务处.清华大学本科教学水平评估自评报告[EB/OL].[2010-09-27].http://www.pgzx.edu.cn/upload/files/zpbg/tsinghua.pdf.

教师提供优秀教师课堂教学资料,举办各种层次的教育技术培训。例如,对于数学、物理等课程中一些严密的逻辑推理过程,"文化精品与文化中国"课程中关于文字演变部分的讲解,教师根据课程内容的特点,将多媒体教学与传统的黑板板书有机结合,实现最佳的教学效果。

(七)服务人才培养目标,分层次积极推进双语教学

为了适应开放式办学、培养具有国际视野和国际竞争力的高质量人才的人才培养目标,清华大学立足学校的实际,以教学效果为主要的衡量指标,根据不同学科专业的特点和人才培养的要求,以及教师和学生外语运用能力和水平,循序渐进,重点突破,稳步推进双语教学。学校制定并实施了《关于进一步推进本科双语教学课程建设的若干意见》。2006年,"本科双语教学课程建设专项"批准立项95项,涉及22个院系的103门课程。学校的双语教学课程体系分为三个层次:首先,努力建设一批教学效果良好的双语教学课程,在本科教学中及时引入国际先进的教学理念和教学体系;其次,鼓励有条件的院系建设系列化英语授课课程,与基础阶段大学外语教学以及本科综合论文训练相衔接,使更多的学生接受和适应英语教学环境;第三,在一些优势专业、特色专业建设全英语本科人才培养项目,为扩大交换生规模提供足够的教学资源,也为增加留学生人数创造条件。为了切实保证双语教学的效果,清华大学规定,院系在申请开设双语课程时必须重点对以下几个方面进行评估:该课程以双语进行教学比较适合本院系有关专业的学生;制定的课程教学大纲符合学科和专业发展的要求;所选的外文教材反映该学科的先进教育理念,内容先进;教师的专业水平和外语水平能够胜任双语教学。各院系还需在评估的基础上,对双语课程教学的教学形式和课堂外语比例提出建议。

经过多年建设,清华大学的双语教学已经确定显著的成效。生物学、经济学、管理学、信息科学技术、法学等专业的双语课程体系建设发挥了良好的示范作用。2006—2007学年度,全校共开设本科双语教学课程(外文授课比例50%以上)125门,采用英文原版教材的课程有200门。2007—2008学年度,全校双语教学课程数量又有较大幅度的增加。2006—2007学年度,经济管理学院本科课程中全英语授课课程比例达到55%。经济与金融专业以较高的国际化为特色,以全英文讲授大部分课程,并以此为平台,与国外一流大学开展本科生的交换。生物系本科课

程广泛采用先进的外文原版教材，5门专业主干课全部以全英语或者双语讲授，多年来双语课程教学效果良好，对学生学习后续课程、从事科研活动打下良好的基础。工业工程系课程全部采用国际知名大学英文教材，实行不同程度的双语教学。软件科学实验班的5门核心课程全部以全英语或者双语讲授，优秀学生将有机会到美国著名大学进行交流。

四、清华大学教学模式与方法改革趋势

在2008年12月中国大学教学论坛上，清华大学副校长袁驷呼吁，大学的教学模式亟待改进，教学方法需要改革创新，要加强师生互动，加强学风建设。基于以人才培养质量为核心的质量观，清华大学提出了树立学生为主体，以优化学习质量为重点的本科教学改革思路。2009年，清华大学举办第23次教育讨论会，研讨新百年人才培养的使命与战略，探索拔尖创新人才的培养模式与途径。同年，清华大学决定将经管学院作为全校本科教育改革的一个试点，率先尝试改革措施以取得经验。

清华大学经管学院对国内一些重点高校的本科教育和国际上一流大学的本科教育现状做了研究，制定了新的2009级本科生培养方案。新方案努力做到既延续清华百年办学中的优良传统，又要吸收目前国际上最优秀大学的经验，瞄准世界一流本科教学水平的方案。新方案明确了经管学院本科生培养的两个理念，既要为拔尖创新人才脱颖而出创造优良环境，也要为每一个学生个性发展和人格养成提供充分条件，并提出了一个具体的"三位一体"的本科教育课程体系。第一部分是通识教育，目标是完整人格养成；第二部分是专业教育，目的是专业知识传授；第三部分是任选课程，用以超越专业界限。新方案保持140总学分要求不变，但在学分分配上做了调整：扩大了通识教育部分，约占一半即70学分；降低了专业教育部分学分至50学分；剩余的20学分是任选课程部分。

在新培养方案中，在具体操作上，新培养方案的核心包括三大支柱：一是全面实施作为本科教育基础的"通识教育"；二是把因材施教的理念落实为具体的"优秀人才培养计划"；三是突破教育仅仅是传授知识的旧观念，把培养学生的"批判性思维"能力放在重要位置并贯穿

于整个本科生培养过程。

通识教育占一、二年级课程的主要部分。除了学校统一要求的政治思想理论课和体育课外，经管学院在通识教育方面有两项新举措。一是强调三项基础技能：中文、英语和数学，首次在全国高校中开设了中文写作和中文沟通两门课。二是明确包含八个课组的通识教育的课程体系，它们覆盖人文、社会科学、自然科学三类基础学科，并选择了八个课组：文学与艺术、历史与文化、哲学与伦理、基础社会科学、中国与世界、国际社会、物质科学、生命科学。

"优秀人才培养计划"是清华大学经管学院针对大三和大四高年级本科生的一项新设置的计划，在大二结束前学生需要经过挑选后才可参加这一计划，是学院实行"因材施教"的一个具体举措。计划的一个特点是培养方向的多样性，根据本科生未来的发展路径的多样化，设计了三条轨道：学术方向以研究为导向，创业方向为将来创业作准备，领导力方向侧重于政府、国家重点企业、非政府组织（NGO）和国际组织中的领导能力培养。计划的第二个特点是学习方式的创新。这一计划并不是多上几门课，不同于第二学位或辅修。计划不采取通常的课堂授课方式，而是采取"体验式学习"的方式。比如，参加学术方向计划的学生要参加论文写作讨论班，以研究最新文献、尝试写小论文，最终发展出毕业论文为主要环节。参加创业方向计划的学生要参加真实的创业项目，撰写商业计划书等。参加领导力方向计划的学生要深入到政府等机构作调研。这一计划的目的不是简单的知识增加，它的主要目的是培养学生的研究能力、创业能力和领导能力。

此次改革的第三大支柱是批判性思维能力培养。经管学院的本科生教学改革决心把培养批判性思维能力放在重要位置。具体做法有二：第一，开设一门以"批判性思维"为主要内容的课程。这个课程的内容围绕伦理、社会、自然等问题展开。第二，培养批判性思维不是靠一门课完成的，而是要贯穿于整个培养方案。比如，在课程顺序的安排上，大一不安排专业课程；在教学方法上，除了传统的直接教学法以外，增加开放式教学法；扩大新生研讨课的范围；调整学生评价体系，逐渐削弱学分的作用。

经管学院作为试点开展的教学改革，在某种程度上反映了清华大学未来发展的方向。由此不难推断，在未来教学模式与方法的改革上，清华大学将重视学生通识教育、优秀人才培养计划和批判性思维能力培养，这在教学模式与方法上也有明确的体现，在加强师生互动、提高学生学习动力、批判性思维能力培养、理论知识与实践的结合以及加强通识教育等方面加大改革的力度。

清华大学将继续以学生综合素质的提高和创造性的发挥作为教育的基本出发点，确立以学生为根本的教育理念；在综合性大学的专业学科建设基础上加速向研究型大学的教育教学模式转变；建设具备研究型大学特色的人才培养和教学体系。清华大学在未来的教学中，会进一步调整课程结构，更新教学内容，建立研究型大学的教学方式，进一步压缩培养计划的课内学时总量，进一步拓宽公共基础课程的适用范围，增加人文、社会科学、管理等门类的选修课程种类和数量，加大选修比例以及课程内容（或训练项目）的综合度，切实改善学生的知识结构，增强综合素质与能力。

第四节　山东大学的教学模式与方法改革

原山东大学创建于1901年，是继京师大学堂之后我国第二所国立大学，历史悠久。现在的山东大学由原山东大学、山东医科大学、原山东工业大学于2000年合并而成，现有本科专业114个，涵盖了文学、历史学、哲学、经济学、管理学、法学、理学、工学、医学、教育学等十大学科门类，文史哲是其传统优势领域，同时综合特色明显。山东大学现有国家基础和应用人才培养基地6个，国家大学生文化素质教育基地1个，国家一、二类特色专业16个。在"质量工程"等可比性指标方面的项目总数和年增长数位列高校10位左右。2005—2008年间，每年的本科招生人数为10 350人（总校7000人，分校3350人）。2009年上学期，在校本科生人数为43 811人（总校30 157人，分校13 654人）。近几年来，招生数量和在校生规模均列重点高校前3位。

山东大学具有重视本科教学的优良传统和综合性、开放性、研究型的办学优势，并将教育创新作为学校的三大发展战略之一，合校十多年来更加重视教学模式与方法的改革，充分发挥学科齐全、学科互补的优势，提高人才培养质量。如2005年、2009年先后两次专门发文促进教

第三章 我国研究型大学教学模式与方法改革个案研究

学改革：《山东大学关于修订本科生教学计划的意见》《山东大学学术振兴行动计划》，大力推进本科生研究型教学，建立学科综合、开放和研究环境下的创新人才培养体系。

一、山东大学办学理念特色与人才培养目标定位

山东大学有重视本科教学的传统，一直以培养中国最优秀的本科生为目标，紧紧围绕提高教育质量，构建"以人的发展为核心"的课程体系、教学内容；吸收国内外教学改革与研究成果，继承和发扬各学科的特色，提出通识教育基础上的宽口径专业教育和"具有高度的社会责任心，过硬的社会竞争力，个性与人格得到健全发展的高素质创新人才"的培养要求，并使之在新的教学计划中得以体现。

山东大学办学理念的特色主要包括：（1）坚持知识、能力、素质协调发展和综合提高的原则，把素质教育贯穿于整个培养过程。突出本科教育的基础性和阶段性，为学生继续学习和终身教育打下良好基础。（2）充分体现整体优化的原则，科学地处理好本科教育和研究生教育、各教学环节之间的关系，注重课程设置和内容的有机联系，课内与课外、校内与校外的教学活动形成有机的整体。（3）坚持统一性、多样性相结合的原则，遵循教育教学的基本规律，尊重学科特点，在保证人才培养质量的同时体现特色。（4）坚持以学生为中心、因材施教的原则，为发挥学生学习的主动性和创造性，为学生的个性化发展留有充分的空间。

2009年颁布的《山东大学学术振兴行动计划》中明确提出了"山大特色、中国一流、世界水平"办学新目标，并将"大力推进本科生研究型教学，建立学科综合、开放和研究环境下的创新人才培养体系"作为人才培养的重要内容，将"提高质量"和"突出特色"作为近期工作的主题。①

为实现这样的办学理念与目标定位，学校主要措施如下：（1）主动适应社会发展趋势，进一步拓宽本科专业口径，灵活专业方向。强化专

---

① 山东大学学校办公室.关于印发《山东大学学术振兴行动计划》的通知[EB/OL].[2010-10-27].http://222.206.1.130:8000/zxb/49198.nsf/fa65745ae14925d2c825669e002c5ecf/c77babc93393076f4825758a00274ad2?OpenDocument.

业基础课平台的建设,从按专业组织教学向按学院或学科门类组织教学转变,实现通识教育基础上的宽口径专业教育。(2)将新的教学理念、改革成果融入新一轮教学计划。优化课程体系,更新教学内容,改革教学方法,强化实践教学和创新能力培养;精选公共基础课程和专业(学科大类)基础课程;重视选修课建设,增加开课比重。

2008年11月徐显明校长上任时"五个本位"的总结,清晰表达、高度概括了山东大学的办学理念:在办学兴校上,坚持以教师为本位,将人才强校作为首要的和根本的战略选择;在教育教学管理上,坚持以学生为本位,实现学生主体地位,为使他们享受最好的教育,为把他们培养成为社会楷模和国家栋梁创造优良的条件;在发展内涵上,坚持以质量为本位,把提高教育教学质量作为学校永恒的主题;在发展模式上,以特色为本位,探索出一条符合山东大学实际的在综合性大学中如何实现特色办学的新模式和新道路;在管理价值上,以服务为本位,学校管理的终极目标是为中心工作服务,为学科建设服务,为老师服务,为学生服务。[①]

二、山东大学本科教学模式与方法改革的状况、措施及成就

2000年合校以来,山东大学十分重视教学方法与教学手段的改革,提倡开放的实验教学方法,培养学生创新精神;鼓励探索多种考核方式,注重知识的实际运用;加强实践教学环节,增强学生感性认识。广大教师进行教学改革的热情高涨,使新的教学方法和教学手段迅速普及。学校还积极进行投资,改善教学方法。合校后近4年时间内,学校投入832余万元进行多媒体教室的建设与改造,从2001年的36间多媒体教室和多媒体座位占教室座位的17.7%,发展到2005年的158间,多媒体座位率达到37.63%,基本满足了教学的需要,方便了学生理解和掌握

---

① 苏红燕. 徐显明任山东大学校长[EB/OL]. [2010-10-27]. http://www.view.sdu.edu.cn/news/news/sdyw/2008-11-07/1226023489.html.

教学内容，缩短了教学时数，提高了教学效果。①综合而言，山东大学教学模式与方法改革的主要措施如下：

（一）加强实践教学平台建设，推进实验教学改革

为了培养学生的实践能力，山东大学十分重视实践教学平台建设，至2010年已经建立了5个国家级实验教学示范中心（医学、管理、工训、机械、物理），5个省级实验教学示范中心（化学、药学、生物、材料、预防医学），3个临床技能培训中心（齐鲁医院、二附院、省立医院），初步建立了以工程训练中心为依托的工程实践教学平台、以基础医学国家实验教学示范中心为依托的基础医学实验教学平台，由此带动了实践教学模式在全校主要专业教学领域的有效和广泛运用。如生命学院优化实验教学平台，强化基础性实践教学环节。学生在验证性实验的基础上开展更多的设计性实验，将理论学习与实际应用紧密结合，创新能力得到锻炼。

山东大学结合实验教学示范中心建设，积极稳妥推进实验教学改革，包括实验教学体系、教学内容、教学模式的改革和实验课程建设，并取得明显成效。在2008年校级教学成果奖评审中，实验教学改革和建设成果也成为一个亮点。如生命学院建立学校与基地互惠共赢的实践教学基地发展模式。生物科学以重点实验室为依托、生物技术与生物工程以糖工程中心的相关企业为依托，生态学以莱芜房干、烟台昆嵛山、黄河三角洲等校外实践基地为依托，组织学生以研究课题的方式在实践基地组织实践教学活动，要求学生经历提出科学问题，做出科学假设，设计科学实验，实施实验研究，总结数据资料，进行结果分析和进行成果展示等科学研究的各个基本过程。医学院的临床教学改革等17项成果获得特等奖和一等奖，占一等奖数量的1/3；物理学院的"大学物理实验课程改革与教材建设"等11项成果获二等奖。

（二）推进大医学和临床医学教学改革，推广以问题为中心教学（PBL）

以问题为中心的学习方式（PBL）的学习方法于上世纪60年代在麦克马斯特大学（McMaster University）医学院首先形成，并逐渐被国内外

---

① 山东大学本科教学评估办公室. 本科教学工作水平评估工作简报 2005 年第 26 期（总第 34 期）[EB/OL]. [2010-10-27]. http://www.bkjx.sdu.edu.cn/ReadNews.asp?NewsID=940.

众多医学院校采纳，收到良好的效果。该方法克服了传统教学模式的弊端，采用以问题研究为中心的方式，培养医学生的自学能力、研究能力、表达能力、沟通能力和团队合作精神，提高学生的综合素质。2009年9月15日，山东大学医学院与台湾阳明大学医学院PBL教师研习会成功举办。[①]医学院特邀台湾阳明大学医学院医学系副主任黄志贤教授等四位资深PBL专家来访，分别就"阳明大学医学院PBL课程构架及教改历程""PBL课程整合""PBL教学的师资培训""PBL教学的课程评价与反馈"等内容做了专题报告，来自医学院（及各附属医院）、药学院、口腔学院、护理学院、公共卫生学院、山东中医药大学、泰山医学院和滨州医学院等单位的领导和老师150余人参加了会议；与会人员还参加了"PBL体验工作坊"，并分四组分别体验了四位阳明大学专家指导的PBL范例。研讨会上，与会人员还就PBL教师选拔、课程设置、病例选择、知识整合、集体备课等问题与四位专家展开了充分而热烈的讨论，从而进一步增强了对PBL基本思路和方法的了解及对细节问题的处理技巧。

医学院于修平教授在主持"基础医学融合性实验教学课程体系改革"教育部世行贷款——21世纪初高等教育教学改革项目时，就反思我国的医学教学属于以学科为中心的教学模式，认为存在的问题是：（1）人体系统的完整的知识被人为分成的诸多学科所分割，而学生更加需要的是系统性的知识；（2）实验课教学从属于理论课，应该依据教学理念的进步，重新认识实验课在医学教育中的地位；（3）根据医学模式的转变，应加强医学心理学的实验教学。本项目的研究成果既保持了我国以学科为中心教学模式的优势和延续性，又吸取了以器官和系统为中心教学模式的合理成分，促使基础医学教育模式更趋完善。项目研究充分体现了以学生为主体的教学思想，培养学生科研和创新能力成效显著，从而在提出下列三个新理念的基础上对传统医学教学进行了改革，将医学类教学模式和课程设计引向以问题为基础的研究性教学——PBL：（1）将一个系统的生理学、病理生理学、药理学和医学心理学的分段实验教学内容有机地结合起来，形成一个包括该系统生理学特征、病理生理学改变、药物治疗和心理干预在内的、系统化的、整体化的综合实验，再将

---

① 李晶晶.医学院与阳明大学PBL教师研习会举行[EB/OL].[2010-10-27].http://www.view.sdu.edu.cn/news/news/ybdt/2009-09-17/1253146376.html．

若干系统的综合实验有机地组合成为一门独立的实验学课程,实现机能学实验课的融合;(2)在形态学实验教学中连续观察从正常到异常形态学的动态变化,增加动手操作的设计性实验;(3)探索机能学实验与形态学实验的融合,从更深的层次上实践和体现重视"系统性"和"整体性"知识教学的理念。

临床医学专业后期教学是国内高校面临的普遍性问题,齐鲁医院在国内率先进行探索,对临床医学课程及临床实践教学进行重组、整合,早期接触临床,利用模拟教学进行临床操作基本技能的培养与训练。其承担的"整体化临床教学改革"项目获得2009年省级教学成果一等奖,并被推荐申报第六届高等教育国家级教学成果奖。

(三)探索综合、开放、研究环境下教学模式改革

山东大学的本科专业涵盖了文、史、哲、经、管、法、理、工、医、教等十大学科门类,是典型的综合性大学,综合优势明显。其中,文史哲、理学、工学和医学具有明显学科优势和特色,在海内外影响较大。为了发挥综合优势,山东大学近几年连续推出新的培养模式,促进了多元教学模式灵活、综合运用的教育教学改革。如生命学院以"海归论坛""校长奖学金论坛"等为载体,举办学术大师、名师、优秀教师的学术讲座,组织师生间互动性强的学术交流活动;开设由博士生导师为主的"前沿与进展"课程。又如历史文化学院、文学与新闻传播学院联合开发课程及实行组合互补教学,依托山东大学中文、历史两大一级学科的学术优势,以两门面向全校本科学生的公共必修课("中华民族精神概论""中国传统文学修养")为主干,辅以"多元互动"的教学方式和"具有学术深度及选择空间"的读本式的教材,从而在"学术研究""知识学习""人文教化""政治教育"的自然交叉中,构建起一个主线明晰而又内蕴丰厚的新的教育教学体系。两院系联合开发的"中华民族精神概论""中国传统文学修养"两门主体课程本身既具有学科属性上的内在关联("文史不分家"),在教学理念、课程设计、授课角度、教学目的乃至教材的编写原则等方面又高度一致。二者相辅相成,相得益彰,浑然一体地构成了山东大学民族精神教育的宽广平台。两门主体课程共计90课时,按统一教学大纲,由历史文化学院和文学院的教师集体接力讲授。每人讲2—3个专题,每个专题一般不超过2课时。每一轮课程的任课教师在40人左右,其中博士生导师约25人左右,教授

（博士生导师除外）、副教授15人左右。

山东大学注意更新办学理念，实施全方位开放式发展战略，基于"资源无限、空间无限、机遇无限、潜力无限"和"优势互补、资源共享、互惠互利、共同发展"的理念，致力于探索开放环境下的创新型人才培养模式和学生得以享受国内外的大学丰富多彩教学模式与方法带来的益处。如学校大力倡导和推进本科生的"三种经历"，包括"第二校园经历""海外学习经历"和"社会实践经历"，即10%的学生具有"第二校园经历"，10%的学生具有"海外学习经历"，100%的本科生都具有"社会实践经历"。通过三管齐下，山东大学的学生在4年本科学习生活中，都会享受到包括课堂讲授、双语教学、产学研合作教学、第二校园经历及海外学习经历中多样教学模式的综合培养，保障了4年学习的有效性、前沿性、实践性，从而也从根本上保障了本科培养质量。

研究型大学有着独特的科研优势，这种优势体现在教师的科研水平和大学的研究条件上，特别是实验室条件上。山东大学强调，研究型大学有条件也有责任让本科学生在研究的环境下学习，提倡与推广各种形式的研究性教学，以提高学生的创造能力。近几年学校采取多种措施，让更多本科生融入到科研环境中来，参与到科研工作中来。如通过政策激励和机制引导，让各类实验室向本科生开放。如微生物技术国家重点实验室让部分三、四年级学生有一年或更多的时间在实验室参与课题并完成毕业论文；而医学、化学和材料学教育部重点实验室也成为本科生参与科研的平台，不少学生在此参与完成了一些前沿性的科研项目。工程训练中心则为学生提高实践能力提供更多机会，学生们在中心可以参加数学建模、电子设计、机械设计、机器人等各种大赛训练，为他们取得优异成绩提供了舞台。非实验学科的本科学生则通过导师制，在教师指导下参与教师主持或学生自选课题，来培育创造能力和实践能力。学校还出台了创新学分制度，规定学生在科研、发明、大赛、论文等方面取得的成果可以申请记取学分。自2004年以来，每年有200—300名学生获得了创新学分，获得创新学分最多的可以达到15学分以上。

在各级人才培养基地和部分专业，山东大学实行了本科学生导师制。导师指导学生选课和学业，学生参与导师科研。如计算机学院推进优秀本科生科研助手制，将科研活动引入课程实践环节，将实践教学活动扩展到课外，进一步引导学生开展广泛的课外研究学习活动。

(四) 推行本科课程"公开教学",促进优质教育资源共享

2008年,山东大学出台了《关于推行本科课程"公开教学"的实施意见》(山大教字〔2008〕3号),在前期经验的基础上进一步推行本科课程的"公开教学"。本科课程的"公开教学"坚持"以学生为本"的理念,符合学生以及课程本身的特点与实际,倡导启发性、示范性、培养性、互动性和研究性教学。本科课程的"公开教学"的目的在于,通过"公开教学",不断提高教师,特别是青年教师的讲课技能和业务水平;强化教师与学生、教师与教师之间的交流与沟通,促进教师之间开展教学法研究,及时总结教学经验,相互提高;推进教学内容、教学方法和手段的改革,不断完善课堂教学质量监控体系;发挥教师在教学工作中的主导地位,调动学生的学习积极性和主动性,进而提高教学效果。

本科课程"公开教学"制度要求各教学单位负责组织落实本科课程的"公开教学"活动,并分两个层面予以推行:一是侧重于示范性,组织本单位的优质本科课程进行"公开教学",为"示范性公开教学";二是侧重于培养性,组织本单位青年教师主讲的课程进行"公开教学",为"培养性公开教学"。每次"公开教学"应有教学单位的负责人和其他任课教师参加,要求任教时间在3年(含)内的教师每学年必须参加2次以上"公开教学"活动,其中至少有1次为主讲。"示范性公开教学"每次应预留10—15分钟,用于听课领导、教师及学生的随堂点评。"培养性公开教学"不设置随堂点评环节,但教学单位应于课后组织针对该课程的教学研讨与交流。根据学校要求,每个教学单位每学期组织其所承担课程总门次的10%左右的课程进行"公开教学",并尽量安排在学期之初或期中教学检查这两个时间段进行。

(五) 利用暑期学校和暑期班,促进学科交叉和综合、多元培养

山东大学充分利用综合性大学优势和资源,打造"精品化、国际化、创新型、开放式"的暑期学校。学校秉承"邀请海外名师、面向校外开放、紧追学术前沿、强化实践环节、培养创新能力、提高专项技能"的指导思想,2004年以来,通过名师讲坛、开放实验室、技能培训、双学位与辅修班、社会实践、国内外访学交流等多种形式,丰富学习内容,完善监督机制,加强信息平台建设,为学生创造了更多学习知识、互相交流和参与社会实践活动的机会,每年参加的学生超过1万

人，产生了较大的社会影响力，赢得了广泛的赞誉。其中面向驻济（南）高校的双学位暑期班，每年吸引200多名学生学习，2008年第一届校外约70名学生获得山东大学的学士学位。2008年暑期学校在办学规模、办学形式、办学水平等各个方面较之以前都有所突破，共开设教学项目455项，包括韩国、中国台湾、中国香港等国家和地区的近万名海内外学生参与。经问卷调查，同学们对2008暑期学校的认同率达九成之高。

（六）探索考试方法及本科教学评估体系改革

近年来，山东大学大力推进考试方式方法改革，进一步巩固和完善院、校两级考试巡视制度，及时监控和公布考试情况。近60%的课程进行了形式灵活、方法多样的考试改革。

遵照教育部《高等学校本科教学工作水平评估方案》，学校制定了《山东大学院（部）本科教学工作综合评估方案（试行）》（山大教字〔2004〕27号）、《山东大学本科专业建设与评估标准》（山大教字〔2008〕1号）、《山东大学新专业设置管理办法》（山大教字〔2008〕2号）、《山东大学本科新办专业教学评估参考标准（试行）》（山大教字〔2005〕20号）、《山东大学理论课程课堂教学质量评估指标》、《山东大学实验课程课堂教学质量评估指标》、《山东大学教学督导员制度实施办法》等一系列规章制度。

本科教学质量监控主要围绕学校、学院、专业、课堂教学等四个层面进行。2005年10月，山东大学以"优秀"成绩通过了教育部的本科教学工作水平评估。自2004年开始，每年以年度的教学质量奖励体现，将正副教授上课、学生评教、毕业生就业率等教学常态数据，名师、名课、名教材等高等教育质量工程奖项，暑期学校、教育拓展、三种经历等教学改革项目纳入年终奖励范围。2005年组织了校内34个新办专业评估；2006年英语专业以"优秀"成绩通过了教育部的专业评估；2006年、2007年计算机科学与技术专业、机械设计制造及其自动化专业分别通过了教育部的工程教育专业认证（有效期三年）。课堂教学层面的评估采取专家及管理人员、同行教师、学生多个途径进行。专家评估以教学督导员日常抽查听课为主，管理人员评估在教学检查中抽查听课；同行教师评估在期中教学检查时段公开教学听课；学生评估一是学生信息员1—4周教学调查，二是全体学生集中在期末网上评估。

山东大学本科教学改革和教育创新的思路是"以立项促教改，以教改出成果"，基本策略和方针是"集成建设，重点培育，突出质量，凝练特色"。教育部实施"质量工程"以来，山东大学积极参与"质量工程"项目建设，通过学科的交叉融合以及资源的优化整合，对专业建设、课程建设、实践教学、师资培育等各方面建设精心谋划、集成培育、整体推进，将实现名师、名课、名教材等一系列重要教学成果在专业平台上凝练集成，从而逐步形成和凸显在人才培养方面的特色与优势。"齐鲁医学班创新实验区""人文素质培养创新实验区""金融—数学跨学科交叉应用型人才培养实验区"等3个项目顺利入选教育部人才培养模式创新实验区。2006年成为首批国家大学生创新性实验计划十大试点高校之一，2007年9月再次顺利获准为全国第一批60所大学生创新性实验计划项目学校之一。自教育部于2005年启动国家级实验教学示范中心评审工作以来，山东大学已有5个实验教学示范中心进入国家级实验教学示范中心行列，有11个实验教学示范中心成为山东省实验教学示范中心。作为国家级建设项目，"质量工程"建设成效是"十一五"期间本科教学工作的重要标志性成果，也是为本科生培养提供更多优秀资源和条件的重要机遇。

三、山东大学本科教学模式与方法改革经验总结与检讨

山东大学致力于培养中国最优秀的本科生，一直高度重视本科教学工作尤其是本科教学的自评自建工作，成立了以校长为组长的评建工作领导小组和山东大学本科教学指导委员会教学评估专家指导小组，各学院和部门也建立了相应的评建工作机构。整个评建过程中，做到了师生人人参与，强化意识，改进工作，普遍提高，学校教学改革和水平提高收到实效。具体表现在：（1）条件建设进展迅速。学校不断增加本科教学经费投入，设立了用于本科教学改革和教学条件建设的专项基金，加快了对学生宿舍、教室、实验室等基础设施的建设，使学校的教学环境和教学条件得到了明显改善，为本科教学质量的提高奠定了物质基础。（2）制度建设步伐加快。学校陆续制定和修订完善了《山东大学教师本科教学工作规范》《山东大学关于加强教学基层组织建设的意见》《山东大学关于进一步修订教学计划的意见》等制度，以及有关教学评估的

《山东大学院（部）本科教学工作综合评估方案（试行）》《山东大学本科专业评估方案》等一系列教学管理规章制度，并付诸实施。(3)精品建设成效明显。山东大学精品培育和建设力度加大，成效明显。多人被评为各级教学名师和青年教学能手，多门课程被评为各级精品课程和名牌课程。2005年，获得山东省教学成果一等奖10项，二等奖12项，获得国家教学成果二等奖5项。(4)质量监控有所完善。学校在坚持常规教学检查的同时，坚持教学督导员听课和学生信息员反馈信息制度，加强对教学全过程的质量监控，并在多年坚持学生手工涂卡进行课堂教学质量评估的基础上，开发试用了网上课堂教学质量评估系统，实现了本科教学网上评估。(5)文化建设继续深入。山东大学把学校定位与办学思路、办学传统与特色的研究作为文化建设的一个重要组成部分，认真组织专家和教职员工广泛参与，研究探讨，不仅推进了学校深层次的文化建设，而且为进一步巩固教学工作在高等学校的中心地位，不断提高教育教学质量和办学水平奠定了思想基础。(6)学风建设力度加大。学校积极凝练和宣传治学严谨、学风朴实、作风扎实的优良学风校风，举行本科评估与建设报告会，召开学风建设研讨暨工作会，教育鼓励青年学子继承传统，端正学风，严谨求实，发奋学习。

在本科教学工作水平评估时，顾海良教授代表专家组从11个方面总结了山东大学的本科教学工作，在一定程度上体现了山东大学本科教学工作主要成绩及经验：(1)学校把建设国内一流、国际上有较大影响的综合性、开放性、研究型高水平大学作为发展目标，提出了"立足山东、面向全国、面向世界、主动适应经济发展和社会进步需要"的发展思路，坚持以本科教育为基础，积极发展研究生教育，稳步发展继续教育和网络教育，形成了多层次、多样化的人才培养模式。学校的发展目标明确，办学定位准确，办学思路清晰。(2)学校以文化融合、资源整合为先导，提出了"以人为本，以教师和学生为中心，承担社会责任，培育民族中坚"的办学理念，坚持"规模、结构、质量、效益"协调发展的方针，把人才培养特别是本科生培养作为学校第一使命，从人才培养的基本要求出发，创新管理体制，建立健全教育教学机制，大力实施"三大战略"，全面实现"三个提升"，教育创新取得显著成效。(3)学校重视师资队伍建设，按照"总体推进、突出重点、抓住关键"的工作思路，采取有力措施，推进人才战略，倡导青年教师"三种经历"，坚

第三章 我国研究型大学教学模式与方法改革个案研究

持培养和引进相结合，重点培养杰出人才，加强创新团队建设，正在形成一支素质高、结构合理、发展态势良好的学术队伍。（4）学校加大教学经费的投入力度，优化教育资源，使多媒体教室、实验设施、图书资料、体育设施等教学条件有了明显的改善，校园网络先进，教学经费满足了教学发展需要。（5）学校本科教学结构布局合理，形成了一批有特色的优势专业，培养方案符合培养目标的要求，有利于加强学生的科学素养、人文素质和实践能力的培养，学校采取鼓励学生早期参与科学研究，加强创新能力的培养。（6）学校积极进行教学内容和课程改革的创新，编写了一批高水平教材，开发了一批多媒体教学课件，并在部分课程中积极开展双语教学。（7）学校按照致力于培养最优秀本科生的目标，加强制度建设，严格教学管理，实施教学质量监控，完善激励机制，教学科研良性互动，主讲教师素质优良，保证了高水平的教学。（8）教学管理队伍素质良好、结构合理，积极进行教学管理研究，教学管理实行了"统一管理，分类指导；统一机构，校区设办；统一平台，灵活管理"的原则，积极探索在多校区办学条件下特有的高效管理的教学运行体制。（9）注重教风学风建设，营造良好的教学育人环境，教师严谨治学，教书育人，乐于奉献，课堂教学规范，注意教学方法改革，学生基础扎实，学风朴实，积极参加科技创新，自觉遵守校纪校规，考风良好。（10）学生基本功扎实，实践能力突出，在全国各类大赛中取得了优异的成绩，毕业论文和设计与科研和实践联系密切，生源质量优良，毕业生就业措施得力，就业率高。（11）威海分校作为山东大学的一部分，继承了山东大学的优良传统和深厚底蕴，特别是新的山东大学成立以后，分校办学条件进一步改善，办学思路更加明晰，特色明显，分校以本科教学为主，充分依靠山东大学雄厚的办学优势和威海市的区位优势，围绕地方经济社会发展的需求，围绕校地合作发展的新模式，取得了明显的成效。①

虽然山东大学本科教学改革成绩辉煌、经验丰富，但是检讨其教学改革的不足与总结成果、经验同样重要。应该说，山东大学虽有重视本科教学的传统，但这一传统更多地停留在模糊的意识层面，并未形成连

---

① 山东大学新闻中心总编室.我校本科教学工作水平顺利通过教育部专家组评估[EB/OL].[2010-10-27].http://www.view.sdu.edu.cn/news/news/xwzt/2005-11-01/1130833689.html.

贯、系统的教学改革局面，究其原因有：（1）重视程度不够。随着中国高等教育精英化向大众化的过渡，山东大学在招生规模和在校本科生人数上升速度上居全国前列，这种快速扩张有其明显弊端：生师比例偏高，功利的社会风气、浮夸的学风、偏重研究成果的考评体系都牺牲了本科教学的精力投入和质量保障。（2）没有重视关于研究型大学本科教学改革的专业、系统知识学习。在知识经济社会，没有专业知识指导的实践必然是盲目、粗浅、不具前瞻性和不成体系的实践。由于对教师科研成果的过度考核等原因，整个学校的职员及师生缺乏教学理论的研究热情和探索、试验多样化教学模式的动力。（3）在没有系统理论指导的情况下，缺乏调动全校师生智慧研究山大传统优势与特色定位基础上的教学改革连续性和长远规划。（4）没有效果显著的教学改革奖励措施和能使教学与研究均衡发展的考评体系。

第五节 北京航空航天大学的教学模式与方法改革

北京航空航天大学（简称"北航"）是一所具有航空航天特色和工程技术优势的多科性、开放性、研究型大学。作为中国第一所航空航天高等学府，北航一直是国家重点建设的高校。

1952年，新中国创办的第一所航空航天高等学府——北京航空学院在北京元大都蓟门城下柏彦庄正式诞生。建校之初，国家调集了全国几乎所有的航空航天界精英，包括清华大学、北洋大学等八所高校的航空系专家、教授组成了北航的创业队伍。在半个多世纪的办学历程中，北航始终受到了党和政府的高度重视与亲切关怀，历届党和国家领导人对北航的发展和建设都给予了巨大的支持和热情的指导。在各个历史时期，北航都是国家重点建设的大学。20世纪50年代，北航被国家确定为全国15所重点大学之一；80年代中期，被列入国家"七五"重点建设的15所高校行列；90年代，被确定为国家"八五"重点建设的14所高校之一，并成为国家批准立项进入"211工程"建设的前15所大学之一。世纪之交，被教育部纳入"面向21世纪教育振兴行动计划"。目前，北航已发展成为一所具有航空航天特色和工程技术优势的多科性、开放式、研究型大学，肩负着高层次人才培养和基础性、前瞻性科学研究，以及战略高技术研究的历史使命。学校现隶属于工业和信息化部，是国家"211工程""985工程"建设的重点高校和教育部、北京市与中国工程院共建学校。2013年入选首批"2011计划"国家协同创新中心。

北航现有30个学院,涵盖工、理、管、文、法、经、哲、教育、医和艺术10个学科门类。有8个一级学科国家重点学科(并列全国高校第7名),28个二级学科国家重点学科,9个北京市重点学科,28个国防特色重点学科,排名全国前十名的学科共13个。学校有61个本科专业,21个博士学位授权一级学科点,38个硕士学位授权一级学科点,20个博士后科研流动站。学校突出学科龙头地位,构建"优势工科、扎实理科、精品文科"的学科发展生态,基本形成"空天信融合互动、理工文综合交叉"的学科协调发展体系。在航空、航天、动力、信息、材料、仪器、制造、管理等学科领域具有明显的比较优势,形成了航空航天与信息技术两大优势学科群,国防科技主干学科达到国内一流水平,工程学、材料科学、物理学、计算机科学、化学五个学科领域的基本科学指标数据库(ESI)排名进入全球前1‰,工程学进入全球前1‰,具备了建设世界一流学科的基础。

一、北京航空航天大学本科教学指导思想

北航秉承自身的航空航天背景,立足国情,积极探索,以饱满的开拓精神投入新中国高等教育的办学实践,积淀了优良的办学传统,形成了独特的办学理念和鲜明的办学特色。

(一)人才培养目标定位

北航本科教育人才培养的总目标是:培养面向未来发展、富有创新潜质、具备团队精神、善于学习实践的高层次高素质人才,其核心就是要培养在国民经济和国防建设等领域具有领军和领导潜质的高级人才。

(二)本科创新人才培养体系与模式

北航本科创新人才培养体系与模式的建设思路是:坚持"一个目标、二个基地、三个体系、四个基点、五个融合"。

一个目标:培养具有领军和领导潜质的高级人才。

二个基地:培养拔尖人才的本科教改实验基地"高等工程学院"和面向国际水准的高级工程技术人才培养实验基地"中法工程师学院"。

三个体系:建设以校、院、系三级核心课程为主体的课程体系,以

实验教学示范中心为代表的实验与实践教学体系，以大学生科研训练计划为标志的科研实践训练体系。

四个基点：全面认识和正确处理"基础""实践""素质""创新"之间的辩证关系，整体提升本科教学质量。

五个融合：聚集学校的各种优势资源，实现科研团队和教学团队的融合；科研资源与本科人才培养的融合；实践与创新基地与本科人才培养的融合；本科教育与研究生教育的融合；教学改革和本科人才培养的融合。

北航积极探索和构建适应社会发展和国防建设需求的人才培养新模式，明确提出了"强化基础、突出实践、重在素质、面向创新"的本科人才培养方针，着力培养在国民经济和国防建设等领域具有领军和领导潜质的高级人才。为探索和构建研究型大学本科人才培养体系和模式，学校实施了以校、院（系）三级核心课程为主体的课程体系、以实验教学示范中心为代表的实验与实践教学体系、以大学生科研训练为标志的科研实践训练体系等三位一体的本科人才培养模式，成立了高等工程学院和中法工程师学院，旨在汇聚全校资源转化为本科人才培养的优质资源。校、院（系）三级核心课程体系构成北航人才培养过程中最关键的基础环节，每门核心课都由学术带头人与学术骨干、课程责任教授和青年教师三结合组建课程团队，建立教授参与教学和发挥学术骨干作用的机制。

二、北京航空航天大学教学模式与方法的历史沿革

为适应航空工业建设和国家科学规划的需要，结合学校自身的发展，北航始终如一的办学宗旨就是要把自身建成中国航空航天事业的最高学府。

（一）新中国成立后学习苏联经验，开展教育教学模式改革

新中国成立，开创了中国历史发展的新纪元，也为中国航空工业的创立、发展以及航空高等教育的新生开辟了广阔的前景。新中国建立之初，国家把建立新兴的航空工业作为发展经济和巩固国防的一个重要支柱，给予高度重视和大力支持。1952年10月25日，在清华大学航空工程学院和四川大学、北京工业学院（现北京理工大学）航空系合并的基

础上,成立了新中国第一所航空航天大学——北京航天学院。

建校初期,百事待兴。为加速发展,北航采取了"教学改革与基础建设齐头并进"的工作方针,遵照中央"一边倒"与"先搬过来后消化"的向苏联学习的方针,对教学模式进行了改革,建立了成套的教学管理组织和制度,设立了飞机、发动机两个系,各设置设计、工艺两个专业,成立了12个教研室、5个专业实验室,开始了对本科生和研究生的教学,使教学工作很快走上了正轨。

1956—1957年,根据我国十二年科学规划的要求,北航在国内率先设立导弹类、管理类以及理科与工科相结合的空气动力学等专业,增设了导弹设计、液体火箭发动机、空气动力学、无线电设备、航空工程经济、仪表工艺等专业,成立了当时国内航空高等院校唯一的航空工程经济系。这样就开始有了不同于苏联模式而根据我国航空工业需要自行设置的新专业,并成立了空气动力学、飞机结构力学及喷气发动机原理3个研究室。同时,为了贯彻中央提出的提高教学质量、贯彻全面发展的教学方针,这一时期党委明确提出"为提高航空工程师的培养质量而奋斗"的目标和任务。北航结合我国和北航的实际修订了教学计划,开展教学工作。

1961年以后,北航认真贯彻了"调整、巩固、充实、提高"方针和"高教60条",压缩规模,修订教学计划,减少学时,贯彻"少而精"的教学原则,整顿了教学秩序。

1966年"文化大革命"开始,正常教学工作中断。

(二)改革开放以来北航教学模式与方法的变革

1978年12月,党的十一届三中全会作出把工作重点转移到社会主义现代化建设上来的战略决策,北航的教学、科研等各方面工作进入了蓬勃发展新时期。

1979年北航设立了院学术委员会,围绕认真整顿教学秩序、提高教学质量的总要求,修订了教学计划,成立了第一、第二基础课部,开始试行学分制教学,对外语、高等数学课采取分班教学,提出外语教学4年不断线,积极酝酿启发式教学、加强学生能力培养的教改试点。

1980年9月,北航对飞行器设计与应用力学系的104名新生,进行启发式教学、加强学生能力培养的教改试点。在整个试点过程中,都贯穿着教师讲授为主与学生自学相结合的原则,大力精简讲授的教材,压缩讲课时数，安排自学时间，充分调动教与学两方面的积极性。同年学校形成拓宽专业、按学科划分专业类的设想，把几个相近的专业合并为一个专业类，按专业类招生和培养，按专业分配，在同一专业类中，不同的专业约有200学时的不同的选修课。

1984年，北航被列为全国"七五"期间重点建设的15所高等院校之一。这一年学校提出了加速北航教改的方案。方案指出一切教学改革都不能离开办学指导思想，即"一个根本任务"（培养人），"两个中心"（教育中心和科研中心），"三个面向"（面向现代化、面向世界、面向未来）。教改的具体实施贯彻"五改一展宽"的要求。"五改"为：把灌输知识型的教学改为培养能力型的教学；把"抱着走"的教学改为学生独立自主的教学；把以教师为中心的教学改为以学生为主体、教师为主导的教学；把分割式的教学（即德、智、体相互分割，专业课和基础课分割，各学科之间、各教学环节之间、教师之间等相互分割）改为融合一体的教学；把单一的课堂教学改为多种环节相互结合的教学。"一展宽"就是把窄而尖的专业扩展为宽而厚的专业。同时提出在全校推广教学改革试点经验，在教学内容掌握上要求通过"讲一、练二、考三"（即讲一部分、练一部分、考全部分的方法）；要提高平时成绩在学期总成绩中的比重。

1985年，北航全面开展教学改革。在多年教学改革实践的基础上，制定并推行以弹性教学计划为基础的全面加权学分制，把德育、智育、体育全面纳入教学计划；把教学内容分成必修、限修、任选三类；把完成德、育、体教学活动的"量"与"质"均折算成学分来表示，以保证德、智、体三育的统一和基本规格与因材施教的统一。新的教学计划和管理办法重视学生的个性发展，发挥学生在学习过程中的主体作用和能动性，把严格要求和放活管理统一起来。

20世纪90年代，北航进入新的发展时期。经过办学思想的大讨论，学校确定"把北航建设成为国内一流、世界知名、具有中国特色的社会主义科技大学"的发展目标，并制定了《北京航空航天大学综合改革纲要》，提出"三部一市两面向"的办学思路和"培养具有创造品格，以研究、开发、设计为主的多层次、多规格的专门人才"的培养目标。

世纪之交，根据国家经济和国防建设的变化与需求，围绕学校的办学宗旨，在继承学校优良办学传统的基础上，学校确定了新时期的办学理念、校训、校风和北航精神。在十四届党代会上，学校提出了奋斗目标、"三步走"和实现"两个转变"的发展战略以及实现"两个重点突破""两个显著改善""两个基本达标"的具体任务。新的办学思想秉承了学校笃志强国、勇于创新、不断进取的办学传统，形成了独特的办学风格。实现"两个转变"，即在拓展办学规模的基础上向全面提高办学质量转变，在有效培养常规型科技人才的基础上向培养创新型专业人才转变。坚持"两个为本"，即"以学生为本"和"以教师为本"。培养"两种人才"，即培养国民经济和国防建设等各个领域具有领军和领导潜质的高级人才，为实现国内一流、国际知名的高水平研究型大学的发展目标而奋斗。

（三）进入21世纪以来，积极探索培养模式，全力培养两种人才

进入21世纪以来，信息技术革命不仅深刻地影响着人们的工作和生活，而且使学习、思考和决策方式也有了巨大的改变。它为人们提供了新的研究思想、手段和方法，赋予实践动手能力以新的内涵，对分析问题、解决问题的能力提出更高的数、理、网络、软件分析要求。同时信息化带动了传统制造业、经济、交通和管理等领域的巨大飞跃。

上述变革加上建设创新型国家和国际经济一体化的大背景，要求人才的知识结构和能力结构必须随之调整，培养的模式、方法也必然有相应变化。这些调整和变化应使所培养的人才具有更加扎实的基础、更全面和更高层次的实践能力和动手能力、更好的整体素质、强烈的创新意识和创新精神。

北航认真分析了人才培养模式的新要求，及时提出了"两个转变""两个为本""两种人才"等教育理念和教改方向，确定了研究型大学本科创新人才培养体系与模式的建设思想，概括为"一个目标、二个基地、三个体系、四个基点、五个融合"。

三、北京航空航天大学教学模式与方法改革的主要措施

（一）全面实施十六字本科人才培养方针

2003年，经过反复讨论，北航总结出创新人才培养的四个关键要素，即"基础""实践""素质""创新"。四个要素中，基础为本、实践为用、素质为体、创新为魂。结合北航几十年来人才培养的经验和新时

期创新人才培养的需求和特点,学校提出了"强化基础,突出实践,重在素质,面向创新"的十六字本科人才培养方针。这一方针总结和凝练了北航多年的办学传统,体现了北航"尚德务实,求真拓新"的办学理念和北航精神。

"强化基础"就是要为学生的长远发展提供终身受益的基础教育和专业教育,特别是数学、物理、外语等可以使学生获得再学习能力,培养高水平思维能力、逻辑推理能力、发散思维能力的基础课程。只有这样,才能保证学生在思维最活跃、精力最旺盛、条件最优越、时间最充裕的年龄段,学习人类知识海洋中最宝贵的精华,以保证在今后的工作中具有求真和学术批判的能力、分析和解决关键问题的自信和能力。

"突出实践"就是秉承北航工程技术特色突出的传统,具有理论联系实际,一切从实际出发,注重实践,重视具体问题的务实精神,在实验与实践教学中逐步形成较强的实验动手能力,实验设计能力和实践活动能力,同时形成团队合作、精益求精、严谨求实的精神和实践创新意识。

"重在素质"就是要弘扬"勇于创新、敢为人先;艰苦奋斗、百折不挠;笃行诚信、严谨求实;团结奉献、爱国荣校"的北航精神,通过系列的课程群,培养学生具有笃志强国、热爱事业的思想境界,诚信、高尚、正直、自强的道德操守,坚定执着、百折不挠的毅力,优良的学术与人际交流能力和良好的人文素质。

"面向创新"就是要在上述基础上,通过学生创新实践体系建设,全面提升学生分析问题和解决问题的能力,使学生形成创新人才的基本素质和品格,具有创新意识、创新思维、创新精神。对学有余力的学生,还要培养他们具有初步的创新能力,促其成为国民经济和国防现代化建设的领军人才,成为国际经济一体化各个领域的领导人才。[1]

教改问题既是理论问题,更是实践问题。北航的本科人才培养以十六字方针为纲领,开展了较为全面系统的教育教学改革,在工程实践、创新教育等领域进行了大量探索与尝试,并采取了一系列落实措施,包括建设以6门校级基础课程为重点的核心课程体系,以实验教学示范中心为代表的实验教学体系和以大学生科研训练计划为核心的学生创新训

---

[1] 北京航空航天大学招生办公室.实施新版培养计划 全力培养两种人才[EB/OL].[2010-09-20].http://zsjyc.buaa.edu.cn/zsweb/rcpy/index.aspx.

练体系等三位一体的本科教学培养体系的三项本科教学建设工程。

（二）人才培养方案与教学模式和方法改革

1. 本科人才培养方案改革

本科培养方案是学校实现人才培养目标的总体设计和实施方案，是学校组织和管理教学过程的主要依据。

（1）2000年人才培养方案改革

根据教育部1998年颁布的本科专业目录，北航在2000年全面重新制定了全校《本科培养计划》，其指导思想是"加强基础，拓宽专业，精减内容，优化课程，构建多样化人才培养新体系，全面推进素质教育，培养创新人才"，建立了以四级平台课程为主体、设立多样化专业方向的课程体系。改革后全校各专业课内总学时由原来约3200学时减少为2400—2500学时，压缩幅度达到近20%，其中数学、物理、外语类基础课程学时基本保持不变；实践环节由原来的平均40周提高到47周。为了指导学生学习，学校还订了北航大学生课外自主学习指导计划。

（2）2003年人才培养方案改革

2003年，在以往人才培养改革基础上，根据教育形势的发展和北航扩招后出现的具体情况，北航围绕本科人才培养方针，经过多年建设，依据"分权管理、重心下移""尊重院（系）办学自主权，学校以服务和质量监控为主"等改革思路，组织了新一轮培养计划修订工作。

在本科教学工作会上，经过反复讨论，学校总结出了创新人才培养的四个关键要素，即："基础""实践""素质""创新"，并结合学校几十年来人才培养的经验和新时期创新人才培养的需求与特点，提出了"强化基础，突出实践，重在素质，面向创新"的本科人才培养方针，同时开展了较为全面系统的教育教学改革，启动了核心课程体系、实验教学体系和学生创新训练体系三位一体的本科教学建设工程。

本科培养方案围绕学校定位和本科人才培养理念，突出了基础性和知识、能力、素质协调发展；课程设置的科学性和整体优化；理论与实践教学并重，创新潜质培养；因材施教，统一性与多样性相结合；课内教学与课外教学相结合；教育理念不断更新和教学改革推动等内涵，强调了核心课程体系的地位，实行了培养方案动态调整管理。

调整后的本科培养计划的主要特点是：落实新一轮培养计划的改革思路，制定出《本科生指导性培养计划的原则规定》，确定一个具有基本要求和软边界的培养计划框架。各院（系）则根据专业的不同特点，制订具体的培养计划，并对课程和学时的设置具有一定的自主权。教务处的职能逐步从以往的"全权包揽"负责制向服务、督导和协调转化。

各专业新一轮培养计划有以下两个突出变化：第一个突出变化是建立基准计划与拓展计划相结合的培养计划。培养计划分为基准部分和拓展部分两个层次。基准计划部分以"通识教育基础上的宽口径专业教育"为宗旨，是学生取得学位的必要条件，包括六个模块：自然科学类课程、人文社会科学类课程、学科基础与专业基础类课程、专业选修类课程、科学实践与社会实践课程和全校公共选修类课程。除此之外，还设立了鼓励创新特长发展的课外"奖励学分"。基准计划毕业学分的指导性规定，详见表3-1。拓展计划主要对学有余力、致力于从事科学研究或延伸发展的学生，根据他们自身的志向和兴趣，发挥自身的特长，修读相关部分的理论课程、科学研究计划、技能训练课程等。这个计划为培养学生的个性发展创造了一个平台。北航电子信息工程学院要求在校攻读高一级学位时必须选修一定数量的拓展部分课程，在学生的综合量化评价体系中体现；能源与动力工程学院拓展计划是按照培养"研究型"人才的思路设计的可选择性"套餐"，为准备读研或本硕连读的学生规定了选修4—14个学分的拓展要求；计算机学院在拓展计划中主要设置了数学基础的提高课程和实验部分的提高课程，并加入了计算机学院本科生创新计划，鼓励高年级学生参与科研项目。

表3-1 基准计划毕业学分的指导性规定

课内总学分	自然科学类课程	人文社会科学类课程	学科基础与专业基础类课程	专业选修类课程	科学实践与社会实践	全校公共选修类课程	奖励学分
180—190	约35（文管类）	34+(13)	约70		30—40+(9)	10+(5)	(5)
			约140+(13)				

资料来源：北京航空航天大学教务处网站（http://jiaowu.buaa.edu.cn/）

各专业新一轮培养计划第二个突出变化是强调以核心课程体系为主线。为了从根本上落实"强化基础、突出实践、重在素质、面向创新"

的本科教育理念，学校提出了"以核心课程体系为主线，构建各专业的本科人才培养计划"的总体设计方案。各院（系）在新的本科培养计划中突出了"核心课程体系"的地位。全校各专业以"数学分析（高等数学）、高等代数、基础物理学（大学物理）、大学语文、大学英语、工程训练"等课程为核心基础课程，不同类别的专业在教学内容的选取上可以有所不同。例如，以（工科）数学分析取代高等数学、以高等代数取代线性代数、以基础物理取代大学物理，等等；3门课程较调整前增加218学时，提高9学分。在此基础上，各专业分别确定了另外9门左右学科基础、专业基础和专业特色课程共同构成本专业的核心课程体系（共约15门）。为了顺应社会和科技的快速发展，及时引入新的学科知识和研究成果，新一轮培养计划还提出了"动态调整"的概念，允许根据人才培养需求的变化、学科发展和知识结构的优化，对培养计划的细节进行动态调整。

（3）2010年人才培养计划改革

2010年，围绕"建设空天信融合特色的世界一流大学"的远景发展目标，全面落实本科人才培养方针，建立一流的本科教育教学体系，培养和造就高素质创新人才，北航再次开展了本科人才培养计划修订工作，并提出了以下修订原则意见。

①教学计划的修订要继续贯彻"强化基础、突出实践、重在素质、面向创新"的本科人才培养方针，以课程体系、教学内容的改革为切入点，借鉴世界一流大学的经验，构建本科课程体系，为学生搭建合理的知识结构；以能力培养为重点，着力培养学生的创新能力、实践能力、就业能力和创业能力；融合科技教育和人文教育，注重知识、能力、素质的协调发展，注重学生思维品质和科学素养的综合提高。

②围绕"质量工程"，深化落实本科教学的三个教学体系，充分体现近年来北航各项教学建设和改革的成果，结合多校区办学的需求和特点，合理设计各专业以三级核心课程为主体的课程体系、课内为主的实验与实践教学体系以及课外为主的科技创新训练体系。

③根据北航不同类型本科专业人才培养目标和定位的差异，各学院按照理科、工科1、工科2、工科3、文科、管理、艺术等各类专业的不同要求，分类制订指导性培养计划，构建多样化的培养体系。

④建立有利于个性发展的多维学习环境，通过课内、课外的学习、

实践、竞赛、设计和科研体验等，突出实践能力和创新能力培养，优化实践教学环节，满足学生自主学习、创新学习的需求。面向竞赛的培训课程可以纳入公共选修课体系。

⑤各专业应鼓励建设一批高水平双语课程，应特别注重构建与国际接轨的课程标准和课程体系，鼓励与国外一流大学的联合共建并推进课程的互认，国际互认课程应首选学科专业核心课程。

⑥推进教学方法改革，提倡小班化研究性、研讨式、案例式教学，强调知识、能力、素质训练的深化，强化自主性、研究性学习，提高学生自主学习能力。有条件的专业鼓励开设Seminar（研讨）课程。

⑦注重教学改革的渐进性和课程衔接的合理性，特别是核心课程及其与先行课、后续课之间的关系。

⑧改革课程考核方式，应尽量避免用一次考核决定全部成绩的做法，鼓励通过阶段性总结、问题研究与综述、课程论文、小测验、研讨课（Seminar）表现以及作业完成情况等多种方式分阶段评价学生学习，结合期末笔试或考核给出课程的综合成绩。

2. 教学方法与手段改革

北航积极开展教学方法和教学手段的改革，鼓励和引导教师改革传统的教学方法，推进教学方法与手段的不断创新。教学方法改革坚持以学生为主体、教师为主导，提倡讨论式、启发式、探索式的教学方法，引导学生主动参与教学，发挥学生学习的主动性和积极性。

（1）将现代教育理念引入课堂，积极倡导研究性教学

现代教育理念认为，学生和教师一样，都是知识的探索者，是积极通过探索进行学习的参与者。多年来，北航就教育教学思想展开了几轮大讨论，并借助于学校教改立项的支持，启动了研究性教学的研究和学习，在全校师生范围内积极倡导以研究为本的教与学，提倡每门课都有学生去探索的问题和领域，每个教学环节都有学生研究和探索的机会。

（2）构建创新实践体系，培养创新和实践能力

2002年，北航在部分院（系）设立了"零起点培养计划"。这是一项针对在校学生、特别是低年级学生的自主学习研究和科研训练计划，由学生（小组或个人）在一定调研和学习的基础上自己设计研究题目和内容，经与指导教师共同商讨后由所在学院分阶段提供一定经费支持，对进展情况及过程中遇到的问题可以随时和导师进行讨论、共同分析，

第三章　我国研究型大学教学模式与方法改革个案研究

及时调整研究计划。经过三轮"零起点培养计划"在能源与动力工程学院三个年级的实践试点，2005年末，北航根据本校建立高水平研究型大学的本科人才培养体系的要求，以培养学生创新意识和创新能力为主要目的，由教务处组织在全校范围内开展了覆盖面更为广泛的大学生科研训练计划（简称SRTP）。SRTP经费的主要来源为学校专项基金，主要面向二、三年级的本科生，实行校、院（系）两级管理。在学校、院（系）的科学管理下，通过导师的精心指导，SRTP取得了预期的成果。学生通过科研训练，可以自主进行课题研究和探索，了解和掌握基本的科学研究方法和手段，提早进入专业科研领域，接触和了解相关学科的前沿，明晰学科的发展方向，培养学生对科学研究的好奇心、想象力和批判思维，达到培养学生严谨的科学态度、创新意识和团队合作精神的目的，提高大学生的科研创新能力和综合实践能力。

（3）采用现代教学手段，提高课题教学水平

多媒体辅助教学改变了在固定的时间和地点以班级为单位集体授课的传统教学模式，促进了教师对教学方法和教学手段的改革与创新。经过改革，北航全校采用多媒体手段授课约占77%。对多媒体教学手段的使用和环境建设，北航重点从以下两个方面进行：（1）合理使用、有机结合传统教学手段和多媒体教学手段。（2）鼓励教师精心研制和开发高水平的电子教案和教材。

3. 双语教学

为了积极营造学生学习英语和应用的课堂教学环境，北航2000版本科培养计划提出了各专业从三年级开始每学期至少安排一门课程采用外文教材、外语上课或阅读外文参考书，在第八学期毕业设计（论文）中外文文献阅读、翻译、综述实施单独考核。为了积极推动使用双语教学，提高教师双语教学的能力，2002年，北航人事处启动了骨干教师出国培训课堂双语教学能力的计划，每年和教务处共同组织推荐4人。同时，在一些基础比较好的课程教学组率先实行采用原版教材或全程英语教学。一些教师主动用外语编写专业课教材，2005年外语教材占选用教材总数的5.4%。

（三）构建科学合理的实践教学体系

北航始终把实践教学作为培养学生创新精神与实践能力的主要手段，逐步形成了以实验（课程实验和独立设课实验）、工程训练、实习

（生产实习与社会实践）、课程设计、毕业设计、各种自主性的科技活动以及学科竞赛为主体的实践教学体系。在人才培养方案中，规定工科类学生除参与实验、自主性科技活动及学科竞赛外，还需参加43周学时的实践活动，包括社会实践、工程训练、生产实习、课程设计以及毕业设计；规定文管类学生除参与实验、自主性科技活动及学科竞赛外还需参加39周学时的实践活动（见表3-2）。这些量大面广的实践教学内容，不仅提高了学生的综合素质，而且提升了学生科研创新的潜质。

表3-2 人才培养方案中关于实践教学部分的安排

实践教学环节	周数	学分	具体安排
社会实践	（2）周	2	安排在一年级假期，学生自主安排，进行社会调查，写出调查报告
	（4）周	4	安排在二年级假期，学生自主安排，以体验社会为主，学生自找单位定岗工作
工程训练（含：金工、电装等校内认识实习、制造实践、创新实践）	文管类4周	4	安排在一、二、三年级六个标准学期中分散进行，加二年级小学期2周。按每周1-2单元的形式安排，课内安排与课外自行安排相结合
	工科类6周	6	
校外生产实习	2+（3）周	5	安排在三年级暑假，利用三年级的小学期和2—3周暑假进行安排［根据需要，也可以是3+（2）周］
课程设计	文管类6周	6	随课安排在适当学期，按单元（1—2单元/周）分散安排
	工科类8周	8	
毕业设计	18周	18	安排在四年级下学期集中进行，按课内安排，1—18周毕业设计，第19周毕业答辩

资料来源：北京航空航天大学教务处网站（http://jiaowu.buaa.edu.cn/）

1. 开展实验教学内容和模式的改革

从培养学生创新精神和实践能力入手，北航本着因材施教的原则，积极开展实验教学内容和教学模式改革，更新实验教学内容，适当减少验证性、演示性实验，合理增加综合性、设计性实验内容，同时进行创新性实验的开发,加强学生实践动手及创新能力的培养。全校每学年总实验项目数从2003学年的574个增加到2005学年的865个,增加了291个,其中综合性、设计性及创新性实验项目增加了247个,占总增加数的85%左右。

通过世界银行贷款项目,北航重点建设了学校的公共基础实验中心,在这些实验中心进行了实验教学模式的改革。以工程训练中心为例,北航形成了"工程认识、基础训练、综合创新训练"三阶段三层次的教学体系,在保证工程认识、基础训练的基础上,积极加强学生综合创新能力的训练,取得了很好的效果。北航通过"综合创新训练"课程及开放训练平台获得全国大学生机械设计创新大赛、全国大学生电子设计大赛、北京市大学生机械设计创新大赛、北京市电子设计大赛、中南地区港澳特区首届大学生创新设计与制造大赛、"新三思"杯全国大学生创新设计大赛、"冯如杯"等科技竞赛各类奖项近百项。在工程训练中心教师的指导下,学生获发明专利1项、实用新型专利3项。中央电视台10频道曾在"异想天开"栏目对北航工程训练中心的"综合创新训练"教学情况做过专题报道,教育部也曾专门组团前去参观。

在"教育振兴行动计划(一期)"教学实验条件建设中,北航开始构建"本研一体化"的实验教学模式,整合优势资源,开展实验教学改革,取得了显著的成果。以获得国家级教学成果二等奖"材料科学与工程专业综合实验教学改革与实践"为例,该项目以综合性、创新型、能力型、高素质材料科学与工程人才培养为目标,突出实验过程的自主性、综合性、研究性和创新性,设计了五大专业综合实验及五大专业特色实验,建成了"大专业、综合型、能力型"的实验教学基地,取得了很好的教学效果。

从2005年度开始,北航通过实验教学示范中心的建设,进一步整合了全校的实验教学资源,以示范中心评审标准为建设杠杆,加强实验教学的改革。北航计算机实验教学中心已经建立了"计算机体系结构、计算机网络、计算机软件体系结构、计算机应用技术"四个学科方向的完整实验体系,构建了由原理验证型、综合型、自主设计型、研究创新型等类型实验组成的层次化实验系统,并且培养了一大批优秀的本科人才,如高等工程学院章云樵同学获得微软亚洲程序设计大赛金奖,并作为唯一的本科生和其他四名中国学生应邀到比尔·盖茨家中做客。该中心获得2006年度北京市实验教学示范中心称号,并已通过国家级实验教学示范中心专家评审。

2. 积极引导学生开展科研和创新实践活动

为了给学生提供不同形式的科研训练机会,北航将学生科研训练及科技活动纳入课堂教学的人才培养方案中。

2006年度,大学生科研训练计划(简称SRTP),共资助本科生109项,单个项目平均资助约为5000元。由SRTP项目参与支持的中国首枚完全由本科大学生独立设计完成具有数据采集系统回收功能的现代探空火箭"北航一号"发射成功。仪器科学与光电学院的"鼻子鼠标人机交互系统"成果显著,受邀参加国际大赛。

北航投入大量资金,积极开展以"冯如杯"为代表的学生科技和学科竞赛活动,成果显著。如"鱼类运动仿生研究及柔性潜艇模型""管道机器人""纳米二氧化钛空气净化器""超视距雷达的仿真及组网性能评估""多自由度模块化蛇形机器人"及应用于国防科工委亚太多边空间合作组织等多个部门的"Web Meeting网络协作系统"、多种新型飞行器等一大批优秀作品,经过时间和技术的检验,或已经申请专利,直接转化为生产力;或间接应用于生产建设,取得了可观的经济效益和社会效益。

北航鼓励教师将自己的科研成果引入课堂,吸引学生参加科研活动。以毕业设计为例,近年来,在理工类专业,半数以上的学生毕业设计(论文)直接来源于各级各类工程或导师的科研项目。在部分院(系)的生产实习过程中,学生可以参与导师的科研项目。

为了实现高水平教学科研资源的共享,北航规定重点实验室、科研实验室对本科生开放,这为学生提早进入科研活动创造了条件。

(四)成立高等工程学院和中法工程师学院,打造两种人才培养模式和体系的实验基地

北航借鉴国际一流大学培养高层次人才的成功经验,建立了高等工程学院和中法工程师学院,进行了培养精英人才和本科教学改革的一系列探索。

1. 高等工程学院

为了探索领军人才的培养模式,北航于2002年9月成立了高等工程

学院。作为北航的高素质人才培养基地和教学改革试验基地，高等工程学院致力于进一步提高学校教学质量，为国家培养优秀建设者、领军和领导人才，其特点可以概括为："精"，教师精干、学生精选、课程精深；"强"，强势培养方案、强调个性发展、强化导师指导；"高"，目标高远、思想高尚、品行高雅。

高等工程学院学生通过笔试、面试和心理测试从新生中遴选。学院根据每个学生的兴趣，制订了挖掘和发挥其潜能的个性化的培养计划。为使这些学生有宽厚扎实的理论和工程技术功底，该学院的基础课程全部参考北大、清华数学、物理类核心课程的规格精选，课程设置坚持少而精的原则，讲课教师大多数是北大、清华的优秀主讲教师。在高年级阶段，学生必须选修北航相关院（系）的专业核心课程，其他课程的选修，由导师和学院共同商定。学院从一年级开始实行导师制，做到每位学生有一个导师，导师由两院院士、长江学者和资深博导担任，并要求学生进入导师的课题组，利用相关科研实验室直接参与科研和学术活动。

高等工程学院的成立起着探索、试验和示范培养高层次创新人才的作用。例如：通过总结高等工程学院成功的办学模式、基本经验和学校多年办学的得失，学校凝练出本科人才培养的十六字方针，并辐射到全校，在培养拔尖人才的同时，对学校的本科教学改革起到了先导和辐射的作用。

2. 中法工程师学院

为了借鉴世界一流工程技术创新人才的培养经验，促进和提高北航工程与国防创新人才培养质量，加强与国外一流大学联合培养优秀人才，从2003年开始，北航与法国中央理工大学集团在中法两国政府的支持下，共同商讨建立"北航中法工程师学院"。为此，法国政府投入上亿元经费，用于引入法国工程教育的资源和先进教学理念，培养高水平、国际化的工程师。该学院是中法两国政府在全面战略伙伴关系框架下支持创办的第一所工程师学院。

北航中法工程师学院根据中国学生的特点，融合法国中央理工大学的工程师培养模式，提出了"3+3"培养模式：通过前三年预科，强化基础，成绩合格并通过综合考试后，学生转入后三年的宽口径专业学习，由法国大学教授、企业工程师、科研单位研究员以及北航教师为学生授课。学生将熟练掌握法语、英语两门外语,在校的第一年接受法语强化教育和核心基础课程学习,第二、三年学习核心基础课程,其中物理、数学和法语由法方派教师讲授;其后为工程专业教育阶段,学生可在机械与航空工程、材料生物与纳米科学、信息通信与自动化工程等五大类专业方向选择专业系列课程。学生在三年级以后,将分批进入法国(包括在华和亚洲)企业和科研机构实习,毕业后取得北航应用数学或物理学专业学士学位、北航工学硕士学位和法国国家工程师文凭。

(五)整合学校各方面优势,汇聚成本科人才培养的整体优势

学校充分发挥研究型大学的优势,依托学科雄厚的师资力量、先进的各类实验条件和持续不断的科研成果,积极推进专业建设和课程建设,重视学科建设与本科专业教学的相互结合、相互促进,正确处理各种关系,实现五个融合:教学团队和科研团队的融合、科研资源与本科人才培养的融合、实践与创新基地与本科人才培养的融合、本科教育与研究生教育的融合、教学改革和本科人才培养的融合。

四、北京航空航天大学教学模式与方法改革的经验与特色

(一)笃志强国、敢为人先的航空航天特色

北航的航空航天特色是航空航天领域"高精尖新特"需求和学校办学文化长期交融凝练的结晶。这个特色既反映了学科结构和专业设置的外在特点,更升华为一种精神,渗透于学校的人才培养和文化教育。它以笃志强国、矢志不渝为脊梁,支撑起为国为民的志向;以勇于创新、敢为人先为精髓,彰显着北航人的拼搏精神;以"北航精神"为载体,成为学校的办学传统,也是校园文化的主流和精华。

(二)工程技术优势带动学科建设、促进培养模式创新

教学与科研相互促进、学术研究与教学水平和谐发展是学校的重要强校战略。作为工程技术优势突出的研究型大学,北航始终坚持以新型和大型项目带动学科建设和科研基地建设,促进专业建设和教学实验室发展;坚持利用工程技术优势保证人才培养模式与时俱进,形成与军事变革、国民经济和国际环境的发展趋势紧密结合,利于培养高素质、复合型、创新型高级专门人才的教育模式。本科生直接参与工程或科研项目,特别是大型工程或科研项目,是北航人才培养的重要经验和传统之

一。就此而言,学校的工程技术优势也是人才培养的资源优势。

(三)人才培养模式始终与时俱进

60多年来,北航人才培养模式的定位与目标始终和时代的军事变革、国民经济和国际环境的发展趋势紧密结合,协调发展、与时俱进。人才培养的新要求和新的知识、能力结构带动了北航本科人才培养模式的新进展,集中体现于围绕"强化基础、突出实践、重在素质、面向创新"方针等一系列重要举措。通过这些举措,北航逐步建立了比较完善的培养高素质、复合型、创新型高级专门人才的教育模式:把第一次工业革命以来成熟的科学理论成果、思想和方法,凝结成核心基础课体系,同时加强人文素质和外语能力的培养;整合和优化专业核心课程体系,突出学科交叉与融合;强化与现代工程实践的联系;以本科生科研创新体系建设全面提升本科生素质教育质量,使学生具备工程实践的能力和自主创新的潜力。

(四)本科生参与项目研究是人才培养的重要经验和传统

建校伊始,北航开展科研的主要目的之一就是提高师资水平,加强人才培养。到1958年,在师生共同研制"北京1号"轻型旅客机、"北京2号"探空火箭的过程中,不仅教师得到极大锻炼,也开创了本科生参与大型项目直接接受工程实践训练的先河。通过这些项目,学生亲自参与制图、加工、装配、调试等环节,学到了工程项目的思想、方法和管理,接触了多学科、多专业的交叉融合,形成了团队精神,增强了敢为人先的勇气和自信。事实表明,这一做法对于学生的培养有很重要的作用,也逐步形成了北航理论联系实际、重视实验实践教学的传统。

(五)积极开展教学改革,加强教学内容与课程体系的改革,全面推动课程建设工作

教学改革是课程建设的龙头,是推动课程建设的重要措施。北航非常重视教学内容和课程体系改革,积极促进系列课程的改革,提出课程的教学内容要先进,要及时反映本学科领域的最新科技成果,同时,广泛吸收先进的教学经验,积极整合优秀教改成果,体现新时期社会、政治、经济、科技的发展对人才培养提出的新要求。在这个指导思想下,北航教务处加大了支持教师从事教学改革的力度,特别对使用先进的教学方法和手段进行教学的项目给予了支持,如合理运用现代信息技术等手段,使用网络进行教学与管理,网络课件的制作等。

第四章
世界主要研究型大学教学模式与方法改革比较研究

世界主要研究型大学不仅在国与国之间有差别，而且在同一个国家的不同研究型大学之间也有区别。但就某些方面而言，它们也表现出一些相似的特点，在本科生教学模式与方法的改革方面亦是如此。根据我们的研究，目前世界主要研究型大学在本科生教学模式与方法上有两种改革类型：一种是以科研为取向的教学模式与方法，包括习明纳（seminar）、导师制（tutorial system）、本科生科研（undergraduate research）、基于问题的学习（problem-based learning，简称PBL）等；另一种是以实践为取向的教学模式与方法，包括服务性学习（service learning）、高峰体验课程（Capstone Experience Course）等。由于教学模式与方法总是建立在一定的培养目标和课程体系基础之上的，因此本章从世界主要研究型大学的培养目标、课程体系以及教学模式三个方面进行研究。

第一节　世界主要研究型大学的培养目标

大学是一个重要的社会机构，它承担着培养高级专门人才、发展科学技术文化的重要使命。对于研究型大学来说，其发展水平的高低往往决定着一个国家科学技术水平的高低，因此，一直以来，研究型大学都受到了各国的普遍重视。这也就决定了研究型大学的培养目标反映了一定社会经济发展对人才素质的需求。

第四章 世界主要研究型大学教学模式与方法改革比较研究

一、世界主要研究型大学培养目标的历史演进

一般认为，世界上最早的研究型大学产生于德国，而在美国得到蓬勃发展。1810年德国教育家威廉·冯·洪堡创建的"教学和科研相结合"的柏林大学一般被认为是研究型大学诞生的重要标志。它的办学理念深深地影响了美国研究型大学的发展，并以1876年成立的约翰·霍普金斯大学为滥觞。"约翰·霍普金斯大学的创立，一方面影响了哈佛、耶鲁、哥伦比亚等传统老式文理学院向现代大学的转变，另一方面也影响了芝加哥大学、斯坦福大学等新的研究型大学的创立。"①1900年，美国大学联合会成立，它为研究型大学的发展起到了规范化和标准化的作用，它"按照严格的研究生教育和科学研究的成绩作为接受会员的标准，同时该组织第一次明确提出了'研究型大学'的概念。它的第一批会员包括12所大学：哈佛大学、耶鲁大学、康奈尔大学、约翰·霍普金斯大学、哥伦比亚大学、斯坦福大学、宾夕法尼亚大学、加利福尼亚大学、芝加哥大学、普林斯顿大学、威斯康星大学、密执安大学。这12所大学便是被公认为美国最早的研究型大学"②。正因为如此，有学者称："1900年美国大学联合会的建立标志着美国已形成了一个研究型大学的群体。"③美国研究型大学的发展也影响了世界其他地区的研究型大学的发展。

就培养目标而言，研究型大学最初是以培养"绅士"和"通才"为主要目标的，下面我们以柏林大学和约翰·霍普金斯大学为例来说明。

柏林大学的创建与当时德国的社会背景有很大关系。一方面，18世纪末19世纪初德国在政治、经济和文化上落后于欧洲其他国家。特别是1793—1909年，普鲁士参加三次反法同盟，结果均以失败告终。而且在1806年的战争中，德国著名的哈勒大学（Universität Halle）也被拿破仑（Napoléon Bonaparte）占领。与此同时，德国著名的哥廷根大学（Georg-August-Universität Göttingen）也日渐衰落。因此，"重振遭受严重挫折的

---

① 牛畅.中美两国研究型大学本科生课程之比较[D].南京:南京师范大学,2008:2.
② 苏玉霞.美国研究型大学本科习明纳的创新型人才培养功能研究[D].长春:东北师范大学,2008:5.
③ [美]阿尔特巴赫,伯巴尔,冈普奥特.21世纪美国高等教育:社会、政治、经济的挑战[M].北京:北京师范大学出版社,2005:156.

德意志民族精神，复兴日耳曼科学教育和民族文化传统已成当务之急。"[1]"但旧大学里弥漫着保守和陈腐的气息，没有真正的研究，不务实际的学究和空谈家津津乐道于陈腐的争论。他们甚至认为，知识已经凝固为封闭的体系，大学的任务就是把已经知道的东西传授给学生。对于这类大学，真正的知识分子都耻于与其为伍，甚至有教育官员声称：大学作为一种机构应该被消灭，应该用一种能够满足专门需要的职业性机构取而代之。"[2]"总之，到18世纪末时，大学处于严重的危机之中。……在18、19世纪之交的二十余年中，德国大学有一半关门停办。"[3]

另一方面，该时期的一些著名的学者提出了一些新的大学理念。例如，1806年德国著名哲学家费希特（Johann Gottlieb Fichte）发表了《关于埃尔兰根大学的内部组织的一些想法》。在该文中，他主张大学应该是一个科学地运用理智的艺术学校。[4]同时，在1807—1808年费希特还在柏林举办过题为"告德意志国民书"的系列演讲。在演讲中，他希望创办一所新大学，来重建民族文化与民族精神。沃尔夫（Christian Wolff）和施莱尔马赫（Friedrich Schleiermacher）还分别提交了一份筹建新大学的方案。[5]1808年，施莱尔马赫发表了《关于德国式大学的断想。附：论将要建立的大学》。在该文中，他指出，大学首先要完全独立于国家；其次，哲学院是大学的核心；再次，他主张思想和思想独立，要求大学培养学生的科学精神。[6]

在这样的背景下，1809年威廉·冯·洪堡被任命为普鲁士内政部文

---

[1] 韩骅.柏林大学的传统及其对我国高教改革的启示[J].高等教育研究,1997(1):94—98.

[2] 张小杰.关于柏林大学模式的基本特征的研究[J].华东师范大学学报（教育科学版）,2003(2):69—77.

[3] 陈洪捷.德国古典大学观及其对中国大学的影响[M].北京:北京大学出版社,2002:17.

[4] 贺国庆.近代德国大学科学研究职能的发展和影响[J].河北大学学报,1996(4):8-16,39.

[5] 张小杰.关于柏林大学模式的基本特征的研究[J].华东师范大学学报（教育科学版）,2003(2):69—77.

[6] 转引自:贺国庆.近代德国大学科学研究职能的发展和影响[J].河北大学学报,1996(4):8—16,39.

第四章 世界主要研究型大学教学模式与方法改革比较研究

化教育司司长,着手组建柏林大学。在16个月的任职期间,洪堡遵循新人文主义的思想,将柏林大学打造成一所具有开创意义的大学。具体在大学的培养目标上,洪堡认为大学应该培养"完人"。"在洪堡看来,所谓完人,也就是'有修养的人(或译有教养的人)',而一个有修养的人必须是体现了完美无缺的人性的人,即个性和谐、全面发展的人。……一句话,洪堡希望通过大学教育培养出有修养、有理智的完人,培养出'类似希腊人'的德国人。"① 洪堡的这一思想成为柏林大学的一个重要发展理念,同时也成为早期研究型大学的一个主要培养目标。

约翰·霍普金斯大学效法于柏林大学,但又融入了美国的文化元素,而且此后世界各国主要研究型大学都以其为蓝本,因此它成为研究型大学发展史上的一朵奇葩,其具有的重要历史意义自然不言而喻。当然,与柏林大学一样,约翰·霍普金斯大学诞生也并不是偶然的历史事件,而是与19世纪下半叶美国的社会文化背景有密切关系。在1861年到1865年,美国发生了史学家称之为"美国第二次资产阶级革命"的南北战争,从而使美国进入了一个新的时代。美国经济学家福克纳称,"这个战争在美国国家的发展中,标志着一条肯定的中途分界线。"② 南北战争确实给美国的政治、经济、文化等方面带来了巨大变化,这无疑也给美国的大学带来了新的挑战。首先,重建与发展工农业生产对大学提出了新的要求;其次,科学文化及哲学思想的新发展要求大学进行变革;第三,科学家、科学主义者、社会人士等对大学的批评迫使大学进行改革。这样的一些挑战无疑对大学人才培养的规格提出了新的要求。

另外,该时期很多美国学者留学德国,带回了德国的一些新的办学思想与办学理念。这为约翰·霍普金斯大学的创建提供了重要的思想基础。例如,"该校最早的53名教授和讲师中,除几个例外,绝大部分或多或少、或长或短都曾在德国大学学习过,其中有13人获得过德国大学博士学位。"③ 特别是约翰·霍普金斯大学的首任校长丹尼尔·吉尔曼(Daniel Gilman)在1853—1855年曾两次造访柏林,柏林大学的学术气息对他产生了重要的影响。在培养目标上,约翰·霍普金斯大学以培养学术领袖为主,"但这种学术领袖首先是人,而不是'有学问的腐

---

① 刘宝存.大学理念的传统与变革[M].北京:教育科学出版社,2004:30.
② [美]福克纳,著.美国经济史(上卷)[M].王锟,译.北京:商务印书馆,1964:426.
③ 贺国庆.德国和美国大学发达史[M].北京:人民教育出版社,1998:116.

儒，或简单的艺术家，或狡猾的诡辩家，或自抬身价的行业者'。"吉尔曼"希望霍普金斯大学培养的学生聪明、富有思想，在他们所从事的任何一个工作或思想部门都能够起到进步的领导作用，只有这样才能更好地为社会服务"①。

从柏林大学和约翰·霍普金斯大学最初的培养目标来看，基本上都继承了古典自由教育的传统，以培养"绅士"和"通才"为重心。但是这时的"绅士"和"通才"目标并不完全等同于古典意义上的"绅士"和"通才"，而是融入了现代科学的元素。正因为如此，随着现代科学技术日新月异的发展和社会分工的进一步分化，自19世纪末以来，世界主要研究型大学培养目标的重心开始转向"专才"的方向，由此世界主要研究型大学进入第二个发展阶段。所谓"专才"培养目标，指的是在世界主要研究型大学中，以培养专业知识和技能比较扎实、专业实践能力较强的人才为基本培养目标。这里有两点需要强调，一是该时期的世界主要研究型大学的重点是培养高级专门人才，而不是为培养高级专门人才作准备；二是该时期的世界研究型大学没有完全放弃"通才"的培养目标。换句话说，在培养目标上，第一阶段和第二阶段的世界主要研究型大学将"通才"和"专才"都放在培养目标"天平"的两端，只不过第一阶段偏向"天平"的"通才"一端，而第二阶段偏向"天平"的"专才"一端，并力求在自由教育的理念之下在两端之间保持微妙的平衡。正如哈佛大学前校长劳威尔（Abbott Lawrence Lowell）所言，"自由教育的精髓在于使学生具有正确的态度，熟知思考的方法，具有应用信息的能力，而不是记住一些事实，不管这些事实多么有价值。……在当今复杂的世界中，自由教育的最佳目标是，培养知之甚广而在某一方面又知之甚深的人。"②美国加州理工学院也明确指出，"教育目标是为学生提供优秀的教育，这些教育为他们成为科学、工程、学术、商业和公共服务领域的世界领袖而作准备。"同时，加州理工学院还宣称，其"理学学士毕业生能够发现、分析和解决理、工学科领域内部或交叉范围内具有挑战性的问题"，并"能够把他们的分析技能应用到其他的知

---

① 王英杰，刘宝存. 世界一流大学的形成与发展[M]. 太原：山西教育出版社，2008：60.

② Smith, William Bentinck: *The Hrarvard Book*, *350 Aniversary Edition*, Harvard University Press, 1986：22—23.

第四章 世界主要研究型大学教学模式与方法改革比较研究

识领域和能够理解我们社会中的重要问题"。①总之,自研究型大学产生到20世纪80年代,其培养目标一直都根据社会发展的需要在"通才"和"专才"两端进行调整,但是这种调整并不是"取一弃一",而是偏重不同而已。

二、世界主要研究型大学培养目标向创新人才的转型

进入20世纪80年代以来,世界主要研究型大学的培养目标开始转向"创新人才"。1984年10月,美国高质量高等教育研究小组发表了《投入学习:发挥美国高等教育的潜力》的研究报告,要求美国公民不但要有知识,而且要富于创造、思想开放,认为美国高等教育"为未来的最好的准备,不是为某一具体职业而进行面窄的训练,而是使学生能够适应不断变化的世界"②,使培养的人才"具有批判性思维的能力、综合大量新信息的能力以及掌握语言技巧、批判性阅读、有效写作、语言清晰、虚心听取意见的能力"③。1998年,博耶研究型大学本科生教育委员会发表了《重建本科生教育:美国研究型大学发展蓝图》的研究报告,明确提出"探索、调查、发现是大学的核心。大学里的每一个人都应该是发现者、学习者"④。"研究型大学应通过一种综合教育","造就出一种特殊的人才,他们富有探索精神并渴望解决问题,拥有代表其清晰思维和熟练掌握语言的交流技巧,拥有丰富的多样化的经验。这样的人将是下一个世纪科学、技术、学术、政治和富于创造性的领袖。"⑤

所谓创新人才,指的是"具有创新意识、创新精神、创新思维、创新能力并能够取得创新成果的人才"。"创新人才的基础是人的全面发

---

① California Institute of Technology. 2009–2010 Caltech Catalog[EB/OL].[2010-09-12].http://pr.caltech.edu/catalog/pdf/catalog_09_10.pdf.

② 教育发展与政策研究中心.发达国家教育改革的动向和趋势[M].北京:人民教育出版社,1986:62.

③ 教育发展与政策研究中心.发达国家教育改革的动向和趋势[M].北京:人民教育出版社,1986:62.

④ 博耶研究型大学本科生教育委员会.重建本科生教育:美国研究型大学发展蓝图[J].教育参考资料,2000(19):1—19.

⑤ 博耶研究型大学本科生教育委员会.重建本科生教育:美国研究型大学发展蓝图[J].教育参考资料,2000(19):1—19.

展。创新意识、创新精神、创新思维和创新能力并不是凭空产生的,也不是完全独立发展的,它们与人才的其他素质有着密切的联系。"创新人才的素质主要包括博、专结合的充分的知识准备、以创新能力为特征的高度发达的智力和能力、以创新精神和创新意识为中心的自由发展的个性、积极的人生价值取向和崇高的献身精神、强健的体魄。[①]由此我们可以看出,创新人才在一定意义上既可以说是"通才"和"专才"的一种有机结合,也可以说是"通才"与"专才"的一种超越或发展。创新人才的最核心特征就是创新能力,所以创新人才的培养关键也就在于创新能力的培养。当然,创新能力的培养离不开创新意识、创新精神的养成,所以它需要各方面的努力。

创新人才之所以成为世界主要研究型大学在 21 世纪的重要培养目标,主要有以下几个方面的原因:

第一,培养创新人才是知识转型的需要。石中英教授认为,自原始社会以来,人类的知识型可以划分为四个阶段,依次为:原始知识型(神话知识型)、古代知识型(形而上学知识型)、现代知识型(科学知识型)、后现代知识型(文化知识型)。其中,后现代知识型是更符合当前和未来社会发展要求,更能满足所有人的知识需求的一种知识型。这种知识型的基本观点包括如下几个方面:(1)在一般意义上,知识不仅是文化的要素,而且是文化的产物。(2)在知识与认识者的关系上,文化知识型认为,没有纯粹的和抽象的认识者,有的只是在具体的社会历史文化环境中生存的认识者。(3)在知识与认识对象的关系上,知识并不是对认识对象的"模式"反映。(4)就知识的陈述而言,知识的陈述形式并不是唯一的,而是多样的,既有"描述性陈述"(descriptive statement),也有"规范性陈述"(prescriptive statement)和"叙事性陈述"(narrative statement)。就知识与社会的关系而言,由于不存在纯粹和抽象的认识者,不存在对认识对象的镜式反映,不存在代表事物本质的概念、范畴或符号,自然也不存在'纯粹客观'的、'价值中立'与'文化无涉'的知识。[②]在这样的背景之下,作为知识生产的重要机构——研究型大学自然需要来调整自身的培养目标。后现代知识型作为

[①] 王英杰,刘宝存.国际视野中的大学创新教育[M].太原:山西教育出版社,2005:17—24.

[②] 石中英.知识转型与教育改革[M].北京:教育科学出版社,2001:40—86.

第四章 世界主要研究型大学教学模式与方法改革比较研究

一种正在发展之中的知识型,一方面要求知识的生产者(机构)打破传统的封闭性知识体系,以一种开放的姿态迎接知识转型的需要;另一方面也要求知识的生产者(机构)需要从各个方面不断地创新,这样才能适应这种知识型的发展趋势。

第二,培养创新人才是知识经济的基本要求。人类已经进入了知识经济时代,知识成为各国竞争的重要资本。可以说,在21世纪,谁掌握了先进的知识,谁就掌握了经济发展的第一资源。先进知识的掌握不在于如何通过更便捷的方式去习得,而在于如何通过更有效的方式去创造。换句话说,在知识经济时代,重要的不是如何传播知识,而是如何创造知识。当然这并不意味着,知识传播已经不需要了,而是说与知识创造相比,知识传播自然要位居次要地位。因为在现代社会,知识的更新速度比以往任何时候都更加迅速,所以知识传播的速度永远赶不上知识创造的速度。夸张地说,今天习得的知识,明天就可能已经落后了,甚至说知识被系统化为课程时,就已经落后了。例如,全世界科学知识每年的增长率,20世纪60年代为9.5%,70年代是10.6%,80年代已达到12.5%;全世界每5年中知识的失效率,在20世纪50年代仅为25%,60年代为33%,70年代已为40%,80年代就接近50%。[①]目前,知识的增长速度虽然还没有找到相关的数据,但显然从已有的数据可以看出,知识增长的速度是越来越快,与此同时知识的失效率也越来越快。正是因为这样的原因,各国都普遍重视知识的创新发展。对于研究型大学来说,其本身就是一个重要的知识生产机构,在国家的发展与建设方面具有不可忽视的重要作用,因此在人才培养的目标上自然需要根据这种社会发展的趋势而作出相应的调整,否则就会被社会所淘汰。

第三,培养创新人才是人的现实发展的需要。人类社会的发展离不开人的创造性的发挥,而且创造性也是人的本质属性之一。教育作为一种培养人的活动,自然需要培养人的创造性。创造性的培养虽然对于任何阶段的教育来说都是必要的,但是初等教育和中等教育主要还是以知识的传授为主,所以培养学生的创造性成为高等教育的一个重要使命。对于研究型大学来说,由于其特点就是以研究为主,所以就更应该把培养学生的创造性作为一个主要的任务来抓。另一方面,人总是生活在一

---

① 伊敏,吉日嘎巴特尔,张忠狮.知识经济、现代社会与自我发展[J].广播电视大学学报(哲学社会科学版),2001(1):38—39.

定社会之中的，所以其生存和发展总是需要与一定社会发展的要求相适应。在21世纪，社会对人才的要求已经转向创新型人才的方向，所以提高自身的创造能力成为人的一种客观需要。大学，特别是研究型大学，既然是一种培养人的机构，自然不能忽视人的这种客观需求。

  目前，世界主要研究型大学大部分都明确了培养创新型人才的培养目标。例如，哈佛大学的哈佛学院明确指出："哈佛学院坚持1605年特许状所准许的目的：'促进一切优秀的文学、艺术和科学；以各种各样优秀的文学、艺术和科学促进与教育青年；并且提供所有有助于本国青年教育的其他必需品。'总之，哈佛力争创造知识，使学生的心灵向那些知识开放，并使学生最充分地利用他们的教育机会。"[1]加州理工学院同样宣称，"培养在我们的教育、政治以及工业发展中急需的创造型科学家或工程师。""为学生提供优秀的教育，这些教育为他们成为科学、工程、学术、商业、公共服务领域的世界领袖而作准备。"同时，加州理工学院还宣称，其"理学学士毕业生能够发现、分析和解决理、工学科领域内部或交叉范围内具有挑战性的问题"，并"能够把他们的分析技能应用到其他的知识领域和能够理解我们社会中的重要问题"。[2]加州大学伯克利分校把本科生教育的培养目标确定为："加州大学伯克利分校的本科毕业生应该熟悉艺术、文学、数学、自然科学和社会科学；能够收集、筛选、综合、评价来自不同领域并以不同形式呈现的信息；能够理解研究过程和如何创造新的知识；能够与人合作共事，能创造性地转换其环境；具有解决问题和作出决定所必需的技能，并能考虑所作决定的广泛的社会和伦理意义；能够处理模糊性问题，能够灵活思考，并具有在职业生涯中不断发展智力的技能。"[3]

---

  [1] Harvard College. About Harvard College[EB/OL].[2010-09-20].http://www.college.harvard.edu/icb/icb.do? keyword=k61161&tabgroupid=icb.tabgroup84748.

  [2] California Institute of Technology. 2009-2010 Caltech Catalog[EB/OL].[2010-09-20].http://pr.caltech.edu/catalog/pdf/catalog_09_10.pdf.

  [3] UC Berkeley Commission on Undergraduate Education. UC Berkeley Commission on Undergraduate Education Final Report[EB/OL].[2010-02-12].http://learning.berkeley.edu/cue/.

第四章 世界主要研究型大学教学模式与方法改革比较研究

第二节 世界主要研究型大学的课程体系

世界主要研究型大学虽然目前普遍都把创新人才的培养作为一个重要的目标，但是在课程的安排上，并不完全相同，表现出各自不同的特点。下面我们以哈佛大学、剑桥大学和东京大学为例来作进一步的说明。

一、哈佛大学的课程体系

哈佛大学成立于1636年，是美国最古老的大学之一。作为一所世界闻名的研究型大学，哈佛大学在过去380多年的历史中，创造了辉煌的成就。在世界重要的大学排行榜中，哈佛大学一直都独占鳌头。哈佛大学之所以取得如此的成就，与其勇于创新的品质有很大关系。"哈佛大学在建校初期曾大量借鉴英国大学的经验，在走向现代大学的过程中又从德国大学的经验中汲取营养，即使到了20世纪，哈佛大学仍然在不断地学习其他大学的成功经验。"[①] 例如，在课程方面，哈佛大学于1951年正式实施的通识教育计划，1978年正式推出核心课程计划等。为了适应新时期对人才素质的要求，从2009秋季学年开始，哈佛大学开始正式实施通识教育课程，由此实施了30年的核心课程计划宣告结束。

因此，目前哈佛大学的本科生课程包括三个组成部分：第一部分专业（concentration）课程；第二部分是通识教育（general education）课程；第三部分是选修（electives）课程。目前，哈佛大学本科生教育的专业共有45个，涉及人文、社会、自然科学各个领域，如文学、音乐、哲学、社会学、化学等。每一个专业都设有若干课程。在专业课程和通识教育课程里，既有必修课程，也有限制选修课程。最后一部分的选修课程基本属于自由选修课程，其具体的数量并不固定，一般与下列因素有关：每一个学生的专业选择，是否打算获得一个荣誉学位（honors degree）或一个外语嘉奖证书（foreign language citation），减少出国学习困难，更加深入钻研某一领域的高级课程论文或研究。

关于专业课程，每一个专业的具体要求并不相同，但是在内部结构

---

① 王英杰，刘宝存.世界一流大学的形成与发展[M].太原：山西教育出版社，2008：12—13.

上基本类似。例如，专业课程一般都设有导论性课程、习明纳课程、讨论课、跨学科交叉课程等。下面我们以社会学专业为例来说明。按照2010—2011学年哈佛大学的选课目录，社会学专业的导论性课程包括"社会学导论""社会不平等导论""组织社会学导论"等；讨论课有"指导阅读与研究""基于研究的社群""社会学理论""种族与犯罪"等；跨专业交叉课程有"社会心理学""美国家庭""美国社会与公共政策"等。

通识教育课程主要是帮助学生将课堂内所学的东西与课堂外的生活联系起来，其教学材料是其他课程教学材料的继续，但是教学方法是不同的，"这些课程的目的不是使学生进入学科，而是使学科进入学生的生活。"① 通识教育课程的八个学习领域分别为：美学与阐述性理解（AI）、文化与信念（CB）、经验与数学推理（EMR）、伦理推理（ER）、生命系统科学（SLS）、物理宇宙科学（SPU）、世界社会（SW）和世界中的美国（US/W）。每一个领域开设的课程数量从4门到22门不等，另外还包括若干门跨学科交叉课程。如美学与阐述性理解这一领域的17门基本课程分别为：（1）无界之诗；（2）美国诗歌；（3）文化代理人；（4）现代主义汇集；（5）修辞学原理；（6）开端：彩色稿本；（7）音景：探索变化世界中的音乐；（8）跨文化写作：世界文学（到1705年）；（9）跨文化写作：世界文学（从1705年到现在）；（10）维吉尔：诗歌与反应；（11）性别与成就；（12）童年：它的历史、哲学与文学；（13）戏剧、梦想、莎士比亚；（14）古代小说：上下文关系中的古代小说；（15）解释艺术；（16）朝鲜土著；（17）文科中的圣经导论。该领域的跨学科课程有33门，具体为：（1）新媒介中的故事：现当代中国中的民间传说；（2）为了上帝之爱与先知：宗教、文学与穆斯林文化中的艺术；（3）启蒙与其文学不满；（4）印度文化与艺术；（5）哈姆雷特之后的莎士比亚；（6）戏剧、梦想与莎士比亚；（7）文学与性别；（8）维多利亚文学与文化中的犯罪与恐怖；（9）现实反映：19世纪与20世纪的小说；（10）普鲁斯特、乔伊斯、沃尔夫：唯美主义与现代主义；（11）政治戏剧与戏剧结构；（12）现代中国的流行文化；（13）佛教与日本文化；（14）20世纪的法国小说Ⅱ：实验模型；（15）世界艺术与建

---

① Harvard College. Program in General Education [EB/OL]. [2010-09-28].http://www.generaleducation.fas.harvard.edu/icb/icb.do.

第四章 世界主要研究型大学教学模式与方法改革比较研究

筑的里程碑；（16）西方传统：文艺复兴以来的艺术；（17）美国艺术与现代性，1865—1965；（18）人文学科导论讨论会；（19）诗歌、诗人、诗；（20）现代犹太文学中的道德想象；（21）美国文学与美国环境；（22）各族文学；（23）一门死的语言中的爱：古典印度文学与理论家；（24）第一夜：五个首次表演；（25）美国音乐剧与美国文化；（26）革命与反应：俄罗斯先锋派的兴起与衰落；（27）超现实主义：战争中的先锋派艺术与政治；（28）权力与发明：中世纪艺术与建筑；（29）从中世纪到莫扎特的西方音乐导论；（30）从贝多芬到现在的西方音乐导论；（31）音调音乐Ⅰ基础；（32）北欧海盗与北欧英雄传统；（33）奇怪的俄罗斯作家。①

对于选修课，一方面在专业课程中，学生可以根据相关要求选择自己感兴趣的课程，但这些选修课程多数属于限制选修课程。例如社会学专业的基本要求是：（1）从导论课程系列（社会学10—社会学89）中选择一门；（2）社会学128；（3）社会学97；（4）社会学156；（5）社会学98；（6）相关社会科学专业的2个半年课程（half-courses），包括非洲和非裔美国人、人类学、经济学、治理、历史、心理学、社会研究，以及妇女、性别和性研究等8个专业。另一方面，选修课主要属于自由选修课程，由学生根据兴趣爱好和发展需要自由选修。

二、剑桥大学的课程体系

剑桥大学创建于1209年，至今已有800余年的历史，是世界上久负盛名的研究型大学。在办学特色方面，剑桥大学一直都致力于产学研结合，在科技创新方面居于世界领先地位，特别是还形成了具有典型特征的"剑桥现象"。"剑桥现象"指的是"剑桥地区以剑桥大学先进的科学研究为依托，将先进技术与现代工业相结合而带来的高新科技的迅速发展"②。剑桥大学辉煌成就的取得，与其19世纪中期之后的各方面的改

---

① Harvard University FAS Register's Office. Aesthetic and Interpretive Understanding[EB/OL].[2010-05-02].http://webdocs.registrar.fas.harvard.edu/courses/AestheticandInterpretiveUnderstanding.html.

② 王英杰,刘宝存.世界一流大学的形成与发展[M].太原:山西教育出版社,2008:112.

革有很大关系,特别是1870年卡文迪许实验室的建立。

在本科生教育的课程体系上,一般认为剑桥大学的课程由基础课程和专业课程组成。根据剑桥大学的规定,本科生教育为3—4年。课程的安排按照学年来规划,一般分为两个部分(Parts):Part I (Part I 有时还进一步划分Part I A和Part I B)和Part II。每一部分的学习周期为1—2年,而不同专业两部分的时间分配又有所不同,通常有两种模式:第一种为2年Part I 课程+1年Part II 课程,第二种为1年Part I 课程+2年Part II 课程。对于工程学和一些自然科学专业来说,还需要有一个第4年的学习,从而才能获得工程学学士或理学学士学位。一般而言,Part I 的课程内容相对比较广泛,注重广度,所以可以认为是基础课程;Part II 的课程内容相对比较专业,注重深度,所以可以认为是专业课程。另外,学生在学习完Part I 课程或Part I A课程后,剑桥大学也允许学生改变专业,但一般限制在相关的领域内:理科或文科。当然在不同的领域改变专业也是可能的,并且一种宽广范围的专业组合也是可以的。[1]下面我们以其中的几个专业来作进一步的说明。

(一)历史学专业

该专业的课程分为两个部分,Part I 课程需要学习2年(6个学期),Part II 课程需要学习1年(3个学期)。其中前5个学期的课程包括:英国政治史、英国经济和社会史、从古希腊到现在的欧洲史、非欧洲史、美国史、政治思想史等,并需要完成5篇论文。这5篇论文可以从上述内容(共计23个阶段史)中选择,但至少1篇是关于英国政治史的某一阶段、1篇是关于英国经济和社会史的某一阶段。第6学期则需要完成1篇5000字的论文,主题和范围可以任选,典型的是进行比较历史(诸如性别、民主、革命、音乐)的研究。[2]第二个部分即Part II 课程,需要在第三学年完成。此间学生需要完成5篇论文,其中1篇是"关于普通历史观和实践方面的,另外4篇主题自定,由学生在40个跨越不同时空的主题中选择。该学科学习的形式包括正式与非正式两种,正式的主要指考试课,非正式的主要是听学术报告,一般要求每位学生

---

[1] Cambridge Admissions Office. Structure of Our Courses[EB/OL].[2010-05-02]. http://www.cam.ac.uk/admissions/undergraduate/courses/structure.html.

[2] Cambridge Admissions Office. History[EB/OL].[2010-05-02].http://www.cam.ac.uk/admissions/undergraduate/courses/history/index.html.

第四章 世界主要研究型大学教学模式与方法改革比较研究

一周听8—10个学术报告，另外还要求由学生所在学院那种小型的师生研讨，一般一周一次，形式可以是单独的师生交流，也可以是小组交流"①。

（二）教育学专业

教育学专业的课程同样分为两部分，Part Ⅰ 课程在第一、二学年完成，Part Ⅱ 课程在第三学年完成。对于课程的选择，一般要求学生在教育类（education）和专门学科（specialist subject）课程间保持平衡，但是也可以作灵活的选择。例如在 Part Ⅰ 课程中，学生可以选择完成2篇教育类论文和2篇专门学科类的论文，而第5篇论文既可以是教育类论文，也可以是特长专门学科（subject specialism）类论文；在 Part Ⅱ 课程中，可以选择完成3篇教育类论文，其中1篇是基于自己原创性研究的论文，其他2篇既可以是专业化教育类论文，也可以是专门学科类的论文。两部分中，均有非常广泛的课程选择，其中一些课程是由其他学部提供的。具体而言，在第一学年，学生需要完成4篇论文，其中2篇为教育类论文，2篇为专门学科类论文，而且前者的主题要求是教育类学科导论以及语言、交流与文学。另外，专门学科论文的课程大都由相关的学系来提供；教育类论文的课程由教育学部来提供，而且主要集中在教育类学科（哲学、心理学、社会学和教育史）的研究上。语言、交流与文学主题论文主题集中在口语和文学早期发展的社会、心理学以及物质背景上。在第二学年，学生需要完成5篇论文，2篇为专门学科论文，2篇为教育类论文，最后一篇既可以是前者也可以是后者。在2篇必修的教育类论文中，学生需要继续研究哲学、心理学、社会学和教育史。如果学生希望完成第5篇教育类论文的话，则需要学习"现代性、全球化和教育"的课程。在 Part Ⅱ 课程中，学生有较为灵活的选择，该期间需要完成5篇论文。所有的学生都需要选1篇"教育调查与研究"的论文，同时还需要选择最少2篇的教育类论文，其中1篇还必须是教育高级学科（或者是哲学、心理学、社会学或者是教育史）。其他必修的教育类论文可以是第二高级学科论文，也可以是教育专业论文。第4篇和第5篇论文可以从教育类论文（高级学科与专业学科）中任意选

---

① 王英杰,刘宝存.世界一流大学的形成与发展[M].太原:山西教育出版社，2008:328.

择，或者可以是专门学科类论文。①

（三）数学专业

数学专业的课程分为三个部分，共计4年。PartⅠ课程为2年，学生主要集中在数学学习所需的基本工具上，大体上相当于纯粹数学与应用数学的混合物。该部分又分为PartⅠA课程和PartⅠB课程。PartⅠA课程为第一学年，主要内容是高等数学基本原理，例如，在纯粹数学方面包括代数体系（如：群）和严密分析；在应用数学方面，包括数学方法，如矢量微积分、牛顿力学和特殊相对论。PartⅠB课程为第二学年，可以从17类论文中选择，在该阶段主题越来越宽，越来越深，并且被区分为纯粹的、应用的主题，尽管不同领域之间也有密切的联系。PartⅡ课程为第三学年。在该学年，学生有机会深入探索自己的数学兴趣，并且开始使用已经掌握的技能，在主题方面有广泛的选择，例如：编码与密码术、逻辑与集合论、代数拓扑学、数论、宇宙学、量子力学原理、随机金融模型、波等。PartⅢ为第四学年。在该学年，学生可以从80门课程中进行选择，覆盖了数学与理论物理学的所有领域，并鼓励学生完成一篇数学论文和一个研究项目。②

三、东京大学的课程体系

东京大学创立于1877年，是世界最著名的研究型大学之一。在140多年的发展中，东京大学为日本的政治、经济和文化发展培养了大批精英人才，成为日本高等教育发展中的一颗璀璨明星。

东京大学的本科生教育学制为四年（但医学部医学专业、农学部兽医学课程及药学部药学科是6年），前两年不分具体的学院和学科，统一在教养学院对学生进行通识教育，后两年（或后4年）在各专业学院对学生进行专业教育。与这种学制相对应，东京大学的本科生教育课程也分为两部分：第一部分是通识教育课程，称为"前期课程"；第二部分

---

① Cambridge Admissions Office. Education[EB/OL].[2010-05-02].http://www.cam.ac.uk/admissions/undergraduate/courses/education/index.html.

② Cambridge Admissions Office. Mathematics（includes Mathematics with Physics）[EB/OL].[2010-05-02]. http://www.cam.ac.uk/admissions/undergraduate/courses/maths/index.html.

第四章 世界主要研究型大学教学模式与方法改革比较研究

为专业教育课程,称为"后期课程"。下面我们就这两类课程分别作介绍。

(一)前期课程

前期课程按文科和理科分为六类:文科一类、文科二类、文科三类、理科一类、理科二类、理科三类,各类的课程内容都涉及人文、自然、社会各个方面,但侧重点有所不同。

1. 前期各科类课程的特点

文科一类:以法律和政治作为各社会学科的基础学习中心,涉及对人文学科和自然科学领域的深入理解,提高对人类社会系统的鉴别能力。

文科二类:以经济学作为各社会学科的基础学习中心,涉及对人文学科和自然科学领域的深入理解,提高对人类组织系统的鉴别能力。

文科三类:以语言、思想、历史作为各社会学科的基础学习中心,涉及对人文学科和自然科学领域的深入理解,提高对人类文化等社会事业的鉴别能力。

理科一类:以数学、物理、化学作为数理科学和生命科学的基础科学学习中心,提高对基本自然规律的认识,加深对有关科学技术和社会的了解。

理科二类:以生物学、化学和物理学作为生命科学、物质科学和数理科学的基础科学学习中心,提高对基本自然规律的认识,加深对有关科学技术和社会的了解。

理科三类:以生物学、化学和物理学作为生命科学、物质科学和数理科学的基础科学学习中心,提高对人类的认识,加深对有关社会的了解。[1]

2. 前期各科类课程的构成

前期各科类课程均由四部分构成:基础科目、综合科目、主题科目和专业教育课程。开始的一年半以学习基础科目、综合科目和主题科目的课程为主,后面的半年以学习专业教育课程为重点。关于基础科目、综合科目和主题科目的具体内容如下。

基础科目:为所有学生必修课目,主要内容为基本的知识和技能,

---

[1] 国务院学位委员会办公室.透视与借鉴——国外著名高等学校调研报告:2008年版(下册)[M].北京:高等教育出版社,2008:1462.

其中文科学习的科目包括外语、信息处理、方法论基础、基础演习和体育5科,理科学习的科目包括外语、信息处理、基础授课、基础实验和体育5科。

对于外语,学生需从英语、德语、法语、西班牙语、朝鲜语等中选择2种语言并完成(外国留学生也可将日语作为可供选择的语言)。信息处理主要是让学生学习一些目前理论和实践方面所必需的计算机基本知识与技能。方法论基础(文科)主要是让学生学习人文、社会诸学科的一些不可少的研究方法,并培养学生的人文、社会科学诸领域的专业课学术态度。人文学科方面开设的课程包括"人""历史""语言"三个领域,社会科学方面开设的课程包括"法""政治""经济"和"社会"四个领域,学生可以在各个领域进行选择。对于基础授课(理科),主要让学生学习自然科学诸学科必备的基本研究方法,并培养学生的理科诸领域的专业课学习态度。理科方面开设的课程包括"数理科学"(数学)、"物质科学"(物理学・化学)、"生命科学"(生物学)3个领域。基础演习(文科)主要是以小型讨论会的形式,让学生学会资料收集和调查的方法,并培养学生口头表达的能力。基础实验(理科)主要是锻炼学生的实验能力。体育科目主要是促进学生身心的全面发展,并根据学生的体制进行小组教学。①基础科目的开课情况见表4-1。

表4-1 东京大学基础科目开课情况

大科目名	科目名
既修外语	英语、德语、法语、中文、俄语、西班牙语、韩国朝鲜语、日语
首次修外语	德语、法语、意大利语、中文、俄语、西班牙语、韩国朝鲜语
信息	信息
身体运动・健康科学实习	身体运动・健康科学实习Ⅰ、身体运动・健康科学实习Ⅱ
基础演习	基础演习
社会科学	法Ⅰ、法Ⅱ、政治Ⅰ、政治Ⅱ、经济Ⅰ、经济Ⅱ、社会Ⅰ、社会Ⅱ、数学Ⅰ、数学Ⅱ

---

① 東京大学.入学者選抜方法等の概要[EB/OL].[2010-05-02].http://www.u-tokyo.ac.jp/stu03/e01_02_10_01_j.html.

第四章 世界主要研究型大学教学模式与方法改革比较研究

（续表）

大科目名	科目名
人文科学	哲学Ⅰ、哲学Ⅱ、伦理Ⅰ、伦理Ⅱ、历史Ⅰ、历史Ⅱ、言词和文学Ⅰ、言词和文学Ⅱ、言词和文学Ⅲ、言词和文学Ⅳ、心理Ⅰ、心理Ⅱ
方法基础	哲学演习、史料论、文本分析、数据分析
数理科学	数学ⅠA、数学ⅠB、数学ⅡA、数学ⅡB、数学ⅠA演习、数学ⅠB演习、数学ⅡA演习、数学ⅡB演习
物质科学	力学A、力学B、电磁气学A、电磁气学B、热力学（理科一类生）、化学热力学A（理科二·三类生）、化学热力学B（理科二·三类生）、构造化学、物性化学
生命科学	生命科学（理科一类生）、生命科学Ⅰ（理科二·三类生）、生命科学Ⅱ（理科二·三类生）、人综合科学（理科三类生）
基础实验	基础物理学实验+基础化学实验（理科一类生）、基础化学实验+基础物理学实验（理科一类生）、基础物理·化学实验（理科二·三类生）、基础生命科学实验（理科二·三类生）

资料来源：http：//www.c.u-tokyo.ac.jp/curriculum1-2/05.html

综合科目属于选修科目，包括6个系列：A．思想·艺术；B．国际·地域；C．社会·制度；D．人类·环境；E．物质·生命；F．数理·信息。其中，A系列包括的大科目有：语言科学、现代哲学、表象文化论、比较文化学、思想史·科学史、思想·艺术概论；B系列包括的大科目有：国际关系论、和平建设论、地域文化论、日本文化论、古典文化论、世界历史论、文化人类学、国际交流、国际·地域概论；C系列包括现代法、现代社会论、相关社会科学、测量社会科学、公共政策、现代教育论、社会·制度概论；D系列包括的大科目有：地球环境论、人类生态学、认知行动科学、身体运动科学、信息媒体科学、科技与伦理、科技与系统、现代技术、人类·环境概论；E系列包括的大科目有：物质科学、生命科学、宇宙地球科学、相关自然科学、物质·生命概论；F系列包括的大科目有：数理科学、图形科学、统计学、计算机科学、数理·信息概论。①

主题科目为选修课,学生可以选择一个特定的主题。"主题科目课程由主题讲座和大学共同自由研究班组成。共同利用研究机构的许多教师参与其中。""专业科目由学院派教师到教养学院上课,而专题报告和开放式研讨型课程指导教师则由全校各学院、研究所的教授专家担任。"②

(二)后期课程

学生学习两年后根据自己的意愿以及成绩进入专业学院学习,学生在后期课程中所选学部与专业如表4-2所示:

表4-2 东京大学后期课程的学部及专业

科类	学部	专业
文科一类	法学部	第1类、第2类、第3类
	教养学部	跨领域文化科学专业、地域文化研究专业、综合社会科学专业、基础科学专业(科学史·科学哲学)、广域科学专业、生命·认知科学专业(认知行为学)
文科二类	经济学部	经济专业、经营专业
	教养学部	跨领域文化科学专业、地域文化研究专业、综合社会科学专业、基础科学专业(科学史·科学哲学)、广域科学专业、生命·认知科学专业(认知行为学)
文科三类	文学部	思想文化专业、历史文化专业、语言文化专业、行为文化专业
	教育学部	综合教育科学专业
	教养学部	跨领域文化科学专业、地域文化研究专业、综合社会科学专业、基础科学专业(科学史·科学哲学)、广域科学专业、生命·认知科学专业(认知行为学)

---

① 東京大学.教養学部前期課程(1·2年)開講科目[EB/OL].[2010-05-02]. http://www.c.u-tokyo.ac.jp/curriculum1-2/05.html.

② 国务院学位委员会办公室.透视与借鉴——国外著名高等学校调研报告:2008年版(下册)[M].北京:高等教育出版社,2008:1462.

(续表)

科类	学部	专业
理科一类	工学部	社会基础专业、建筑专业、城市工学专业、机械工程专业、产业机械工专业、机械信息工程专业、航空宇宙工程专业、电气工程专业、电子·信息工程专业、电子工程专业、物理工程专业、计数工程专业、材料工程专业、应用化学专业、化学系统工程专业、化学生命工程专业、系统创建专业
	理学部	数学专业、信息科学专业、物理专业、天文专业、地球行星物理专业、地球行星环境专业、化学专业、生物化学专业、生物专业
	药学部	药学专业、药学科（6年制）
	农学部	应用生命科学课程、环境资源科学课程
	医学部	健康科学·护理专业
	教学学部	基础科学专业、生命·认知科学专业、广域科学专业、跨领域文化科学专业、地域文化研究专业、综合社会专业
理科二类	农学部	应用生命科学课程、环境资源科学课程、兽医课程(6年制)
	药学部	药学专业、药学科(6年制)
	理学部	地球行星环境专业、化学专业、生物化学专业、生物专业
	工学部	应用化学专业、化学系统工程专业、化学生命工程专业、材料工程专业、系统创建专业、电气工程专业、电子·信息工程专业、电子工程专业、机械工程专业、计数工程专业、物理工程专业
	医学部	健康科学·护理专业、医学专业(6年)
	教养学部	基础科学专业、广域科学专业、生命·认知科学专业、跨领域文化科学专业、地域文化研究专业、综合社会科学专业
理科三类	医学部	医学专业(6年制)

资料来源：http://www.c.u-tokyo.ac.jp/curriculum1-2/04.html

后期课程中的各专业所开设的专业课程数量各不相同，如思想文化专业开设的课程包括：哲学、中国思想文化学、印度哲学佛教学、伦理学、宗教学·宗教史学、美术艺术学、伊斯兰学等7门。行为文化专业开设的专业课程包括：心理学、社会心理学、社会学等。①

从以上三所世界著名的研究型大学的本科生教育课程体系来看，它们虽然各不相同，但是总体来看，都既注重基础知识的学习，也注重专业课程的学习；既注重知识的广度，也注重知识的深度；既注重学识的培养，也注重能力的养成等。可以看出，课程体系的这些特点，与研究型大学创新人才培养的目标是相适应的。

第三节　世界主要研究型大学的教学模式与方法

大学教学模式与方法的选择与大学的培养目标和课程体系有很大关系。它们之间的关系可以认为是手段、目的与内容的关系，即教学模式与方法是手段，培养目标是目的，课程体系是内容。一般而言，手段由目的与内容所决定，所以教学模式与方法是由培养目标和课程体系所决定的。下面，我们就世界主要研究型大学的教学模式与方法进行分析。

一、以科研为取向的教学模式与方法

为了培养创新型人才，世界主要研究型大学在教学模式与方法的选择上特别注重学生的科研能力的培养，由此形成了几种有代表性的教学模式与方法，具体包括习明纳（seminar）、导师制（tutorial system）、本科生科研（undergraduate research）、基于问题的学习（problem-based learning）等。

（一）习明纳教学模式与方法

习明纳（seminar，又译研讨课、研讨会）教学模式与方法诞生于18世纪德国虔敬派教育家弗兰克（August Hermann Francke）创办的师范学校中。1732年哥廷根大学设立了语言学习明纳，是大学中最早的习明纳。后来，哥廷根大学的习明纳为其他德国大学仿效，习明纳也不再仅限于语言学领域，在哲学、文学、历史、艺术、天文、地理、物理、化

---

① 東京大学．教養学部前期課程（1・2年）進学振分け[EB/OL].[2010-05-02]. http://www.c.u-tokyo.ac.jp/curriculum1-2/04.html.

学、海洋、数学等各个领域也发展起来。[①]"习明纳作为一种培养高级科研人才的重要模式,完善于19世纪的柏林大学,由于这一模式的诸多优越性,其影响日益扩大,进而发展成为德国大学一种基本的教学方法和模式,并固定下来。19世纪末20世纪初为美国及欧洲其他研究型大学广泛采用。"[②]由于习明纳教学模式与方法在培养学生的科研能力方面具有显著的优势,这与当前对创新人才培养的目标是相适应的,因此得到了世界很多国家研究型大学的重视。

以美国为例,在20世纪50年代之前,习明纳教学模式主要应用于研究生教育阶段和本科生高年级阶段,而自1959年哈佛大学首次在本科生低年级阶段试行习明纳教学模式与方法并取得了较大的成功后,美国的许多研究型大学开始在大学低年级采取习明纳的教学模式与方法。到20世纪70年代,大学低年级习明纳教学模式与方法成为美国研究型大学本科教育的主要形式之一,并得到了普遍的支持。1984年10月,美国高质量高等教育研究小组发表《投身学习:发挥美国高等教育的潜力》的报告,再次强调了这一改革的重要性。该报告认为,本科生教育的质量应着眼于学生的知识、能力和技能,学生的自信心、毅力、领导才能、同情心、社会责任感以及对不同文化和学术流派的理解能力。为此,建议高校教师"采用专门的综合性的方法,如高级习明纳和论文(senior seminars and theses),对大学低年级所学的知识进行反思";认为"由资深教授密切指导的实习,系列非正式习明纳和讨论小组(a series of informal seminars and discussion groups),工作坊,自定进度的阅读书目,所有这些方法都是适宜的教学方法"。[③]1987年卡内基教学促进基金会发表的《学院——美国本科生教育的经验》报告,同样鼓励各高校采取包括习明纳在内的教学模式与方法。如该报告指出:"我们敦促各院校,应该要求学生参加合作项目,有时一起做小组课题工作,要通过大课中的小型研讨会,努力创造条件,强调在课堂里合作与竞争同样都是至关重要的。""通过学习的主动性和系统的探究,使学生的智力和能

---

① 刘宝存. 美国研究型大学一年级习明纳尔课程[J]. 外国教育研究,2005(3):64—68.

② 崔丽丽. 德国习明纳教学模式及其启示[J]. 石油教育,2007(1):84—87.

③ Study Group on the Conditions of Excellence in American Higher Education. Involvement in Learning: Realizing Potential of American Higher Education [EB/OL]. [2010-09-18]. http://files.eric.ed.gov/fulltext/ED246833.pdf.

力得以增强，这是最佳的大学经历。"[1] 1998 年博耶研究型大学本科生教育委员会发表了《重建本科生教育——美国研究型大学发展蓝图》研究报告。该报告呼吁研究型大学建立新的本科生教育模式，并强调"研究型大学的教育应该使本科教育成为学校整体中一个不可分割的部分。大学需要利用其巨大的研究生和研究项目资源来加强本科生的教育质量"。为实施这一改革，该报告还提出了改革本科生教育的十种方法，包括"建立基于研究的学习模式""构建探究式的一年级教学""构建新生基础"等。[2] 在这一报告的建议下，美国很多研究型大学在本科生教育开始实施包括习明纳在内的多种以研究取向的教学模式。根据博耶研究型大学本科生教育委员会三年后的调查报告，有83.5%的研究型大学提供了大学一年级习明纳课程。[3] 由此可以看出，研究型大学对于习明纳教学模式与方法的重视。

习明纳之所以得到了世界众多研究型大学的青睐，与20世纪80年代以来建构主义思想的兴起有很大的关系。因为按照建构主义的观点，知识不是通过教师传授得到，而是学习者在一定的情境即社会文化背景下，借助其他人（包括教师和学习伙伴）的帮助，利用必要的学习资料，通过意义建构的方式而获得。由于学习是在一定的情境即社会文化背景下，借助其他人的帮助即通过人际间的协作活动而实现的意义建构过程，因此建构主义认为"情境""协作""会话"和"意义建构"是学习环境中的四大要素或四大属性。建构主义的这些主张，无疑为习明纳的发展提供了有力的理论支持。正因为如此，习明纳与传统的讲授型教学模式有显著的区别（见表4-3），它是一种注重学生学习的主动性、自主性的教学模式与方法。

---

[1] 吕达,周满生.当代外国教育改革著名文献(美国卷·第一册)[G].北京:人民教育出版社,2004:161.

[2] The Boyer Commission on Educating Undergraduates in the Research University. Reinventing Undergraduate Education: A Blueprint for America's Research Universities [EB/OL].[2010-09-18]. http://naples.cc.sunysb.edu/Pres/boyer.nsf/673918d46fbf653e852565ec0056ff3e/d955b61ffddd590a852565ec005717ae/$FILE/boyer.pdf.

[3] The Boyer Commission on Educating Undergraduates in the Research University. Reinventing Undergraduate Education: Three Years after the Boyer Report [EB/OL]. [2010-09-18]. http://dspace.sunyconnect.suny.edu/bitstream/1951/26013/1/Reinventing%20Undergraduate%20Education%20%28Boyer%20Report%20II%29.pdf.

第四章　世界主要研究型大学教学模式与方法改革比较研究

表4-3　习明纳与传统教学模式的区别

传统教学模式	习明纳教学模式
学习事实	解决问题
个人行为	小组取向
通过考试	学会学习
获得毕业	不断继续学习
有限的学科知识	跨学科知识
接受信息	互动学习

资料来源：李其龙．习明纳课模式——一种值得关注的研究性学习模式[J]．全球教育展望，2003（11）：22．

习明纳教学模式与方法在成员构成上，通常由8—12个学生和1个老师组成，他们之间是一种民主平等的关系。习明纳的具体实施程序一般包括三个阶段。第一阶段，研究问题的选择。通常而言，教师会根据课程的内容与教学大纲预先拟定一些供学生参考的主题，然后通过习明纳成员的讨论协商，确定各自的选择。当然在选择过程中，以尊重学生的自由、兴趣为前提，以尽可能调动他们参与的积极性，提高他们的热情。第二阶段，学生课后进行自主准备，撰写论文或报告。在此期间，学生需要阅读大量的材料，必要时可以单独找老师咨询与讨论。学生在规定的时间内，撰写主题报告或做好讨论的准备。第三阶段，课堂讨论与答辩。首先，由主持人（一般为教师）简要介绍本次课的主题。其次，主讲人对自己准备的论文或报告进行具体阐述。报告结束后，其他参与者对主讲人所阐述的观点、论证的思路等进行提问、质疑、补充等，同时主讲人需要作出回应。当然其他参与者之间也可围绕这一问题相互进行讨论。总之讨论围绕问题而进行，不针对具体的参与者，其目的是辨明真理，同时使学生的能力得到锻炼。最后，主持人对本次讨论的内容进行总结与点评。下面我们以哈佛大学的本科一年级习明纳计划为例来作进一步的说明。

哈佛大学的本科一年级习明纳计划（Freshman Seminar Program）创始于1959年，1963年通过教师投票表决正式建立。习明纳计划一般为学生提供一系列的课程选择，学生就互相感兴趣的主题组成小组与教师一起研讨。在具体的主题选择上,学生既可以选择自己有一定基础的某一学科方面的问题,以加深对该学科的理解,也可以注册一个未知的领域,以发现并研究新的问题,从而帮助自己发现适合自己的专业领域。有一些习明纳则是帮助学生提高研究技能,大多数的习明纳都有一些书面写作以及口语方面的作业任务。同时,习明纳也为学生提供一个与其他学生合作研讨的机会,锻炼他们的创造力以及积极主动的学习态度。2009—2010学年,哈佛大学为学生提供的习明纳课程超过130门,涉及一个非常广阔的范围,从人脑到人权,从全球经济危机到气候变化与可持续能源等。一般而言,哈佛大学的本科一年级习明纳一个班包括1名教师与12名学生,一周他们碰面一次,每次就某一个共同关心的主题进行2—3小时的研讨。习明纳是建立在讨论基础之上的,所以教师和学生都从传统的讲授课的束缚中解放出来,进行自由的交流,既不需要考试,也没有分数等级的评价。对学生的评价仅用合格与不合格来表示,但这也仅仅是为了完成学生毕业的要求而已。①

(二)导师制教学模式与方法

导师制(tutorial system)起源于14世纪英国的牛津大学(University of Oxford),由当初创办"新学院"的温彻斯特主教(Bishop of Winchester)威廉·威克姆(William Wykeham)首创。最初,牛津大学的本科生导师的主要职能是监督学生的学业和品行,后来增加了对学生的课业辅导。到19世纪中叶,牛津大学本科生导师制教学模式开始成为一种正式的教学制度,到19世纪末这种教学模式已经发展成熟。

作为一种有效的教学模式与方法,牛津大学的导师制自20世纪以后在英国的其他新大学(如基尔大学、约克大学、埃塞克斯大学、华威大学等)也得到了传播。约克大学(University of York)还称:"导师制的一个中心任务是为师生提供建立个人联系的机会,从而使大学成为一个教育场所,而不是一个简单的教学场所。"② 总之,"最早产生于牛津大学的导师制在英国各所大学中都不同程度地占有一席之地。它所具有的独特教育价值得到了英国高等教育机构的普遍认同。虽然几乎没有哪所

---

① Harvard College. Freshman Seminar Program [EB/OL]. [2010-05-02]. http://www.freshmanseminars.college.harvard.edu/icb/icb.do.

② 转引自:杜智萍.19世纪以来牛津大学导师制发展研究[D].保定:河北大学,2008:156.

第四章　世界主要研究型大学教学模式与方法改革比较研究

大学可以像牛津大学那样保持着对师生比例要求严格的导师制，但是很多英国的大学还是将导师制作为一种重要的教学制度，只是在实施的过程中结合本校的实际进行了某些细节上的调整。而这些并不能掩盖牛津大学导师制对英国高等教育产生的重要影响。"①

导师制除了在英国各大学有广泛的影响外，在美国、德国等国家的大学中也产生了重要的影响。美国最早的大学是按照英国古典大学的模式建立起来的，所以导师制教学模式很早就被引入了美国的大学，但是真正具有美国特色的导师制则是在20世纪初与学分制相伴随而出现的。1909年哈佛大学校长劳威尔（Abbott Lawrence Lowell）对哈佛大学的本科生教育模式进行了较为全面的改革，导师制就是其中最重要的改革之一。20世纪50年代哈佛大学还进一步规定，每个导师指导学生不超过6人。在20世纪初，美国的普林斯顿大学（Princeton University）、麻省理工学院、加州大学（University of California）等也开始实施了导师制的教学模式。②1998年博耶研究型大学本科生教育委员会发表的《重建本科生教育——美国研究型大学发展蓝图》研究报告还建议，各研究型大学应该为每一位学生配备一名导师。报告指出："几代富有经验的学者都认识到，发展研究生智力最有效的途径是一对一的教学模式。他们现在一直是这么做。同样性质的个别指导式教学，在大学生教学层次上也进行着，像在艺术和音乐教育过程中，个人的表现能及时被发现、被纠正，并得到帮助和鼓励。在这种教学过程中，大学生和教师能发展相互支持的关系，类似于博士生与指导教师之间的关系。这种导师式的教学需要所有大学仿效。"③为了培养创新型人才，目前世界主要研究型大学依然有很多继续坚持这种教学模式，而且正在逐步走向多元化发展。

从教学论的角度来看，导师制的基本理念包括三个方面。一是个别化教学的理念。与班级授课制相比，个别化教学可以充分照顾到学生的差异，能够更好地进行因材施教。导师制即是这种教学理念的一种典型应用。学生通过导师制这种教学模式，其兴趣、需要、爱好、专长等可以得到有效的满足，因此自然会激发学生的积极性。二是合作学习的理

---

① 杜智萍.19世纪以来牛津大学导师制发展研究[D].保定:河北大学,2008:157.
② 杜智萍.19世纪以来牛津大学导师制发展研究[D].保定:河北大学,2008:158.
③ 朱清时.21世纪高等教育改革与发展——国外部分大学本科教育改革与课程设置[M].北京:高等教育出版社,2002:85—86.

念。在导师制的教学模式下，师生之间是一种平等合作的关系。学生在整个学习活动中是积极的参与者。导师的主要功能是促进学生独立地思考，因此讨论、交流、对话是一种经常的教学形式。三是探究学习的理念。导师制教学模式的核心目的就是培养学生探究知识的能力，所以整个教学中主要目的不在于导师给学生传授了多少知识，而在于学生如何从中学会发现问题、分析问题、解决问题的能力。

导师制教学模式的基本程序包括四个阶段。第一阶段，导师的配置与选择。一般来说，学校首先会根据一定的条件（通常是品学俱佳的学者）确定一些教师为学生的导师。一个导师负责的学生数量在不同的大学有差异，但一般在6个左右。大学一年级学生一入学，就会被指定一个导师或由学生自行选择。第二阶段，论文撰写。通常导师会根据课程大纲、学生的特点制定一个学生读书的参考目录，学生阅读这些书目后写一个短篇论文。论文题目有时是教师指定的，有时是学生根据导师提供的参考资料自己确定的，一般一周需要写一篇。第三阶段，导师对学生一对一指导。一周结束后，学生把写好的论文交给导师，上课的内容就是对学生论文的讨论。另外，学生在日常学习生活中的一些问题也可以向导师请教或相互探讨。第四个阶段，对学生的学业评价。一个学期结束后，导师会根据学生的情况，对其进行一个综合的评价，并指出进一步努力的方向。下面，我们以牛津大学和剑桥大学两所研究型大学为例来说明。

牛津大学的导师制被牛津人自豪地称为"牛津皇冠上的宝石"[①]，其突出特点就是特别强调学生的自学研读过程。所以，"牛津大学各学院的导师并不看重教授学生多少知识或是给他多少信息，而在于培养学生成为能够进行独立思考、充满智慧和理性的人。"[②]导师一般由学术与人品俱佳的学者担任，一个导师一般指导6—12个学生。"牛津导师制教学的最基本要素是撰写周论文，可以是一篇研究性论文，也可以是读书体会。"教学计划由导师和学生共同来制订，导师根据学生的情况，开出书单，要求学生去自行阅读，并按要求完成一篇200字以上的小论

[①] 凡奇.牛津大学的导师制对我国高校教学方式改革的启示[J].辽宁工业大学学报(社会科学版),2008(5):77—79.

[②] 张河清.国外本科生导师制经验探究——牛津大学的启示[J].现代商贸工业,2009(24):232—233.

文。导师一般每周上课一次，而且是一对一指导（但参与学生目前不限于一人），内容主要是讨论所写的论文，同时也会指导学习中的问题等。①

剑桥大学的导师制源于牛津大学，但是在发展过程中形成了自己的一些特色。一般而言，学生的导师由学院安排，每一位本科生进入学院后都会被指定一位导师。一名导师一般负责20—30名不同年级的学生。每周导师给这些学生辅导总计6—8小时，每次一般为1小时，参加的学生以1—3名为一组。②指导的内容包括帮助学生弄清楚讲座上的一些重点内容，或者是澄清其他的一些问题。另外，学生也被要求提前做一些准备，如论文、作业等，从而在与导师见面时讨论。③剑桥大学的导师制具有如下几个特点：第一，师生广泛交流，密切彼此关系；第二，师生积极互动，促进教学相长；第三，实施个别教学，利于因材施教；第四，注重启发诱导、培养思维能力；第五，教学育人并重、协调德智发展。④

（三）本科生科研教学模式与方法

本科生科研始于1969年美国麻省理工学院的"本科生研究机会计划"，该计划主要是给本科生提供参与教师课题的机会。随着这种教学模式与方法所取得积极成果，很多研究型大学开始纷纷仿效。同时，一些社会组织也开始成立相关机构或设立相关项目支持本科生科研。例如，1978年美国一些杰出的化学教师组织成立了一个支持本科生科研的全国性组织——本科生科研理事会（Council on Undergraduate Research，简称CUR），它是一个非营利的组织，资助与本科生科研有关的活动。20世纪80年代初，美国国家自然科学基金委员会（NSF）又创立了本科生科研经验计划（Research Experiences for Undergraduates，简称REU），以工作站的方式接纳并资助本科生参与国家科学基金会所感兴趣领域的

---

① 刘学政.牛津大学本科生导师制探究[J].辽宁医学院学报(社会科学版)，2010(1):1—4.

② 蔡文敏,刘军伟.剑桥大学导师制及其对我国大学教育的启示[J].中国电力教育 2010(9):204—206.

③ 国务院学位委员会办公室.透视与借鉴——国外著名高等学校调研报告：2008年版(下册)[M].北京:高等教育出版社,2008:80.

④ 蔡文敏,刘军伟.剑桥大学导师制及其对我国大学教育的启示[J].中国电力教育,2010(9):204—206.

研究。1987年，在北卡罗来纳大学举行了第一次全国性的本科生科研会议（The National Conferences on Undergraduate Research，简称 NCUR），此后该会议每年举行一次，主要进行本科生科研的学术讨论等。1998年卡内基教学促进基金会博耶研究型大学本科生教育委员会发表的《重建本科生教育——美国研究型大学发展蓝图》研究报告也提倡本科生参与科研。2001年该委员会发布的第二份报告显示，被调查的123所研究型大学都为本科生提供了有辅导的科研或创造性活动，其中约有16%的研究型大学的全部本科生或大多数本科生（约75%）都参与了科研，另外有26%的研究型大学的一半本科生参与了科研活动（一些专业则全部参与）。[①] 目前，本科生科研在世界主要研究型大学中已经普遍开展，并取得了积极的成果。

  本科生科研蕴含的主要理念实际是对学生创造性才能的一种积极肯定。传统的教学模式注重知识的传授，认为大学本科生阶段主要是奠定知识基础的阶段，只有到了研究生教育阶段，才可以对学生进行科研能力的训练。本科生科研正是对这种传统认识的一种突破，它不认为知识传授与知识创新是两个有着截然次序的过程，而是认为二者通常是融为一体的。也就是说，对于大学本科生来说，他们本身就已经具备了创新的潜力，特别是与研究生相比，他们的想象力一般更为丰富，他们不会有过多思维方式的约束，所以更可能提出一些大胆的假设。因此，这种教学模式与方法对于创新型人才的培养无疑具有重要的促进作用。正因为如此，它成为研究型大学教学模式与方法改革的一种重要方向。

  本科生科研的类型有很多种，呈现出多元化的发展趋势。以美国研究型大学为例，目前主要有以下类型。(1)根据学生在科研项目中的地位和作用可以划分为两种：一种是学生作为学徒参与教师为主的研究小组，在其中担任研究助理，如加州大学伯克利分校设立的"本科生科研学徒计划"（The Undergraduate Research Apprentice Program）；另一种是学生自己提出项目方案，根据方案向学校或其他机构提出研究资金申请，如加州大学伯克利分校的"校长本科生研究奖学金计划"（President's

---

  ① The Boyer Commission on Educating Undergraduates in the Research University. Reinventing Undergraduate Education: Three Years after the Boyer Report [EB/OL]. [2010-09-18]. http://dspace.sunyconnect.suny.edu/bitstream/1951/26013/1/Reinventing%20Undergraduate%20Education%20%28Boyer%20Report%20II%29.pdf.

第四章 世界主要研究型大学教学模式与方法改革比较研究

Undergraduate Fellowship)和"伯克利贝曼学者计划"(Berkeley Beckman Scholars Program)。(2)根据本科生科研的时间安排可以划分为两种:一种是学生利用学年(或学期)时间进行科研,如休斯敦大学(University of Houston)的"大学学者计划"(The University Scholars Program);另一种是学生利用暑假进行科研,如纽约州立大学斯多尼·布鲁克分校(Stony Brook University)的"暑期科研计划"(Summer Research Program)。(3)根据本科生科研是否给予学分划分为三种:一种是不给学分,但给报酬;一种是给学分且计入学位要求的学分数;第三种是既给报酬,也给学分,但不计入学位要求的学分数。(4)根据本科生科研计划是否由本校设立可划分为两种:一种是本校设立或校外主体在本校设立的面向本校学生的本科生科研计划(On-campus Undergraduate Research Opportunity Program);另一种是校外设立的面向全国所有学生的本科生科研计划(Off-campus Undergraduate Research Opportunity Program)。①下面我们以美国麻省理工学院为例来进一步说明。

麻省理工学院(英语简称MIT)自1969年实施"本科生研究机会计划"(UROP)以来,在本科生科研教学模式与方法方面已经形成了较为完善的体系。这种教学模式与方法是一种由本科生和教师合作研究的本科生科研模式,其具体实施主要包括以下三个阶段。

第一阶段,"本科生研究机会计划"的申请。申请阶段包括资格的审查、提交申请表及研究计划等。在麻省理工学院,并非每一个本科生都有资格申请"本科生研究机会计划"。按照规定,有三类学生可以申请:一是具有好的学术声望(good academic standing)的所有麻省理工学院注册本科生,包括转学生;二是参与麻省理工学院—威尔斯利交换项目(MIT-Wellesley Exchange Program)威尔斯利学院的学生;三是参与剑桥大学—麻省理工学院交换项目(Cambridge-MIT Exchange)在麻省理工学院学习的学生。可供学生选择的参与模式目前有四种:一种是作为选修学分;二是导师基金;三是直接的"本科生研究机会计划"基金;四是自愿。学生在申请"本科生研究机会计划"之前,需要与自己的导师讨论选择哪一种模式。但不管选择哪一种参与模式,参与者都需要提交申请表和研究计划。其中,后者要求详细说明每一个学期的计

---

① 刘宝存.美国研究型大学本科生科研的基本类型与模式[J].教育发展研究,2004(11):93—95.

划、研究的性质、研究工作所在地（校内、校外、房间号等）、试验性的工作计划和完成"本科生研究机会计划"的规划、在"本科生研究机会计划"中的角色、研究的缘起以及期望的结果。同时，不管是否继续做同一个项目，每一学期都得更新自己的研究计划。另外，申请之前还需要确定好自己的指导教师。

第二阶段，进行项目研究。"本科生研究机会计划"申请批准后就进入研究阶段。尽管关于研究项目开始的时间并没有统一的规定，但是本科生研究机会计划项目一般划分为下列几个时间段（time periods）：秋季；秋季/独立活动阶段（IAP[①]）；独立活动阶段（IAP）；独立活动阶段/春季；春季；夏季。在正式开始进行项目的研究时，通常还需要进行一些必要的准备工作，但并非每一个项目都必须这样做。具体包括以下一些：首先，学生需要注册一些实验导论课程和（或）专项的习明纳；同时，学生还需要向自己感兴趣的"本科生研究机会计划"负责人（Coordinator）以及其他参与者寻求建议，以帮助自己准备研究。其次，学生还需要接受安全培训（Safety Training）。之所以需要接受这项培训，主要是因为学生在进行研究时常会使用或接近一些对自身、其他人或环境可能有危险的物质、设备或能量等。最后，学术伦理与诚信承诺。参与"本科生研究机会计划"的学生要求要经常会见指导教师讨论数据处理争议、研究实践、实验规则等，并且要分享有关的信息；而指导教师也需要给学生机会用以回答他们的问题，要将学生看作是平等的研究者。除此之外，还要求学生坚持高标准的学术诚信和个人品格等。准备工作妥当后，即可进行实质性的研究。在研究中，学生和指导教师一起合作，共同开展研究。其中，指导教师要对参与学生的学术标准及安全等负责。

第三阶段是项目的评估。评估采取的是师生双向评估。不论哪种参与模式的"本科生研究机会计划"项目，每学期结束，学生和指导教师都需要向"本科生研究机会计划"办公室上交项目进展的评估报告。对于学生来说，评估报告的内容主要是描述自己在过去一学期所取得的个人和技术的进步，包括在"本科生研究机会计划"研究中所获得的成就与面临的挑

---

① IAP，即独立活动期（Independent Activities Period），它在 MIT 已经有近 40 年的历史，时间从一月份的第一周到一月份的月末。在这期间，MIT 的所有成员都可以参与不计算学分的活动，活动包括组织、倡议、参加诸如会议、论坛、体育运动、系列讲座、旅游、朗诵和比赛等。

战，参与"本科生研究机会计划"的经历对自己本科生涯的影响，或任何有关本科生研究机会计划的总体评论。如果有发表的研究成果，还需要提交一份复印件。对于指导教师来说，评估报告的主要内容是评价学生所取得的进步，包括学生对研究项目的贡献，学生的工作态度，是否推荐对学生进行经济支持或其他项目支持，以及对"本科生研究机会计划"总体评价等。①

（四）基于问题的学习的教学模式与方法

基于问题的学习（problem-based learning，简称PBL）是1969年产生于加拿大麦克马斯特大学的一种教学模式与方法。这种教学模式与方法一经产生，就受到了世界各大学，特别是研究型大学的欢迎与仿效，而且还被应用到了医学教育之外的其他学科领域，如健康学、社会学、工程学、建筑学、商务、法律、经济、管理、数学、农业等。以美国为例，到1989年，美国127所医学院中，8所在全部课程中采用或提供PBL教学模式，96所在部分课程中采用PBL教学模式。②而到目前，几乎所有的美国研究型大学都实施PBL教学模式。在一些研究型大学还成立了推进PBL教学模式与方法的改革机构。③PBL教学模式在美国研究型大学的广泛采用，除了PBL本身在培养创新人才方面的优势外，也与美国一些学术、科研组织等的推动有密切关系。如1984年美国高质量高等教育研究小组发布的《投身学习：发挥美国高等教育的潜力》要求，本科生的"课程内容不仅直接着眼于学科知识，而且着眼于学生的分析能力，解决问题的能力、交流能力和综合能力"④。1987年美国卡内基教学促进基金会发表的《学院——美国本科生教育的经验》指出，教师需要"研究不同的教学方式，以确定各种方式的结果"，需要"创造性教学，鼓励学生们置身于知识的海洋"。⑤1998年博耶研究型大学本科生

---

① MIT. MIT's Undergraduate Research Opportunities Program［EB/OL］.［2010-09-18］. http://web.mit.edu/urop/.

② Peter Schwartz, Stewart Mennin & Graham Webb. Problem-Based Learning: Case Studies, Experience and Practice［M］.London: Kogan Page,2001:2.

③ 刘宝存.美国研究型大学基于问题的学习模式［J］.中国高教研究,2004(10):60—62.

④ 吕达,周满生.当代外国教育改革著名文献(美国卷·第一册)［G］.北京:人民教育出版社,2004:44.

⑤ 吕达,周满生.当代外国教育改革著名文献(美国卷·第一册)［G］.北京:人民教育出版社,2004:168.

教育委员会发表的《重建本科生教育——美国研究型大学发发展蓝图》研究报告指出,"研究型大学的本科教育要求重新强调约翰·杜威几乎一个世纪前所提出的观点:学习是基于指导性的发现而不是基于信息的传递。"同时该报告指出特拉华大学实施的PBL教学模式就是一个极好的案例。[1]这些组织不管是对PBL教学模式间接地提倡,还是直接地提倡,都极大地推动了这种教学模式在美国大学,特别是研究型大学的发展。

  PBL教学模式的理论基础主要是发现学习理论。发现学习理论是由美国著名的教育心理学家布鲁纳提出的一种学习理论。这种理论认为,教学过程就是在教师的引导下学生发现知识的过程。这就要求在教学过程中,教师不把学习内容以定论的方式直接呈献给学生,而是向学生提供一定的材料(情境、问题或资料等),由学生通过一系列的独立探索行为,去发现并习得新知识。发现学习的主要目的在于发展学生的智力,培养学生的探究思维能力。PBL教学模式就是对这种理论的一种创造性应用,它的基本思想同样主张学生知识的获取应该是一个主动探索的过程,而不是一个接受的过程。PBL教学模式与传统的接受型教学模式的主要区别体现在假设范式、教师角色、学生角色和环境等方面(见表4-4)。

表4-4 PBL教学模式与传统教学模式的区别

	传统教学模式	PBL教学模式
知识	从教师转移到学生	由学生与教师共同构建
学生	被动的容器,等待老师用知识灌输	自身知识的主动的构建者、发现者和传输者
学习的本质	学习是个人的事;需要外界的动力	学习是社会的事,需要有利的环境激发内在的动力
老师的目的	把学生分类、分等级	培养学生的能力和才能
关系	学生之间和教师与学生之间无人际关系	学生之间或教师与学生之间有人际交往
背景	竞争/个人主义的	课堂上合作学习,教师间的合作团队

---

[1] The Boyer Commission on Educating Undergraduates in the Research University. Reinventing Undergraduate Education: A Blueprint for America's Research Universities [EB/OL].[2010-09-18]. http://naples.cc.sunysb.edu/Pres/boyer.nsf/673918d46fbf653e852565ec0056ff3e/d955b61ffddd590a852565ec005717ae/$FILE/boyer.pdf . 2010-09-18.

第四章 世界主要研究型大学教学模式与方法改革比较研究

（续表）

	传统教学模式	PBL教学模式
假设	只要是专家就可以教学	教学是复杂的，需要很多培训

资料来源：赵海涛，刘继和."基于问题的学习"与传统教学模式的比较研究［J］．外国教育研究，2007（12）：55．

  PBL教学模式的基本程序包括五个阶段。第一阶段，组织合作小组。PBL教学模式通常采取的是小组合作的形式，因为问题的解决单靠个人的力量往往是很难完成的，通过组建合作小组可以做到集思广益，有利于问题的解决。所以，在使用PBL教学模式时，一般均会首先组建一个合作小组，包括教师在内。第二阶段，提出或呈现问题。问题的提出或呈现可以有多种形式，最通常的做法是由教师给学生提供问题的少量信息，可以是个案，也可以是论文、录像等。同时，问题一般是新的，而且与学生的生活实际联系比较紧密。第三阶段，学生自主探究学习。这个阶段主要是解决上一阶段提出的问题，可以是自主探究，也可以是小组合作探究。在此过程中，教师在适当的时候也会给予启发。学生解决问题主要围绕问题的目标、研究假设、验证假设等展开。其间通常要经过多次的讨论，特别是对一些学习的要点。第四阶段，成果展示。在这一阶段，学生需要对研究的过程、研究的结论进行汇报，可以采取图表、口头报告、表演等形式。第五阶段，反思总结。反思的内容主要是解决问题的过程及所得到的知识。如需要考虑这个问题与以前所碰到的问题有何相同点与不同点，解决的途径有什么相同与不同之处；还有如在整个问题的解决过程中，自己与他人各自的角色以及得失等。下面我们以美国加州大学欧文分校（University of California, Irvine，简称UCI）社会生态学院（School of Social Ecology）的"人类行为导论"（Introduction to Human Behavior）课程为例来作进一步的说明。

  在美国加州大学欧文分校，"人类行为导论"课程的注册学生达350到400人，是社会生物学专业的必修课程之一，同时也是其他专业的辅修课程之一。由于PBL教学模式是围绕"问题"而展开教学的，所以该门课程也根据内容划分为若干问题。每一个问题一般用三周左右的时间完成。以"情感是如何影响记忆"问题为例，它的教学目标是使学生：（1）了解当前有关情感影响记忆的理论与研究；（2）在对相关研究材料阅读的基础上提出自己的假设；(3) 评价资料看是否与自己的假设相一致；(4) 获得关于心理研究（一种形式的）是如何进行自我实践认识。围绕着这些目标，该问题的PBL教学分为下列几节课：第一节是第一周的星期二，任务是完成问卷，引出问题；第二节课是第一周的星期四，任务是形成假设与资料分析计划；第三节是第二周的星期二，任务是精炼假设和资料分析，研究记述；第四节是第三周的星期二，上交论文。具体如下：

第一节课的教学主要包括四个方面的内容：其一是让学生阅读有关记忆的概述性文章；其二是教师进行一个关于人类记忆的理论和研究的讲座；其三是让学生填答一个问卷，并分析研究参与者对同一问卷的回答；其四是引入问题，并在课堂结束时向学生分发一个PBL案例的书面描述以及一些参考资料。第二节课的教学也包括四个方面的内容。其一是让学生阅读有着冲突结论的关于情感影响记忆的文章。其二是教师进行一个关于情感理论的讲座。其三是让学生观看辛普森（O. J. Simpson）案件（上一节课分发材料即是关于这个案例的）审判的电视转播录像。其四是小组活动，即要求学生与自己邻近的同学组成4人小组，并进行如下活动：（1）讨论他们对于辛普森案件审判的记忆的准确性。（2）作出一个关于人们对于上述案件审判的情感反映如何影响他们对此案件的记忆的可验证性假设。做出的假设应该能用问卷数据检验。课堂结束同样会分发学生一些阅读的材料，并会布置家庭作业。家庭作业包括两个方面，一是阅读三篇有关情感影响记忆的文章，二是写出关于参与者的情感如何影响他们的记忆的一个自己的假设。第三节课的教学内容主要包括三方面的内容：其一是教师进行一个关于情感和记忆的关系的讲座。其二是学生阅读包括大量假设案例在内的关于情感如何影响记忆的三篇以上文章。其三是小组活动，主要是小组根据教师选择的30名参与者对于上述案件审判的不同情感反映的调查结果（10名为极度高兴、10名为极度生气、10名为没有情感反映）来讨论他们关于情感影响记忆的假设如何得到验证。最后是教师来回答小组提出的有关问题，并布置个人家庭作业。家庭作业的内容是写一篇5页纸的论文，论文要求包括假设、文献综述、分析计划、结果和结论。同样在课堂结束时会分发给学生一些材料。第四节主要就是上交论文，并评析。①

二、以实践为取向的教学模式与方法

在创新型人才培养方面，世界主要研究型大学在教学模式与方法的选择上也特别注重学生的实践能力的培养，由此形成了几种有代表性的教学模式与方法，包括服务性学习（service learning）、高峰体验课程（Capstone Experience Course）等。

（一）服务性学习的教学模式和方法

服务性学习是20世纪60年代兴起于美国的一种教学模式与方法。该时期出现的民权运动（civil rights movement）、和平队（Peace Corps）、"服务美国志愿队"（Volunteers in Service to America，简称VISTA）是服务性学习教学模式与方法产生的重要时代背景。1969年，美国南方地区教育委员会（Southern Regional Education Board），亚特兰大市，亚特兰大城市队（Atlanta Urban Corps），和平队，服务美国志愿队，美国健康、教育和福利部联合在亚特兰大市举办了有关服务性学习的利弊以及这种教学模式在美国高校中的应用学术研讨会。此次会议提出了三条建议：一是高校应该鼓励学生参与社区服务，并使他们认识到学术学习是这种服务的一部分，以及给予这种学习学术认可；二是高校、私人组织、联邦和州政府应该为那些意欲参与服务性学习的学生提供机会与资金；三是学生、公私立机构人员、高校教师都应该参与计划和实施服务性学习项目。②

20世纪80年代以来，服务性学习在一些组织机构的推动下，在美国高校得到了蓬勃发展。这些组织机构包括校园外展机会联盟（Campus Outreach Opportunity League）、全美服务与保护队协会（National Association of Service and Conservation Corps）、全美青年领袖理事会

---

① Linda Levine & Kim Babb. Remembering the Verdict: A Problem-Based Learning Approach to Studying the Effects of Emotions on Memory[EB/OL].[2010-10-16]. http://www.pbl.uci.edu/winter2000/p9.html.

② National Service-Learning Clearinghouse. History of Service-Learning in Higher Education[EB/OL].[2010-10-10]. http://www.servicelearning.org/what_is_service-learning/history_hesl.

(National Youth Leadership Council)、美国青年服务组织（Youth Service America）等。目前，服务性教学模式与方法已经在世界很多国家的研究型大学普遍实施，如加拿大、新加坡、英国、法国、德国等。

服务性学习的核心是"课程、服务与反思的结合"，"在服务性学习中，服务活动是精心组织的满足社区实际需要的活动，但同时也有明确的学习目标，必须为学生提供经验性的学习体验，也就是说将服务整合到学术性课程之中，使学生在社区服务的过程中应用新学到的知识，对所做所见进行反思，促进在课堂教学中所学到的知识技能，并增强社会责任感和公民意识。"[1] 服务性学习的理论基础主要包括以下一些：一是美国著名教育家约翰·杜威的教育哲学和社会哲学思想。前者包括杜威的反省、探究、经验主义和从经验中学习等理论，后者包括杜威关于公民、社区、民主的理论。[2] 二是美国教育家大卫·库伯（David Kolb）的体验式学习理论。他认为经验学习过程是由四个适应性学习阶段构成的环形结构，包括具体经验、反思性观察、抽象概念化、主动实践。三是巴西教育家保罗·弗莱雷（Paulo Freire）的批判教育学理论。该理论反对灌输式（banking）教育方法，并认为只有通过探究、实践才能使人成为真正的人。[3]

服务性学习的具体实践模式常因文化传统、学校特色等方面的不同而有所不同。例如在美国的大学中，服务性学习的基本模式有：一次性的或短期的服务性学习、连续的课外服务性学习、课程中的服务性学习、集中的服务性学习等。[4] 尽管服务性学习的模式存在诸多差异，但大体而言，都包括三个阶段。第一阶段为学习阶段，主要是明确课程的任务与目标。在这一阶段，学生主要是在教师的讲解或指导下，明确参与服务的目的、任务、目标、主要策略（例如：如何识别问题、如何收

---

[1] 刘宝存,王维,马存根.美国高等学校的服务性学习[J].比较教育研究,2005(11):43—47.

[2] Dwight E. Giles Jr. & Janet Eyler. Theoretical Roots of Service Learning in John Dewey: Toward a Theory of Service Learning[J].Michigan Journal of Community Service Learning, 1994,1(1):77—85.

[3] Dick Cone & Susan Harris. Service-Learning Practice: Developing a Theoretical Framework[J].Michigan Journal of Community Service Learning, 1996,3(1):31—43.

[4] 刘宝存,王维,马存根.美国高等学校的服务性学习[J].比较教育研究,2005(11):43—47.

第四章　世界主要研究型大学教学模式与方法改革比较研究

集资料）等。第二阶段为服务阶段，即进入现场，开始进行服务活动。在该阶段，学生们按照既定的计划参与服务活动，在参与过程中，需要记录和日志，同时根据学科任务的特点，对一些观察到的现象等作详细的记录。第三阶段为反思与评价阶段，主要是根据日志与记录对服务过程进行全面的分析与评价，并找出问题的答案，从而学到新的知识。下面我们以美国马里兰大学（University of Maryland）的服务性学习为例来作进一步的说明。

马里兰大学是美国著名的一所公立研究型大学，该大学自1993年以来开始在本科生教育中实施服务性学习的教学模式与方法。目前，马里兰大学使用服务性学习进行教学的课程有美国人研究（American Studies）、人类学（Anthropology）、天文学（Astronomy）、商务与管理（Business & Management）、音乐教育（Music Education）、哲学（Philosophy）等50多门。根据马里兰大学的《服务性学习教师手册》（Faculty Handbook for Service-Learning），服务性学习的教学模式与方法主要包括如下几个步骤。①

第一，编制课程计划。课程计划主要包括课程描述、课程目标、课程方法、服务目标、其他可能性等。以一门"非洲裔美国人研究和美国人研究"的跨学科课程为例，其课程计划如下：

课程描述（Course description）：该课程的重点是种族、性别、阶级和其他方面的身份是以怎样的方式形成生活在美国的人们的人生经历。

课程目标（Course goals）：学生考察个人身份构建、个人生存经历的物质现实、文化与意识形态的意义系统以及社会制度之间的关系。同时学生尽力解决物质世界、建筑环境和我们的市区影响我们多元身份的方式以及我们影响我们的物质世界的方式。

课程方法（Course methods）：除了日志、课堂报告、课堂参与外，本课程还要求综合的原创研究和服务活动。学生需要研究和分析两个本地计划社区（Greenbelt, Langston Terrace），前者最初是计划给白人家庭，后者最初则是为黑人家庭。学生需要写一篇论文来分析这个服务基地，并且将自己的发现置于该课程所检验的学术文献中。通过服务，学

---

① University of Maryland Commuter Affairs and Community Service. Faculty Handbook for Service-Learning [EB/OL]. [2010-10-20]. http://www.csl.umd.edu/faculty_staff/ServiceLearning.pdf.

生与他们所研究和交际的社区成员一起工作,这可以让学生更好地了解人们与他们的物质环境的关系。学生还应该探索他们影响社区的变化方式。

服务目标(Service goals):学生应该运用他们从阅读、课堂讨论和研究中获得的知识来促进他们所研究的社区的变革。例如,学生可以鼓励居民理解他们社区的历史。

其他可能(Other possibilities):由于该课程是一门跨学科课程,所以学生可以设计一个集成一整套学科专长的项目。例如,建筑系的学生可以选择用文件证明历史结构,而艺术史和历史保护专业的学生可以选择研究、清理和保护社区的建筑装饰。对于非洲裔美国人研究、美国人研究、人类学、女性研究史的学生来说,则可以通过访谈或梳理有关社区历史发展的资料来为公共图书馆的收集服务。

第二,准备服务。在进入现场服务之前,使学生做好准备是服务性学习的一项重要教学工作。准备工作主要包括课程概览、后勤、服务学习的概念、与项目相关的问题、学生的期望和设想、综合计划等。这几项的具体内容见表4-5。

表4-5 马里兰大学服务性学习准备工作内容

概览(Overview)	·学习目标 ·服务时间(可以用小时数或其他标准) ·服务类型 ·完成服务的具体要求 ·日志上交与评价的时间
后勤(Logistics)	·交通 ·适合的穿着 ·风险管理 ·服务点出现问题时的联系人 ·期望参与机构提供什么类型的培训与监督
服务性学习概念 (The Concept of Service-learning)	·服务学习的教学法 ·使用服务性学习的原因 ·所选服务类型与该课程的相关性 ·反思如何进行 ·学生与他们的机构可能制定什么类型的服务目标 ·学习目标与服务目标的相关性
与本项目相关的问题 (Broader Issues Relating to the Project)	·与学生一起工作的人(数) ·所服务机构提出的问题 ·影响与学生一起工作的人口的经济、公共政策、历史背景和社会问题

第四章 世界主要研究型大学教学模式与方法改革比较研究

（续表）

学生的期望和设想（Students' Expectations and Assumptions）	・询问学生希望从本项目中获得什么 ・讨论学生们对与他们一起工作的人们的老套看法、印象、设想与担心 ・询问学生以前与不同背景人们工作的经验
综合计划（Integration Plan）	学生需要考虑自己的活动与课程内容之间是如何相互关联的 ・首先写一篇在服务基地观察所得的"语码转换"论文 ・记录在服务基地观察所得的关于从课程中学到的理论如何应用于实践的日志 ・通过访谈工作人员及孩子将自己的发现在班上呈现 ・对于一些小组活动，挑选一些阅读材料并且设计一个给孩子讲故事的活动

注：本表根据马里兰大学《服务性学习教师手册》内容整理，详见：http://www.csl.umd.edu.sixxs.org/faculty_staff/ServiceLearning.pdf

第三，开始服务。即根据计划进入服务基地开始进行有计划的服务活动。马里兰大学服务性学习的服务类型有三种。第一种是直接服务，即直接给服务基地或社区的个人服务，如辅导小孩，为疗养院的居民举办一次晚会，为无家可归者在收容所进行一次健康检查，在军事流动厨房做一次饭等。第二种是非直接服务，即为机构服务，而不是为个人服务。如现场为儿童医院的病人制作礼物，在食品分发中心进行食品分类，粉刷收容所的外墙等。第三种是间接服务，即为一些问题、人口或社区等进行的不在现场的服务。例如募捐活动，为疗养院的居民寄送食品包裹等。

第四，反思与评价。反思的内容主要包括：批判地思考服务的经验，理解在更大背景下服务经验的复杂性，检查自己的态度、信念、设想、套路，将服务经验与课程概念关联起来，在实际情境中检验理论，形成基于服务经验的结论；使用课堂知识以提供更有效的服务等。反思的书面工具除学生的服务日志外，还包括直接的写作、电子邮件讨论、案例研究、脱手牌（Exit cards）、考试论文问题（Essay questions on exams）等。评价的主要内容包括：学生在多大程度上实现了服务目标，服务目标的满足程度，每一个学生的成功之处，班级整体的成功之处，服务机构的成功之处，被服务机构的人们的成功之处等。评价的方法既可以把"服务"作为一个文本进行评价，也可以对"服务性课程"本身进行评价，包括使用服务性课程学生调查表等。

（二）高峰体验课程的教学模式与方法

高峰体验课程是20世纪80年代诞生于美国大学中的一种教学模式与方法，目前这种教学模式与方法已经被世界许多国家的大学所采用，特别是研究型大学。从历史的角度看，这种教学模式与方法主要是针对大学毕业生在综合实践能力方面的不足的现象而提出来的。1985年美国学院联合会（Association of American Colleges）发表了经过三年研究形成的《学院课程的整合：给学术共同体的报告》（Integrity in the College Curriculum：A Report to the Academic Community），该报告呼吁重新界定大学本科学士学位的意义与目的，并建议本科教育应为学生提供九种体验（experiences），包括：探究；抽象的逻辑思维和批判分析；读、写、听、说能力；理解数字资料；历史意识；科学；价值、艺术；国际的和多元的文化体验；深度学习。同时，报告还特别指出本科教育应重视课程的整合，因为传统的教学模式与方法没有为学生提供一个整合自己专业各门课程的机会。[①] 美国社会学协会（American Sociological Association）1990年则明确建议采用高峰体验课程来实现整合（integration）、深度和掌握的目标。[②] 1998年美国博耶研究型大学本科生教育委员会发表的《重建本科生教育：美国研究型大学发展蓝图》也提倡研究型大学采用高峰体验课程的教学模式与方法，同时还提出了关于采用高峰体验课程教学模式与方法的五个建议：（1）高年级习明纳或其他适合某一专业的高峰体验课程需要成为每一个本科生计划的一部分。理想的高峰体验课程应该将教师、研究生和高年级本科生凝聚到共同分享或互相加强的项目中。（2）高峰体验课程应该为本科生的毕业工作期望和标准以及职业领域做好准备。（3）这样的课程应该是先前探究学习的结果，它拓宽、加深以及整合该专业的全部经历。（4）专业项目可以从先前的研究经验或实习经验中发展。（5）只要有可能，高峰体验课程要使本科生进行合作。[③] 在这一建议之下，高峰体验课程的教学模式被越来越多的美国

---

① Association of American Colleges. Integrity in the College Curriculum：A Report to the Academic Community[R].Washington：Association of American Colleges，1985：2-24.

② Christopher D. Carlson & Richard J. Peterson. Social Problems and Policy：A Capstone Course [J].Teaching Sociology，1993，21(3)：239-241.

③ The Boyer Commission on Educating Undergraduates in the Research University. Reinventing Undergraduate Education：A Blueprint for America's Research Universities [EB/OL].[2010-09-18].http://naples.cc.sunysb.edu/Pres/boyer.nsf/673918d46fbf653e852565ec0056ff3e/d955b61ffddd590a852565ec005717ae/$FILE/boyer.pdf.

第四章 世界主要研究型大学教学模式与方法改革比较研究

研究型大学所采用,同时这种教学模式与方法也被英国、日本、澳大利亚、法国等国家的研究型大学所采用,成为教学模式改革的一种重要改革趋势。

高峰体验课程的教学模式与方法的理论基础主要是美国心理学家马斯洛(Abraham Harold Maslow)的"需要层次理论"。[①] 马斯洛将人的需要分为五个层次,分别为生理需要、安全需要、社交需要、尊重需要和自我实现的需要。"'高峰体验'是指当人处于较为良好的环境中,或当个体自我需求与期望得到最大限度的满足与实现等情况下,所迸发出的一种情绪高涨、欣喜若狂的情感体验,简言之,即自我需要得到最大限度满足时所获得的美好情感体验。"[②] 高峰体验可以在任何一个需要层次上体验。高峰体验课程的教学模式与方法就是让学生在本科学习结束时产生一种高峰体验。

由于"高峰体验课程的目标是多元的"[③],这种教学模式与方法在不同的研究型大学以及不同的课程中常采取不同的实施方式,如包括项目研究、个案研究、小组学习、口头交流、书面交流、实践学习等。下面我们以澳大利亚墨尔本大学(University of Melbourne)采用高峰体验课程教学模式与方法的其中一门课程——商务实习课程(Business Practicum)为例来说明。

澳大利亚墨尔本大学的商务实习是一门在大三开设的课程,它要求学生运用先前学习到的多学科知识技能和理论,学分为12.5。该课程的教学目标有三个:一是使学生能够解释大三所学的商务理论和实践知识如何有助于解决现实的商务问题;二是使学生能够在给定的项目限制条件下研究、分析、评价和提议实践中的商务抉择;三是使学生能够和小组成员、学术导师和实习组织来找出关键的策略问题,评价选择、交流进展和检验方向。在接触时间(Contact Hours)上,该课程分为在校上课时间和在实习机构时间两个部分,其中在校上课时间为15小时(包括习明纳和咨询),在实习机构(Practicum Organisation)的时间最少

---

① 董盈盈,文新华."高峰体验"课程:大学生实践能力建设的新探索[J].江苏大学学报(高教研究版),2006(3):18—21.

② 董盈盈,文新华."高峰体验"课程:大学生实践能力建设的新探索[J].江苏大学学报(高教研究版),2006(3):18—21.

③ 刘宝存.美国研究型大学的高峰体验课程[J].中国大学教学,2004(11):61—62.

40小时。① 具体为：学生需在学校参加6次星期一上午进行的习明纳活动，每次2小时；另外，学生还需在学校参加3次咨询期（Consultation Periods）的活动，每次需达1小时。在实习机构的时间为10周，每周半天（大约4小时，或者在上午的8点到1点之间，或者在下午的1点到6点之间），具体的时间需要参照实习单位的正常工作时间。②

具体在实习机构，学生以4人小组的形式开展一个具有战略意义的实习机构的具体商务项目，并通过实践研究提出专业性的建议。该课程还规定，一个合适的商务项目需要具备以下特点：（1）在连续10周的时间架构内，一个4人小组的总工作时间大约为600小时。（2）应该是一个开放的问题，即可以应用多种方法并可以提出多种建议，而不能是只有单一、最好的和唯一的答案的问题。（3）不能简单地是一个访谈或调查或以一个访谈或调查为主，例如不能只是数据收集，而是还需要对数据进行综合分析才能提出建议。（4）必须首先应用商务课程知识。如果其他非商务的、专业的或科学学科知识也要求的话，则来自实习机构的咨询援助应该可以得到。（5）要在学生可以观察和参与的"现实世界"中的商务和商业工作场所进行。

该课程的学业评价主要是总结报告（Final Report）和内容文件（File of Contents），并在复习周（Swot Vac）开始之前完成。总结报告的字数要求是2万字左右，小组中的每一个成员分别需写5000字。总结报告和内容文件合占学生总成绩的60%。剩下的40%为整个学期中的一些小的项目的评价分数。其中包括，每个学生需代表自己的小组准备2篇短篇书面习作（6%），每一个小组也需要准备一个短篇视频陈述（10%）。另外，参与小组活动的情况以及对小组的贡献占总成绩的15%，团队合作占总成绩的9%。③

---

① The University of Melbourne. (325-330) Business Practicum[EB/OL].[2010-10-22].https://handbook.unimelb.edu.au/view/2009/325-330.

② The University of Melbourne. Capstone Experience Report[R/OL].[2010-10-22]. http://tlu.fbe.unimelb.edu.au/papers/academic_resources/Capstone.pdf .

③ The University of Melbourne. (325-330) Business Practicum[EB/OL].[2010-10-22].https://handbook.unimelb.edu.au/view/2009/325-330.

The University of Melbourne. Capstone Experience Report[R/OL].[2010-10-22]. http://tlu.fbe.unimelb.edu.au/papers/academic_resources/Capstone.pdf.

第五章
我国研究型大学教学模式与方法改革对策研究

当今世界各国之间日益激烈的竞争从本质上而言是人才的竞争,因此,如何培养具有国际竞争力的高水平人才,成为各国高等教育改革的战略重点。2010年7月29日公布的《国家中长期教育改革发展规划纲要(2010—2020年)》中就明确提出要"牢固确立人才培养在高校工作中的中心地位,着力培养信念执着、品德优良、知识丰富、本领过硬的高素质专门人才和拔尖创新人才"①。研究型大学是高等教育体系中各种学术资源最丰富的学校类型,培养符合时代要求的拔尖创新型人才既是社会对研究型大学提出的要求,也是研究型大学自身不可推卸的责任和使命。

研究型大学培养人才的途径包括课堂教学、科学研究、校内外实践等,其中,教学是人才培养的最基本途径。如果一所大学的教学模式与方法不适应培养拔尖创新型人才的要求,即使有再多的教育经费也是徒然,仍然无法培养出国家急需的人才。正如中国高教学会名誉会长周远清教授所言,"没有什么时候比现在对教学方法改革的要求更为迫切,更为强烈了。如果大家天天讲创新,讲创新能力培养,而丝毫不去触动在人才培养中扼杀创新能力、创新意识的教学方法,那就等于自己骗自己。"② 因此,对我国研究型大学教学模式与方法改革的研究就显得尤为必要和迫切。

---

① 教育部.国家中长期教育改革发展规划纲要(2010—2020 年)[EB/OL].[2010-08-24].http://www.moe.edu.cn/edoas/website18/30/info1280446539090830.htm.

② 周远清.周远清教育文集(三)[M].北京:高等教育出版社,2007:339.

第一节 我国研究型大学教学模式与方法改革的历史演变

在对我国研究型大学教学模式与方法改革进行研究前，有必要确定本研究中相关概念的具体含义，并对其历史演变进行梳理。

一、我国研究型大学的界定

世界上最早的研究型大学是德国1810年成立的柏林大学，而明确提出研究型大学的概念并把它作为高等学校类型则始于美国。那么，什么是研究型大学呢？1970年，美国卡内基教学促进基金会首次提出高等学校分类标准，按照高等学校承担的学术任务的不同，将美国高等学校划分为不同的类别，以此作为研究美国高等学校的一种工具，"研究型大学"被划分为美国高等学校的类型之一。其后，卡内基教学促进基金会又分别在1973年、1976年、1987年、1994年、2000年、2005年和2010年对分类标准进行了修订。值得注意的是，卡内基教学促进基金会2000年后的高等学校分类标准已经与1994年有了很大的不同。根据1994年美国卡内基教学促进基金会的高等学校分类标准，研究型大学分为研究型大学Ⅰ类和研究型大学Ⅱ类两种类型。研究型大学Ⅰ类的标准是：提供领域广泛的学士学位计划，承担直到博士学位的研究生教育，给研究以高的优先权，每年至少得到4000万美元的联邦政府资助，每年至少授予50个博士学位。研究型大学Ⅱ类的标准是：提供领域广泛的学士学位计划，承担直到博士学位的研究生教育，给研究以高的优先权，每年得到1550万—4000万美元的联邦政府资助，每年至少授予50个博士学位。根据这个标准，至1994年美国共有研究型大学125所。2000年8月，卡内基教学促进基金会出台了新的高等学校分类法，把原来的研究型大学与博士学位授予大学合并，将类似的层次分为博士学位授予／研究型大学（广博型，共148所）、博士学位授予／研究型大学（集中型，共113所）两类，研究型大学的边界淡化。2005年的高等学校分类方法中，把博士学位授予大学（Doctorate-granting Universities）界定为每年至少授予20个博士学位的高等学校，同时又根据大学的科技研发支出、非

第五章 我国研究型大学教学模式与方法改革对策研究

科技研发支出、博士后人数、非教职研究人员数、人文学科博士授予数、其他学科博士授予数这六个方面数据的总和，连同参与研究、教学和公共服务全职教师数量的总和这两个指标，把博士学位授予大学又分为三类：两个指标数值都显示为"高"的为研究能力很强的研究型大学（RU/VH）；两个指标中的一个数值显示为"高"的为研究能力强的研究型大学（RU/H）；两个指标数值都不显示"高"的为普通博士学位授予/研究型大学（DRU）。①2010年的分类标准仍然沿用2005年分类办法。卡内基教学促进基金会对于"研究型大学"的界定和分类标准在世界范围内产生了很大的影响，许多学者在对自己国家的高等学校进行研究时都会在一定程度上借鉴此概念及其标准。但由于国情不同，各国的研究型大学的特征和评价指标亦会有差异，人们对研究型大学的认识也仁智各见。

在我国，虽然研究型大学建设可以追溯到20世纪50年代的重点大学建设时期，但官方首次明确提出"研究型大学"的概念却是在国务院学位办草拟的《中国学位与研究生教育发展战略报告2001—2010（第四稿）》中，而且至今没有关于"研究型大学"概念及内涵的明确标准。对此，一部分学者从不同的角度尝试对中国的研究型大学进行界定。复旦大学高教所参考美国研究型大学的定义，结合我国高等教育的实际情况，提出"凡在中国大陆的大学，如果其一级学科的博士学位点授予权数占全校一级学科总数的50%以上，二级学科硕士学位点授予权数占全校二级学科总数的80%以上，而且其年度科研费用相当于或超过年度教学经费的大学，都属于中国研究型大学"②。2002年，张振刚在将美国卡内基教学促进基金会的高等学校分类标准与中国的实际情况对比后认为，美国对"研究型大学"的界定标准并不适合中国的研究型大学。他认为，"无论是从大学分类，还是从民间的大学排名结果看，中国建有研究生院的大学与美国的广博型研究型大学在博士点的规模以及在国家高等教育的位置上，具有很大的可比性和相似性。因此，中国建有研究

---

① The Carnegie Foundation for the Advancement of Teaching.The Carnegie Classification of Institutions of Higher Education (2000, 2005 edition)[EB/OL].[2010-08-24]. http://www.Carnegiefoundation.org/Classification.

② 林荣日.中国研究型大学综合实力评价指标体系设计.2001年复旦大学"研究型大学综合实力评价研讨会"论文.

生院的大学已经具备了研究型大学的特征。"[①] 2003年，王战军则明确提出"研究型大学是以知识的传播、生产和应用为中心，以产出高水平的科研成果和培养高层次精英人才为目标，在社会发展、经济建设、科教进步和文化繁荣中发挥重要作用的大学"[②]。

2005年，由武书连领衔的《中国大学评价》课题组将全国所有大学的科研得分降序排列，并从大到小依次相加，至数目达到被评价大学总数的5%为止；各个被加大学是研究型大学。以此标准，2005年该课题组评出了37所研究型大学。2010年，课题组最新公布的中国研究型大学共为36所，其中33所"985工程"大学，3所"211工程"大学。2008年，杨林、刘念才则在借鉴美国卡内基研究型大学分类标准的基础上，结合我国当前高等教育的实际情况，将我国的103所大学评为研究型大学，并将其分为世界知名大学、国内著名大学、学科/区域特色大学、一般大学四类。[③]

由于本书的重点是教学模式与方法的改革，研究型大学只是一个限定范围的概念。因此，出于方便研究的目的，本书中所指的"我国研究型大学"将综合学者们的共同智慧作出较为宽泛的界定，即指"985工程"大学。截止到2010年上半年，我国入选"985工程"的大学共有39所，具体包括清华大学、北京大学、中国科技大学、南京大学、复旦大学、上海交通大学、西安交通大学、浙江大学、哈尔滨工业大学、南开大学、天津大学、东南大学、华中科技大学、武汉大学、厦门大学、山东大学、湖南大学、中国海洋大学、中南大学、吉林大学、北京理工大学、大连理工大学、北京航空航天大学、重庆大学、电子科技大学、四川大学、华南理工大学、中山大学、兰州大学、东北大学、西北工业大学、同济大学、北京师范大学、中国人民大学、中国农业大学、国防科技大学、中央民族大学、西北农林科技大学、华东师范大学。

[①] 张振刚. 中国研究型大学分类研究[J]. 高等工程教育研究, 2002(4):26—30.

[②] 王战军. 什么是研究型大学——中国研究型大学建设基本问题研究(一)[J]. 学位与研究生教育, 2003(1):9—11.

[③] 杨林, 刘念才. 中国研究型大学的分类与定位研究[J]. 高等教育研究, 2008(11):23—29.

二、我国研究型大学教学模式与方法改革的历史进程

研究型大学的教学模式与方法是一个看似简单，实则十分复杂的问题。在高等教育阶段，没有一个通用的教学模式，也无所谓最为有效的教学方法。同样的教学模式与方法在不同学科的课堂上发挥的作用大不相同，同样的教学模式与方法由不同的教师来运用时，教学效果也不一样。由于研究型大学不同于中小学，一般而言，研究型大学的教学模式与方法都具备以下几个特征：一是更多地要注重学生的主体性特征。研究型大学的教学活动从本质上而言还是学生在教师的指导下自我建构认知与发展个性的过程，因此，教学模式与方法的选择必须重视学生、适应学生的需要。二是具备研究性特色、探索性更强。研究型大学人才培养的目标定位即为研究型人才，因此，在教学活动中必然要注重培养学生的研究意识，引导他们更深入地探索知识，从而养成科学态度与科学精神。三是具备鲜明的学科专业特色。研究型大学是实施学科专业教育的机构，一般学科门类及专业数量都较多。不同学科专业的教学既应该考虑到学科自身的特点，也应考虑社会需求的差异，使教学模式与方法与学科专业特色相吻合。①

尽管"教学模式"作为专门概念是在20世纪70年代才由美国学者乔伊斯提出来的，但我国对研究型大学教学模式与方法的改革历程却可追溯到新中国成立之初。

（一）1949—1966年间我国研究型大学的教学模式与方法改革

新中国成立后，由于前期主要是对旧教育进行接手、改造，忙于学校的建设，对教学模式与方法的改革尚未大规模进行。为了适应当时经济建设和社会体制的需要，我国从1952年起进行院系调整，由此建立了一批全国重点院校，这些重点院校就是现代研究型大学的前身。

从1952年秋季起，我国开始全面学习苏联，教育界也大量地引进苏联的教育教学理论，基本恢复到赫尔巴特或凯洛夫的教学方法理论上。教育部规定大学从一年级起采用苏联教学计划和教学大纲，组织教师翻译苏联教材，成立教学研究室，学习苏联教学方法。1958年，中共中央、国务院发布了《关于教育工作的指示》，在这一纲领性文件的指导下，我国高等学校开始了群众性的教学改革活动，主要内容包括调整系

---

① 别敦荣，王根顺．高等学校教学论[M]．北京：高等教育出版社，2008：110—111．

科、专业，组建新专业，修订教学计划，将生产劳动列入教学计划等。在这场教学改革活动中，大学师生下厂、下乡进行现场教学、调查研究，参加实际工作，在一定程度上推动了高等教育的发展。但由于不恰当地理解理论联系实际，最终导致高等教育异常混乱，例如，在"单科独进""现场教学"等教学形式下，削弱了基础理论教学等。针对此问题，1961年9月，中共中央批准试行《教育部直属高等学校暂行工作条例（草案）》（"高校六十条"），涵盖教学、科研、生产劳动、思想政治工作等多方面内容。《教育部直属高等学校暂行工作条例（草案）》对高等学校教学工作作出了以下规定：高等学校必须以教学为主，努力提高教学质量，每学年应有8个月以上的时间用于教学。学生参加生产劳动的时间一般为一至一个半月。高等学校要加强政治理论的教学，贯彻理论联系实际的教学原则，切实加强基本理论、基本知识教学和基本技能训练。①

由于这一时期教育部提出了"以培养工业建设人才和师资为重点，发展专门学院，整顿和加强综合性大学"的方针，因此，专才教育，尤其是高等工科教育和师范教育成为了重点发展对象。与此对应的是，这一时期我国研究型大学的教学模式与方法也具备一定的学科特色。我国研究型大学的教学过程普遍采用了苏联的做法，主要有课堂讲授、习题、讨论、答疑、实验、教学实习、生产实习、课程设计（论文）、毕业设计（毕业论文）等。就教学方法而言，"以教师为中心"的教学思想使课堂讲授成为这一时期最主要的教学方法。我国研究型大学的专业教学强调系统地掌握基础理论，因此，十分重视教师的课堂讲授，力求做到概念明确、条理清晰、重点突出。工科教育向来重视培养学生的动手能力，因此，许多理工科大学还开设了习题课、实验课、讨论课等多种形式的课程。这些课程的教学目标各有不同，教师会依据不同的课程类型采取不同的教学模式与方法。

客观地讲，"文化大革命"前17年的中国高等教育的改革与发展虽然存在偏激冒进之处，但不可否定的是，这一时期的大学的教学模式与方法有一些做法是值得肯定的。例如，苏联模式强调学生要掌握基本理论知识，重视生产实习等。1977年8月，邓小平就在全国科学和教育工

---

① 刘志鹏，别敦荣，张笛梅. 20世纪的中国高等教育·教学卷（上卷）[M]. 北京：高等教育出版社，2006：94.

作座谈会上明确指出："对全国教育战线17年的工作怎样估计？我看主导方面是红线，应当肯定。"①

（二）"文化大革命"期间我国研究型大学的教学模式与方法的极端化

"文化大革命"期间，许多理工科大学大多采取结合典型工程组织教学的方式。例如，1967年，同济大学实施了"结合典型工程进行教学"，并逐步成为全国理工科大学教学改革的典型。其具体做法是：根据专业教学的需要，按照由浅入深、由易到难的原则，选择好几个有代表性的工程，通过真刀真枪的设计、施工和有计划的理论教学，把边干边学与系统教学结合起来，完成全部的教学任务。该校试点班为期1年半的教学主要是结合3个典型工程来进行的。②

除了结合典型工程组织教学外，当时的大学还有按照"战斗任务"来组织教学的方式。以复旦大学为例，1969年9月，复旦大学办了一个不分系科专业的"五·七"文科试点班。试点班开办不久后，上海市委革命大批判写作组对"文科大学怎么办"展开了一场讨论，并提出"文科大学一定要搞革命大批判"的"战斗任务"。复旦大学以此"战斗任务"为中心进行了教学模式与方法的改革。1971年，上海市委革命大批判写作组对复旦大学"五·七"文科试点班的教学改革进行了经验总结：以革命大批判带动教学，围绕着革命大批判，把社会调查、总结交流、学员自学和教员辅导这几个环节有机地联系起来；在组织与安排上，既要坚持立足现实、有的放矢的原则，又要注意战斗任务的典型性、连贯性（由浅入深、由小及大、由简到繁）。③1973年1月8日的《文汇报》对复旦大学"五·七"文科试点班的教学模式与方法改革经验的总结是：一是结合战斗任务组织教学；二是实行自学为主的原则；三是提倡辩论的学风。④

---

① 刘志鹏,别敦荣,张笛梅.20世纪的中国高等教育·教学卷(上卷)[M].北京：高等教育出版社,2006：125.

② 刘志鹏,别敦荣,张笛梅.20世纪的中国高等教育·教学卷(上卷)[M].北京：高等教育出版社,2006：112.

③ 程晋宽."教育革命"的历史考察：1966-1976[M].福州：福建教育出版社,2001：350—351.

④ 刘志鹏,别敦荣,张笛梅.20世纪的中国高等教育·教学卷(上卷)[M].北京：高等教育出版社,2006：114—115.

"文化大革命"期间,我国研究型大学的教学模式与方法的主要特征是强调学生在教学过程中的主动性,重视工、农、兵、教师在教学中的作用,边学边干,以解决实际问题为着眼点。[①] 虽然其中一些具体的经验是实际可行的,但却大多出于政治原因,带有严重的"左"倾思想。

(三)改革开放以来我国研究型大学的教学模式与方法改革

"文化大革命"的结束标志着一个旧时代的逝去。改革开放以来,我国高等教育的发展保持了稳定、持续的发展趋势。其间,在国家政策的引导下,研究型大学对自身的建设进行了积极深入的探索,教学模式与方法也有了长足的发展。

改革开放初期,高等学校贯彻"调整、改革、整顿、提高"的方针,开始启动教学改革。1978年9月,教育部在《关于高等学校理工科教学工作若干问题的意见》中强调要切实保证以学为主,并从时间上作出了明确规定,以减少政治运动和其他活动对教学的冲击,由此确立了教学在高等学校中的中心地位。1985年的《中共中央关于教育体制改革的决定》规定,将制订教学计划和教学大纲、编写和选用教材的权限下放给高等学校,国家教育行政部门只制定"基本培养规格和教学基本要求",对教学计划和教学大纲的制订与修订一般只提出原则性指导意见,供各高校参考。该文件还明确提出要"减少必修课,增加选修课,实行学分制和双学位制"。[②] 除了国家政策开始下放高等学校自主权外,许多重点大学也开始主动探索因材施教的措施。例如,浙江大学1985年开始办"混合班",即把推荐入学和高考中高分录取的学生,不分专业混合编为一个班,制订单独的教学计划,培养具有理科基础的工程科学人才,实行"起点高,进度快,要求高,着重能力培养,精讲精练,用外语教学,高淘汰"等教学原则。[③] 浙江大学的混合班教学模式证明学生的学习潜力很大,培养出了一批文化业务水平较高的人才,中国科技大学等14所院校也开始效仿开办了"少年班"。

---

① 刘志鹏,别敦荣,张笛梅. 20世纪的中国高等教育·教学卷(上卷)[M]. 北京:高等教育出版社,2006:115.

② 中国高等教育学会. 改革开放30年中国高等教育发展经验专题研究[M]. 北京:教育科学出版社,2008:408.

③ 刘志鹏,别敦荣,张笛梅. 20世纪的中国高等教育·教学卷(上卷)[M]. 北京:高等教育出版社,2006:145.

随着国外先进教学思想的传入，我国传统的以课堂讲授为主的教学模式与方法开始受到质疑。许多研究型大学以"教会学生如何学习"为教学模式与方法改革的目标，不仅开始减少课内学时，而且将启发式、讨论式、研究式等新的教学方法引入课堂。例如，文科类院校开始引进"案例教学"，通过精选的案例引导学生进行分析和讨论，以培养学生分析和解决问题的能力，也促进学生掌握相关的基本理论。理工科院系则在原有实验课的基础上，安排一定的"设计性实验"，即教师只提出实验的项目和目的，实验的各个具体步骤，如方案选定、仪器选择、实验操作、数据分析、报告撰写等则是在教师指导下由学生独立自主进行。①此外，电化教学成为主要的教学手段，同时计算机辅助教学也开始进入大学课堂。尽管这一时期我国研究型大学的教学模式与方法改革取得了一定进展，但在计划经济的大背景下，这种改革还是带有统一性、计划性的时代特征。

20世纪90年代以来我国开始进入社会主义市场经济时代，社会主义市场经济对研究型大学所培养的人才提出了更高的要求。研究型大学既要面向社会需求办学，又必须坚持全面发展的教育方针；既要考虑到学生的就业，也要考虑学生及国家的长远发展。为了适应社会背景的新变化，1994年，国家教委正式开始实施"高等教育面向21世纪教学内容与课程体系改革计划"，希望以此促进教学模式与方法的改革。1995年，在素质教育的思潮引导下，教育部开始开展大学生文化素质教育试点工作，这是一项重要的教学改革。大学生文化素质教育除了将文化素质教育贯穿专业教育始终、加强校园人文环境建设等措施外，重要的是强调文理知识的交叉影响。例如，对理工类学生重点开设文学、历史、哲学、艺术等人文社会课程；对文科类学生则适当开设自然科学课程。另外，为了充分调动高校教师的积极性，深化教学改革，国务院1994年发布了《教学成果奖励条例》，1997年第一次颁发普通高等学校国家级优秀教学成果奖，且最终形成了国家级、省级和校级优秀教学成果奖励机制。

有的学校在对这一时期的教学方法进行总结时认为其有四个转变：课堂教学从灌输性教学向探索性教学转变；实验教学从验证性实验向设

---

① 刘志鹏，别敦荣，张笛梅. 20世纪的中国高等教育·教学卷（上卷）[M]. 北京：高等教育出版社，2006：159.

计实验转变；成绩考核从应答性考试向创作性考试转变；毕业论文从模仿性训练向研究性训练转变。[①]而计算机在教学中的辅助作用则有了更进一步的发展，许多研究型大学都建设了教学科研网、逐步开设了网络课程等，研究生的学习计划离不开计算机。

进入21世纪，我国高等教育开始步入大众化时代。2000年，教育部下发了《关于实施"新世纪高等教育教学改革工程"的通知》，开始在全国高校中进行教学改革。"新世纪高等教育教学改革工程"的总目标是：通过对已有教学改革成果的整合、集成和深化研究，使之更加系统化、科学化，同时开展更大范围、更深层次的教学改革实践，经过5年左右的努力，在我国初步形成具有中国特色和时代特征的现代教育思想，能够主动适应新世纪经济和社会发展需要的人才培养体系，能充分调动学校和师生积极性的教学运行机制，有利于培养素质教育的高水平、高素质的教师队伍，有利于培养大学生创新精神和实践能力的教学条件保障体系。[②]为了保障高等教育教学改革的顺利进行，2002年，教育部出台了《普通高等学校本科教学工作水平评估方案（试行）》，开始对我国的高等学校进行5年一轮的教学质量评估。截至2008年10月，已有592所本科院校完成了教学评估，其中包括所有的研究型大学。在此过程中，此前一直在我国研究型大学中占据主导地位的专才教育思想也开始面临改革，许多研究型大学开始积极探索、大胆实验，初步积累了一些通才教育的经验。例如，北京大学自2001年起开始实施"元培计划"进行通才教育的尝试。该计划贯彻"加强基础、淡化专业、因材施教、分流培养"的办学方针，学生进校后只按文、理分类，不分专业。文、理科学生混合分班，混合住宿，为不同专业同学之间的交流和学习提供条件。同时，元培学院对学生在校四年的学习、思想政治教育、党团活动、生活管理等实行全程管理。此外，学校还从各院系聘请资深教授作为导师，通过讲座、座谈等活动开阔学生的学术视野，对学生选课、选专业、学习内容及方法、科研活动等方向进行指导。学生在低年级时主要接受通识教育，在他们对北大的学科、专业等具体情况进一步

---

① 教育部高等教育司.高等教育教学改革1999[C].北京:高等教育出版社，2000:156.

② 应望江.中国高等教育改革与发展30年[M].上海:上海财经大学出版社，2008:258—259.

第五章 我国研究型大学教学模式与方法改革对策研究

了解后,一般在第四学期前根据自己的兴趣选择专业。[①]2007年,教育部、财政部正式启动"高等学校本科教学质量与教学改革工程",大力加强实验、实践教学改革,倡导启发式教学和研究性学习为核心,探索教学理念、培养模式等全方位创新。

综上所述,随着科技、经济和社会的发展,我国研究型大学的教学模式与方法改革也经历了一系列的变化。首先,教学理念的变化。教学理念是教学模式与方法的选择依据,它引领着研究型大学教学模式与方法的改革方向。从新中国成立至今,专才教育、素质教育、通识教育、创新教育等不同的教学理念都分别影响过我国高等教育,在不同的教学理念下教学模式与方法的改革也有不同的着力点。其次,教学过程中师生关系的变化。最初,我国研究型大学的师生关系是以苏联模式为范本的"教师中心",而后,"教师主导与学生主体相结合""双主体论""学生中心"等新观念开始登上历史舞台。目前,我国研究型大学十分重视发挥学生的积极性,使学生主动进行学习、研究。再次,传统教学方法的变化。研究型大学尝试改变单方面灌输的教学方法,逐步减少教师讲授的时间和比例,更加重视启发学生进行独立思考。讨论式教学、案例教学、课程设计等新式教学方法在研究型大学课堂上出现的比例日益增高。最后,研究型大学开始强调教学和科研的结合,积极探索学生参与教师的科学研究项目,培养学生的初步科研能力和创新实践能力。同时改革传统的实践教学模式,倡导实行开放式、综合性、设计性实验实践教学模式。[②]此外,教学手段也实现一定的发展。20世纪80年代初使用幻灯、投影,80年代中期开始利用声像资料发展电化教学,再到90年代后逐步推广应用计算机辅助教学(CAI),一直到世纪之交和新世纪广泛使用网络教学资源,这些现代科技的产物不断冲击、更新着研究型大学的教学模式。

第二节 我国研究型大学教学模式与方法改革的现状

目前,我国研究型大学的教学模式与方法改革已经取得了丰硕的成

[①] 北京大学.北京大学元培学院简介[EB/OL].[2010-09-01].http://yuanpei.pku.edu.cn/category.php?cid=1.

[②] 李正.中国研究型大学本科教育质量研究[D].上海:华东师范大学,2005:113.

果，各所大学不仅积极对教学模式与方法改革本身进行探索、实验，而且还致力于师资、课程、教学管理制度、教学硬件设施等配套措施的完善。尽管如此，我国研究型大学的教学模式与方法改革仍存在许多问题，需要国家、社会、大学以及教师等各方力量继续共同努力。

一、我国研究型大学教学模式与方法改革的成果

在我国，虽然研究型大学历来存在重科研、轻教学的倾向，但是作为一所学校，其最基本的职责仍是教学，因此，教学模式与方法改革对于大学，尤其是对作为培养拔尖创新人才的研究型大学而言更是异常重要。我国研究型大学立足中国国情、各校的校情，经过几十年的摸索，在培养学生的创新精神、创新意识和创新能力方面卓有成效。

我国著名教育家、武汉大学前校长刘道玉针对我国大学的教学"传授知识—接受知识"旧模式之弊和以教师为中心、以课堂为中心、以课本为中心的"三中心"教学制度依然顽固地统治今日的大学的状况，提出大学实施创造教育的"SSR模式"。在他看来，我们过去的教育之所以不成功，就是因为设计不正确，塑造的模具不适用，教育的模式太保守。"SSR模式"，第一个S是英文词组"Study Independently"的缩写，可译为自学或独立学习，是由学习者自己完成学习的一种方式。自学既是一种古老的学习方式，也是现代最值得提倡和推行的学习方法。我们说它古老，是因为自孔子始到现代的许多著名大学者，许多人是靠自学成才的，他们的知识也主要是靠自学而获得的。在面向21世纪之际，联合国教科文组织明确提出："新的教育精神使个人成为他自己文化进步的主人和创造者。自学，尤其是在帮助下的自学，在任何教育体系中，都具有无可替代的价值。"因此，自学是一个广泛的概念，不光适用于那些没有机会进入学校的人，也包括具有一定文化基础的一切人，特别是大学生、研究生都要普遍采用自学的方法来学习。第二个S是英文单词"Seminar"的缩写，指大学生在指导下进行研讨的一种形式，有时也指研讨式的课程。早在19世纪，在德国的大学里，开始使用习明纳方法。然而，把习明纳正式纳入教学计划，作为一种补充教学方法，还是美国哈佛大学于1904年首创的。目前，这种教学形式在国外十分流行，形式也多种多样。R是"Research"的缩写，意思是研究、探索。把科

学研究引入到大学中，是德国著名教育家洪堡在19世纪初柏林大学成立时倡导的一个基本做法。他认为，大学教学中，首先要使学生对于各种科学的统一性有相当了解，其次要培养学生从事研究的能力。教师的任务应当是对学生从事研究的一种引导，学生的任务应当是独立研究。SSR分别代表三种学习的方法，它们既是独立的又是相互联系的。同时，SSR又代表三个学习的阶段，由初级到高级，一环扣一环，一步比一步深入。SSR分别作为单个的学习方法，本早已有之，刘道玉的创新之处在于运用组合思维方法，把它作为大学的创造教育模式。①

除了教育家以个人经验为基础总结的教育改革观点外，更重要的是，各所研究型大学作为独立个体在教学模式与方法改革方面进行的积极探索。下面分别以中山大学、中国人民大学以及华南理工大学为代表来进行说明。中山大学形成了"通识教育、大类教学、复合创新"的本科人才培养教育观念和"厚基础、宽口径、扬个性、求创新"的人才培养特色。该校以精品课程建设为核心，实施课程体系改革，培育各级精品课程，创新教育教学课程体系与教育教学模式，构建医学专业"243"型课程体系，打造立体化教材体系。该校逐步推行以学生为主体的教学方法改革，注重学生科研与创新能力培养，积极建立和完善"立体化"的大学生创新实践能力培养系统，并促使学生尽早参加科研训练和创新活动。具体到本科教学改革方面，中山大学通过设置"复合类"专业，实施双学位、双专业和主辅修制度，构建学科交叉课程体系，开设"逸仙班"，鼓励大学生科研创新活动等途径来加强创新人才的培养。其中，值得一提的是中山大学的"逸仙班"在贯通本科与研究生教育方面的独特性。从2006年开始，学校在物理、化学、生物及经济（理科）类专业入学的新生中择优选拔120人组建"逸仙班"，以理科基地为依托，按学科群打基础，贯通本科与研究生教育，全程实行导学制。"逸仙班"学生本科四年期间，在课程修读、早期科研培训、实践教学等方面有更多的弹性学习空间，学生根据自身特点，在导师指导下提前修读研究生课程。优秀本科毕业生第五年直接攻读博士学位。此外，中山大学积极推进教学方法与手段的改革，鼓励和引导教师改革传统教学方法，逐步推行以学生为主体的教学方法改革，包括讨论式教学法、PBL教学法、模拟诊疗教学法，提高了学生自主学习能力、创新能力。

---

① 刘道玉.关于大学创造教育模式的构建[J].教育发展研究,2000(12):42—46.

国际视野下的研究型大学教学模式与方法改革

另外,中山大学还特别提倡启发式教学,鼓励讲授与自学相结合、讨论与交流相结合、指导与研究相结合、理论学习与实践学习相结合等多样化的教学方法。法学院法律诊所教育、模拟法庭和模拟法庭辩论比赛,岭南学院案例分析教学法,生命科学学院研究性教学法等,以及校内开展的电子设计大赛、数学建模、程序设计大赛,均成为开展研究性学习的有效途径。①从2005年起,该校还启动了双语教学课程建设项目,划拨专门的启动经费以立项的方式推进双语教学。

中国人民大学是一所以人文社会科学为主的综合性重点大学,被誉为"人文社会科学领域的一面旗帜",承担着培养人文社会科学人才的责任和使命。长期以来,学校奉行"道术结合、文理交融、中西会通、知行统一"的培养理念,坚持"宽口径、厚基础、多选择、重创新"的培养模式。为了培养拔尖创新人才,中国人民大学在2003年创办了经济学—数学(双学位)实验班,2004年创办了国学教育实验班,2006年创办了金融学—数学(双学位)实验班,2009年创办了工商管理—法学(双学位)实验班,以此满足新时代对高端复合型人才的需求。学校为实验班配备了一批理论功底深厚、教学经验丰富、师德师风高尚的优秀学者,分别讲授专业核心课程;邀请国际一流学者讲授前沿理论,并安排优秀博士生助教进行习题辅导。实验班采用单独建制和小班教学,引入导师培养机制,从学生的课程选择、学习进度和论文写作等方面给予指导,对学有余力的学生"量身定做"课外学习计划。2009年暑期开始,学校推出了全英语授课的"国际小学期"(暑期学校),授课的大部分教师来自国外一流大学,实验班学生踊跃参加"国际小学期"的学习并从中获得很大收益。此外,中国人民大学还十分重视学生的科研训练。实验班强调专业学习与创新型研究并进,采用启发式教学,加强师生互动。在课程中,教师指导学生阅读相关领域国际前沿文献,了解学术前沿动态;在课程外,建立由教师指导、学生自发组织的研究小组,鼓励学生发挥创造力,进行观点碰撞。在教师指导下,实验班学生参与了国家自然科学基金项目、国家社会科学基金项目等多项国家级重点课题以及多项省部级科研项目。例如,经济学—数学实验班主办了国内高校中唯一完全由本科生自主创办的学术刊物《数理经济学研究》(中、

---

① 中山大学教务处.中山大学本科教学工作水平评估自评报告[EB/OL].[2010-09-23].http://www.pgzx.edu.cn/upload/files/zpbg/zpbg0500.pdf.

英文版）。①

华南理工大学也在教学模式与方法改革方面取得了不俗的成绩。该校加强教学与科研的相互渗透，强调以科研为背景的教学和以教学为基础的科研，达到师生教学互动、学生研究性自主学习，以此来构建本科生和研究生的教学模式。为积极探索研究型教学新模式，学校从2000年开始做新一轮人事制度改革，实施"兴华人才工程"，分别组建教学团队、科研团队、教学辅助队伍团队和管理团队。在全校设置了近400个教学岗位，约占全校教师岗位的20%，对以教学为主的教师和以科研为主的教师实行分类管理：以教学为主的教师要用30%的时间和精力开展科研，以科研为主的教师要从事30%的教学工作，致力于打造一支具有创新精神和综合素质高的学者型教师队伍，并采取切实有效的措施鼓励他们投身到人才培养中。该校要求教师要及时把自己的科研成果转化成教学内容，把科研的思维、方法与体会及时传授给学生；积极改革课堂教学模式，努力完成从传统的以教师为中心的知识传授型向知识传授与探索相结合的转变；多采用参与式、讨论式、自学辅导式等方法，师生互动，教学相长，调动学生自主学习的积极性，激发学生的求知欲和创造性；在教学和训练方法中强化科学研究特色，注意培养学生批判和探索的精神。在总结前几年学生科研能力训练计划经验的基础上，从2004年开始学校全面推行学生创新能力培养计划，每年增加投入200万元，实施学生研究计划（SRP），通过鼓励学生参与教师科研实践项目，开展初步的探索性研究工作，帮助学生获得科学研究的兴趣、科研的基本训练和研究技能。该项计划与学校原有的"百步梯攀登计划"和学生竞赛计划三者统一起来，协调组织，使全校超过30%的优秀学生在校期间能至少参与一项科学研究训练实践。②

---

① 教育部.中国人民大学积极探索人文社会科学领域拔尖创新人才培养模式[EB/OL].[2010-10-24].http://www.moe.edu.cn/edoas/website18/level3.jsp?tablename=1263440017913682&infoid=1272445739584744.

② 李正."大工程"背景下的研究型大学工程人才培养[J].中国高等教育,2006(10):41—42.

二、我国研究型大学主要的教学模式与方法

经过60多年的革新与发展，我国研究型大学教学模式与方法改革取得了一定的进展。目前，我国研究型大学中存在着多种教学模式与方法，单就教学模式而言就包括传递—接受式教学模式、自学—辅导式教学模式、探究—研讨式教学模式等，不同的教学模式可以包含多种教学方法。实际上，这些模式之间并没有明确的界限，许多研究型大学往往把这些模式结合起来，或者把这些模式与其他模式结合起来。一般而言，目前我国研究型大学主要采用的教学模式与方法有以下几种：

（一）传递—接受式教学模式

传递—接受式教学模式是一种历史悠久的教学模式。在这种模式中，学生主要通过教师讲授和呈现的材料来掌握相关的知识和经验。具体而言，传递—接受式教学模式是指整个教学过程由教师主导，教师通过讲授、板书、演示等方式将相关知识直接传授给学生的一种教学模式。由于大多数的学习活动都是一种间接学习过程，教师的讲授是学生进行间接学习时效率颇高的一种教学方法，因此，传递—接受式教学模式作为一种最古老、最为传统的教学方法一直以来都受到教师的青睐。

传递—接受式教学模式的具体程序是预备—讲授—联想—评价—应用。在预备阶段，教师应用问答、谈话等方式唤起学生先前的相关知识体验，并阐明教学目标，为新知识的传授做好准备工作。讲授阶段是整个教学模式的重点所在，教师的任务是利用语言、肢体动作、板书、录像等多种方式将教学内容呈现在学生面前，使学生掌握新知识。联想则是指教师要引导学生指出新知识与旧知识之间的联系与区别，帮助学生有效地将新知识同化。评价是指教师要对学生的学习结果进行检测，了解学生对新知识的掌握情况。而应用则是指学生在习得新知识后，应该利用各种策略来对其进行巩固和迁移，从根本上掌握新知识。

在传递—接受式教学模式中，教师会使用讲授、问答、讨论、练习等诸多具体教学方法，其中最主要的教学方法就是讲授法。讲授法是指教师通过口头语言向学生描绘情境、叙述事实、解释概念、论证原理和阐释结论的教学方法，它经常被人与注入式教学相混淆。注入式教学亦称"填鸭式教学"，与启发式教学相对，是指教师在教学过程中，视学生为接受知识的容器，不顾他们的基础知识，理解能力和学习兴趣，用

强制的方法向学生灌输知识,并要求他们呆读死记。① 讲授法与注入式教学的关键区别在于是否能够引起学生的共鸣,成功的讲授能够调动学生思维的积极性,使其能够与教师的思路保持一致。

讲授法的优点在于其不仅可以充分发挥教师的主导作用,实现高效、系统的知识传递,保证教学目标的实现,而且应用范围也极其广泛。讲授法不受学科、年级的限制,其他各种教学方法实际上都是在讲授的基础上,或围绕讲授而结合进行的;同时,由于讲授法的应用成本很低,因此不受地域的限制。当然,讲授法本身也存在着天然的缺陷:其一是教学过程中学生的主动性受限,表现为"教师讲、学生听"的形式;其二是在具体操作过程中极其容易走入注入式教学的误区。因此,讲授法的关键在于教师的讲授是否能以学生的心理发展及学习动机为根据,即能否引起学生的共鸣,对授课教师的教学技能要求颇高。

虽然传递—接受式教学模式相较于其他教学模式而言更为程序化,教学过程和步骤的固定化容易使其成为缺乏生机的刻板程序,但这种教学模式的主要优点是教师在整个教学过程中处于主导地位,更容易控制教学流程,使学生在短时间内获得较大量的信息。因而,传递—接受式教学模式在我国研究型大学的应用就教学内容而言,主要集中在抽象程度高、学科内容复杂的课程,特别是不能从其他渠道得到的学科最新成果和前沿研究动态的课程;② 就教学对象而言,则适合应用于低年级学生。

(二)自学—辅导式教学模式

自主学习能力是研究型大学学生所应具备的基本能力之一。自学既包括有教师指导的自学,也包括无教师指导的自学。由于本研究的对象是师生双方的互动,因此,自学—辅导式教学模式是指有教师指导下的自学。自学—辅导式教学模式以人本主义理论以及建构主义理论为基础,强调对学生主体地位的重视,希望依靠学生的自我内部来主动建构知识。具体而言,自学—辅导式教学模式是指教师在发挥辅导作用的前提下,根据学生的认知特征、学习进度和对知识的掌握程度,给出相应的学习目标、学习策略、学习内容,让学生进行自主学习的一种教学模

---

① 顾明远.教育大辞典[M].上海:上海教育出版社,1990:200.
② 李剑萍.大学教学论[M].济南:山东大学出版社,2008:93.

式。① 该模式的应用前提是，学生自身已经具备一定的学科基础，能够根据已有经验来建构新知识。

自学—辅导式教学模式的基本程序包括提出任务—自学—启发—练习—总结。在教学活动开始之前，教师会根据教学目标对学生们提出具体的学习任务。学生在教师的辅导下，主动地、自由地开展探究活动，既包括学生个人的探究，也包括学生之间的合作互动式探究。在学生自学的过程中如果遇到不能解决的问题，教师有责任对其进行引导、启发，帮助学生顺利地完成学习任务。解决问题后，教师要及时布置练习题，使学生在反复应用中掌握新知识。学生的探究活动结束后，教师应及时对学生的学习过程及结果作出评价，或组织学生对探究活动进行自评、总结，使其形成相对系统的新知识，提高学生的自主学习能力。

自学—辅导式教学模式中的教学方法包括发现法、调查法、文献查阅法、实验法、讨论、练习等诸多具体教学方法，学生会根据不同的教学任务来选择不同的方法。例如，在理工类学科课堂上，学生们在自学阶段需要通过实验法来得到相关结论；而在文史类学科课堂上，学生则需通过文献查阅法了解相关背景知识，然后再进行总结，其中也有可能会涉及小组讨论；而社会学科则更强调学生的调查实践能力。无论应用何种教学方法，学生在整个教学过程中都是处于主导地位，教师只是负责辅助及引导，新知识的获得更多是依靠学生自己的提炼。因此，在自学—辅导式教学模式中最为重要的教学方法之一就是发现法。

发现法是指在教师不直接讲授科学结论的情况下，启发引导学生围绕所提供的教材或材料进行"再发现"活动，由学生自己概括出规律性知识，独立地寻求解决问题方法的一种教学方法。② 发现法的积极意义就在于其鼓励学生从传统意义上的"接受者"成为主动学习的"发现者"，不仅能够充分发挥学生的学习潜力，加深对新知识的理解，而且能够在发现学习的过程中增进学习兴趣，强化学习动机。不过，发现法虽有其可取之处，但也存在局限性：一是对学生的知识储备以及归纳能力要求颇高，对图书资料的要求也很高；二是在物理、数学等理科课程中容易进行，但在文科、工科、艺术类课程中则较难进行；三是耗费的

---

① 徐继存,赵昌木.现代教学论基础[M].北京:北京大学出版社,2008:117.
② 钱伯毅.大学教学论[M].合肥:中国科学技术大学出版社,1991:155—156.

时间和精力过多，教学效果不明显。①

自学—辅导式教学模式在学生分析问题、解决问题能力的培养方面具有较大的优势，但其对学校的文献资料、学生的知识储备及自学能力等方面的要求都颇高。研究型大学虽然能满足这种教学模式实施的硬件条件，但就教学对象的自身发展而言，自学—辅导式教学模式在高年级课堂上的教学效果应该会更为明显。

（三）问题—研讨式教学模式

问题—研讨式教学模式是一种以建构主义理论为基础的，以问题解决为中心，注重学生独立活动，以培养学生研究能力为目的的一种教学模式。这种教学模式在我国研究型大学中应用广泛，主要强调师生之间的互动。在研讨之前，师生双方都应该做好充分的准备，尤其是学生绝不能只是旁听，而要积极参与，成为课堂的主角。这种教学模式既可以单独使用，成为一堂专门的讨论课，也可以与传递—接受式等其他教学模式结合使用，加深学生对新知识的理解，其最终目的在于养成与提升学生研究能力。

一般而言，问题—研讨式教学模式的实施主要包括以下环节：问题—准备—讨论—总结。首先，教师应该依据教学内容和教学目标有目的地确定研讨的主要问题，使整个教学过程的展开有的放矢，既可以是课前布置的问题，也可以是在课堂上针对新学知识临时提出的问题。无论是作为一堂专门的讨论课还是穿插于其他形式课堂上的讨论环节，师生都应针对讨论主题进行准备，这样才能保证研讨的有效性。讨论阶段是问题—研讨式教学模式的核心所在，需要师生共同参与，是一种双主体模式。在讨论的过程中，教师要适时采用不同的策略来刺激学生发表自己的看法。讨论结束后，教师要对研讨过程及结果进行概略性总结，从学术探索的角度进行评价，肯定积极参与讨论的学生，增强学生对于学术研讨的信心。

问题—研讨式教学模式中的教学方法主要是课堂讨论法。课堂讨论法是将学生组织起来，激发思维，各抒己见来取得共识的教学方法，②目的是为了加深和运用所学的理论知识，发展与培养学生认识能力、口

---

① 续润华.发现法对我国高校教学方法改革的启示[J].河南职业技术师范学院学报(职业教育版),2003(1):86—88.

② 戚万学.高等教育学[M].济南:山东人民出版社,2006:96—97.

头表达能力等。按讨论问题的深度划分，可以分为基本问题的准课堂讨论和专题讨论。一般而言，准课堂讨论在低年级常用，主要是使学生加深对基本知识的理解，培养口头表达能力。而专题讨论则多用于高年级课堂，主要是培养学生的学术研究能力和科学态度，对学生进行科研训练。[1]课堂讨论法的优点在于其不仅可以提供学生的独立思考能力、语言表达能力、自学能力，而且能够使学生在与他人思想碰撞时，培养合理的竞争意识、合作意识，有利于学生的终身学习和发展。课堂讨论法除了能训练学生的思维方式外，还能进一步增强师生之间的情感交流。但其也存在一定的缺点，如不适合集中传授基本知识、学生在讨论时容易偏离主题等，这些都是与课堂讨论开放式的情境有关，是问题—研讨式教学模式不可规避的天然缺陷。

问题—研讨式教学模式允许学生在课堂上进行提问、探索、争辩，着重培养学生独立钻研能力，因此，其在我国研究型大学教学中的运用极其广泛，特别是在社会科学理论课程的教学中。

（四）程序—控制式教学模式

程序—控制式教学模式以行为主义理论为基础，是一种依靠教学机器和程序性教材，呈现学习程序（包括问题的显示）、学生的反应，并将学生反应的正误情况及时反馈给学生，帮助学生进行个别学习的教学模式。[2]这种教学模式主张将教学内容分为系统的步骤来实施，其在研究型大学，尤其是理工科院校中占据着一定的地位，是培养学生科学研究技能必需的教学模式之一。

程序—控制式教学模式的基本程序表现为目标—准备—程序—结果。首先，教师要选定适当的教学目标，不同的目标决定着不同的实现方式。在正式开始教学之前，师生都应做好硬件及软件方面的准备，尤其是应该将各种可控制的条件都按照教学目标调整至最理想的状态。在各方面条件都准备就绪的前提下，学生在教师的指导下按照固定的步骤进行学习。最终呈现的结果有多种可能，如果教学过程是前人的实践总结，则会达到教学目标，带有印证性；如果程序是师生新设计的，则会出现不同的结果，带有一定的探索性和不可知性。

程序—控制式教学模式中最典型的教学方法就是实验法。实验法是

---

[1] 李定仁.大学教学原理与方法[M].北京:科学出版社,1994:136.
[2] 钟海青.教学模式的选择与运用[M].北京:北京师范大学出版社,2006:129.

教师指导学生在特设的条件下，根据教学的要求，利用一定的仪器设备，使科学现象再现其产生和变化过程，以获得知识和操作技能的一种教学方法。①实验法在各级教育中都存在，而研究型大学中实验法与中小学不同的是，其具备专业性、设计性的特点。一般而言，根据实验在教学过程中的作用，可以将研究型大学的实验分为三种类型，即演示实验（验证性实验）、基础实验（训练性实验）、设计性实验（研究性实验）。其中，设计性实验具有一定的创造性，适用于高年级的专业课程教学，一般难度较大，综合性强，研究性突出。②

传统的实验法主要有以下特征：其一是实验室提供固定的条件；其二是思考问题所必需的信息可以便捷地从教材或教师那里得到；其三是一般都有确定的实验方法和步骤；其四是有已知的确定的答案。③这种教学方法的优点在于学生集中学习，教师在教学过程中便于管理；注重对学生实验技能的训练；实验成本低；对学生的评价标准比较统一。但其缺点也是显而易见的，实验过程基本上是按图索骥，学生长期在这样被动的教学环境下学习，不利于独立思考能力的养成。

近年来，我国研究型大学在大力推进实验教学内容、模式等方面的改革与创新，强调开放式创新性实验教学，这是符合时代需要的教学方法。开放式创新性实验教学可以理解为以学生为本的教学活动，通过开放教学内容、教学环境和教学资源，实现学生实践能力和创新精神的增强。在这种教学模式中，不同层次的学生可以依据实验教学目的和自己的兴趣爱好，自主选择实验内容、实验时间和地点等。④

（五）情境—陶冶式教学模式

情境—陶冶式教学模式以建构主义为理论基础，是指学生在教师提供的具体场景中，因情感获得熏陶而实现一定发展的教学模式。情境—陶冶式教学模式中最主要的教学方法就是情境教学法。情境教学法是指在教学过程中，教师有目的地引入或创设具有一定情绪色彩的、以形象为主体的生动具体的场景，以引起学生一定的态度体验，从而帮助学生

---

① 钱伯毅.大学教学论[M].合肥:中国科学技术大学出版社,1991:149.
② 别敦荣,王根顺.高等学校教学论[M].北京:高等教育出版社,2008:120.
③ 郑家茂,熊宏齐.开放·创新——实验教学新模式[M].北京:高等教育出版社,2009:16.
④ 郑家茂,熊宏齐.开放·创新——实验教学新模式[M].北京:高等教育出版社,2009:15.

理解教材，以使学生的心理机能得到发展的教学方法。①情境教学法不同于其他教学模式与方法的地方是，它不是以知识传授为突破点，而是以引起学生的情感共鸣为核心，因而有其独特的魅力。

情境教学法的具体操作步骤为创设情境—情境体验—总结转化。创设情境是指教师根据教学目标，以教学内容为中心，通过语言、幻灯片、音乐、实物等手段为学生创设一个特定情境，然后再通过游戏等各种活动将学生带入情境中来，让学生在主动参与活动的过程中潜移默化地进行学习，最后，通过教师的点拨让学生结合自己的情感体验，总结从情境中学到的知识，实现情感与知识的统一。值得注意的是，情境教学法中的"情境"不止局限于虚拟情境，它还包括多种衍生物，例如日常现象、实验、小故事、社会热点等问题情境；工厂、田间、野外等真实情境；模拟法庭、话剧等模拟情境等。正是由于"情境"的多元化使得情境教学法在研究型大学中的应用更加广泛，甚至在工科教学中也能窥见它的身影。

情境教学法的优点在于其将知识教学和情感体验自然地融合在一起，能够引起学生的学习兴趣，促进学生进行主动学习。但情境教学法也存在许多的隐患：一是情境的创设受学生已有经验的影响大。学习情境是由教师创设的，其发挥最大功能的前提是所有的学生都能体会到情境中所要传达的教育信息。可实际情况是，每个学生的已有经验都是不一样的，并非所有的学生都能领会到教师通过情境所要传达的教学内容。二是情境的可控性不稳定。在虚拟情境中教师能轻易地控制相关因素，呈现理想的情境。可是一旦"情境"拓展到真实环境中时，不可控的因素就更多了，不一定能最终实现教学目标。三是情感因素难以分析。情境教学法最引以为傲的优势恰恰是它的软肋所在，知情合一虽然是所有教学模式与方法所要追求的终极目标，但是对于教师而言，学生的情感因素却是难以分析的。师生双方在思想观、世界观、价值观等多方面都不相同，要想在他们之间寻找情感交融点是比较困难的事。

虽然情境—陶冶式教学模式对于教师而言是一种比较难以掌控的教学模式，但其成功后的教学效果却令人欣喜。目前，我国许多研究型大学都在语言类、艺术类课堂上推行了情境—陶冶式教学模式，其应用范围还有进一步扩张的趋势。

---

① 张忠华.现代大学教学方法论[M].哈尔滨:黑龙江人民出版社,2009:252.

第五章　我国研究型大学教学模式与方法改革对策研究

我国研究型大学课堂上的教学模式与方法除了前面详述的五类外，还包括其他的教学模式与方法，如示范—模仿式教学模式、掌握学习教学模式、计算机辅助教学法、合作教学法、案例教学法、暗示教学法、现场教学法等。各种教学模式与方法的优缺点都不尽相同，因此，研究型大学的教学过程中教师应该根据具体学科的要求，针对不同的教学情境和条件，灵活机动地选用适宜的教学模式与方法。

一般而言，教师在选择教学模式与方法的时候需要考虑以下因素：一是教学目标。教学目标是教学目的和任务的具体化，对整个教学活动起着引导作用。不同的教学目标应该对应不同的教学模式，例如，当教学目标侧重于知识学习的时候，教师可选择讲授法；而当教学目标侧重于技能训练时，实验法、讨论法等方法则更为合适。二是教学内容。教学内容是教学模式的构成要素之一，每一种教学模式与方法都对教学内容有一定的要求。例如，案例教学法要求教学内容具有基础性、基本性和示范性，而发现教学模式则要求教学内容本身就具备结构性，适用于逻辑性强的学科教学。三是学生的年龄特点和认知发展水平。不同的教学模式与方法适用的对象也有所不同，因此，将学生的年龄特点和认知发展水平作为考虑因素可以使教学模式与方法发挥更大的作用，不至于出现鸡同鸭讲的尴尬局面。例如，自学—辅导式教学模式以及问题—研讨式教学模式就对学生已有的知识经验、思维方式要求较高，比较适用于高年级。四是教师本身的特点。虽然每种教学模式与方法对教师和学生的主体性定位都有所不同，但不可否认的是，教师仍是教学模式与方法的实施者。每个教师的知识储备、语言表达能力、课堂掌控能力等个人因素都不尽相同，教师一定要对自己的教学风格有清楚的认识和定位，根据实际情况来选择教学模式与方法。例如声音富有感染力、朗读技巧高的教师可以选择情境—陶冶式教学模式。五是物质条件。物质条件可以说是教学模式与方法顺利展开的保障之一。研究型大学中许多教学模式与方法对物质条件要求较高，教师在进行选择时一定要考虑到这一因素。例如实验教学法对实验仪器有一定的要求，计算机辅助教学法则需要配备计算机设备以及相应的网络条件等。六是教学时间。不同的教学模式与方法对教学时间的需求不同。注重让学生自主探索的启发式教学法、强调给予学生充分表达自己思想的学术沙龙式教学法等都需要较多的教学时间。如果教务部门对课程教学时间的安排较紧，教师就不得不舍弃这类教学方法。

三、我国研究型大学教学模式与方法改革存在的问题

自我国设立重点大学60多年来，我国社会的政治、经济、文化等各方面都发生了翻天覆地的变化，教育作为社会的子系统之一必然也会发生结构性的变革。此外，国外教育思潮及各领域的教育改革成果也纷纷传入我国并产生了巨大的影响。在内外因素的共同作用下，我国研究型大学教学模式与方法改革取得了相当大的进展。尽管如此，相较于教学内容和课程体系等其他领域的改革而言，我国研究型大学教学模式与方法的改革还算较为缓慢的。

具体而言，目前我国研究型大学教学模式与方法主要存在以下几方面的问题：

第一，教学理念偏客观主义。教学理念是教学模式与方法改革中的灵魂，它贯穿于教学改革的各个部分，从根本上决定着改革的基本方向。我国大学教育长期以来都是奉行客观主义教学理念，这一理念认为人类所有的知识都是客观、可教的，而学习者获得知识的途径都是客观、公式化且可重复的。客观主义教学理念反映到教学领域时则体现为重视基础理论知识的讲授、重视表征系统的应用、教师占支配地位、推演式知识传授法等具体形式。尽管客观主义教学理念具备一定的可取之处，但在这种教学理念的指导下也会产生许多问题，例如教师容易忽视对学生情感、意志等主观能力的培养，学生会丧失在教学过程中的主动权，形成失衡的师生关系等。

第二，价值取向重理论轻实践。教学改革的价值取向具备一定的时效性，其既与一定时期的社会大背景联系极为密切，又会受到改革推动者的主观思维模式影响。因此，不同时期的教学改革价值取向有可能截然相反。从价值取向的目标上来看存在精英与大众、本土化与国际化、现代性与后现代性、基础性与专业性、"教师中心"与"学生中心"、理论与实践等多组对立概念。①虽然各种价值取向都具备一定的合理性，但在实践时不同学校的偏向有所不同，容易出现二元对立的两极化局

---

① 钟勇为.对大学教学改革取向的哲学思考[J].国家教育行政学院学报,2009(4):47—51.

第五章 我国研究型大学教学模式与方法改革对策研究

面。在高等教育大众化的背景下,目前我国研究型大学中仍盛行的传递—接受式教学模式的价值倾向就是片面强调系统的理论知识而忽视实践能力的培养。教育部原部长周济明确指出:"我国本科教学质量在世界上是先进的,但是也有严重不足,最为突出的就是实践能力较差。"① 这种价值取向使得我国研究型大学所培养的学生专业操作技能差、素质结构畸形,不能符合社会对高素质人才的需求。

第三,师生关系以教师为中心。师生关系是教学模式核心要素的表现形式之一,它的性质直接决定教学模式各种要素力量的发挥,决定教师和学习者的角色定位,决定教学模式与方法是否能促进学习者高阶能力的发展。② 不同的教学模式中的师生关系也有所不同,近年来虽然"学生中心"理念在高等学校中的应用越来越广泛,但千百年传承下来的以教师为中心的师生关系仍然在我国研究型大学中占据主要地位。这种师生关系使教师在教学过程中拥有绝对的话语权,学生的主体性地位丧失,不利于培养研究性人才的主动探索精神。

第四,教学组织形式与方法单一化。教学组织形式与方法是教学模式的具体体现,它会影响到教学过程中目标的设定、资源的配置、评价方式的确定等诸多方面。尽管我国研究型大学近年来在教学方法上进行了多种尝试,如以问题为导向的PBL教学法、习明纳等,但目前我国研究型大学的教学组织形式基本还是讲授式,其他研究式教学方法的应用并不普遍。这种单一化的教学组织形式与方法会降低学生的学习兴趣,不利于达成多种形式的培养目标,从而影响教学效果。

第五,教学评价不合理。教学评价是教学模式中十分重要的一个环节,会直接影响教学效果的优化。目前我国研究型大学的教学评价就方法而言较为简单,主要以纸笔测验为主,忽视质性评价;就评价主体而言主要是以教师为主,很少有自评和他人评价的方式;就评价内容而言,主要以知识为主,兼以能力评价,但很少涉及情感、态度、价值观;就评价重心而言,过于偏重终结性评价,忽视学习过程的评价。每

---

① 周济.大力加强教学工作,切实提高教学质量——周济部长在第二次全国普通高等学校本科教学工作会议上的讲话[EB/OL].[2010-19-13].http://www.people.com.cn/GB/jiaoyu/1054/3104044.html.

② 钟志贤.大学教学模式革新:教学设计视域[M].北京:教育科学出版社,2008:52—53.

个学生的个性、学习方式都不一样,现在的教学评价方法不利于学生个性化发展和全面发展,也不能达到以评价促进学生能力发展的目标。

第六,教学与科研的整合程度不够。研究型大学与其他类型大学相比的突出特色在于其在研究领域的卓越性,科研不仅应该成为大学服务于社会的途径,而且还应该成为培养人才的有效方法。在培养学生时,研究型大学既要让科研成为训练学生实践能力的方法之一,又要将最新科研成果反映到课堂教学内容中来,充分发挥研究型大学的独特优势。然而,目前我国研究型大学的教学与科研仍然界限分明,科研最新成果虽然偶尔会出现在学术前沿理论知识的课堂上,但科研活动本身仍是少数专业人士在课堂之外的活动,很少能够直接成为课堂教学的组成部分。教学与科研壁垒分明的现状使得更多低年级学生不敢主动参与到科研中来,不利于学生创新能力与实践能力的培养。

第三节 我国研究型大学教学模式与方法改革的对策建议

我国研究型大学教学模式与方法改革中虽然存在诸多问题,但从中也可以看到今后改革的方向。教学模式与方法是学校教育的特有组成部分,但是它从来就不是独立存在的。教学模式与方法的变化及发展不仅与学校各个组成部分相互联系,而且还深受学校之外因素的影响。因此,针对我国研究型大学教学模式与方法改革目前所存在的问题,本书将对影响教学模式与方法改革的内外因素进行分析,以期促进我国研究型大学教学模式与方法的改革。

一、全面确立创新型人才及拔尖创新人才培养目标

教学是研究型大学进行人才培养的重要途径之一,而确定培养目标是人才培养过程的起点,因此,人才培养的目标势必会影响到教学模式与方法的改革。具体而言,人才培养目标是大学培养什么样人的价值取向和具体要求,也是设计专业口径、改革教学内容与方法、优化培养途

第五章　我国研究型大学教学模式与方法改革对策研究

径、改革教学管理制度的基本依据与衡量标准。①人才培养目标不同，学校所采用的教学模式与方法也会有所不同。因此，可以说确立合理的人才培养目标是进行教学模式与方法改革的重要前提之一。

研究型大学人才培养目标是根据社会经济发展的需要不断进行调整的。目前，世界各国之间的竞争核心在于人才，而创新型人才更是社会各部门所急需的。所谓创新型人才，就是具有创新意识、创新精神、创新思维、创新能力并能够取得创新成果的人才。在知识经济时代，创新成为最为核心的特征，世界各国都不约而同地把培养创新人才作为高等教育改革的主要目标之一。这种培养目标既注重知识的传授，也注重能力的培养。以美国为例，1998年，博耶研究型大学本科生教育委员会发表了《重建本科生教育：美国研究型大学发展蓝图》的研究报告，明确提出"探索、调查、发现是大学的核心，大学里的每一个人都应该是发现者、学习者。"②"研究型大学应通过一种综合教育"，"造就出一种特殊的人才，他们富有探索精神并渴望解决问题，拥有代表其清晰思维和熟练掌握语言的交流技巧，拥有丰富的多样化的经验，这样的人将是下一个世纪科学、技术、学术、政治领域富于创造性的领袖。"③在此形势下，哈佛大学、麻省理工学院、加州大学伯克利分校等研究型大学纷纷修订人才培养目标，提出要培养创新人才。其中，1999年麻省理工学院对本科生教育的培养目标规定如下："麻省理工学院的本科教育致力于帮助学生发展适应现代社会挑战所需要的理解力、成熟的性格以及其他能力。麻省理工学院的教育扎根于广泛的学科领域，结合这些学科的力量来形成对价值和社会目标的看法。除了广泛的自由学习的机会之外，鼓励学生获得某一领域的基本知识和继续学习的兴趣，并成为创造性的

---

① 马廷奇.我国研究型大学人才培养模式改革新进展[J].高等教育研究，2009(4)：87—92.

② The Boyer Commission on Educating Undergraduates in the Research University. Reinventing Undergraduate Education: A Blueprint for America's Research Universities [EB/OL].[2010-09-18].http://naples.cc.sunysb.edu/Pres/boyer.nsf/673918d46fbf653e8525 65ec0056ff3e/d955b61ffddd590a852565ec005717ae/$FILE/boyer.pdf.

③ The Boyer Commission on Educating Undergraduates in the Research University. Reinventing Undergraduate Education: A Blueprint for America's Research Universities [EB/OL].[2010-09-18].http://naples.cc.sunysb.edu/Pres/boyer.nsf/673918d46fbf653e8525 65ec0056ff3e/d955b61ffddd590a852565ec005717ae/$FILE/boyer.pdf.

智力探索者，能够独立追求学问"；"麻省理工学院致力于给学生打下牢固的科学、技术和人文知识基础，培养创造性地发现问题和解决问题的能力。"[①] 美国研究型大学培养目标中对创造性的重视，以及为了实现培养目标所采取的措施，如探究性学习、本科生科研、服务性学习、合作学习等，正在获得世界性的影响，成为其他国家特别是发展中国家大学学习的榜样。

　　社会经济背景的变化以及世界高等教育发展的趋势推动我国研究型大学的人才培养目标开始与世界一流大学接轨，承担起培养高水平、创新型人才的历史重任。20世纪90年代末，面对科学技术突飞猛进和知识经济迅速兴起的挑战，我国党和国家领导人高瞻远瞩，顺应世界高等教育发展的潮流，明确提出了培养创新人才的教育目标。1998年通过的《中华人民共和国高等教育法》规定："高等教育的任务是培养具有创新精神和实践能力的高级专门人才，发展科学技术文化，促进社会主义现代化建设。" 教育部在1998年12月制订的《面向21世纪教育振兴行动计划》更明确规定："高等学校要跟踪国际学术发展前沿，成为知识创新和高层次创造性人才培养的基地。"这些文件以法律规范的形式，将大学培养创新型人才的目标制度化。

　　2002年，党的十六大报告中进一步提出了"造就数以亿计的高素质劳动者、数以千万计的专门人才和一大批拔尖创新人才"的目标。高等教育系统是具备一定层次与结构的有机整体，身处其中的各种类型高等学校的人才培养目标有所不同。进入新世纪，知识经济和科技发展都要求高等学校能培养出创新型人才，研究型大学除了这一时代任务外，还必须肩负独特的使命，即为国家输送拔尖创新人才。拔尖创新人才是指在社会科学、自然科学等各个领域内，具有强烈事业心和责任感、创新精神及创新能力的品德优良的高级专门人才，他们不仅能够成为各领域的带头人和杰出人才，而且能为国家的发展作出重大贡献。研究型大学比其他类型的高等学校获得的优质教育资源更多，应当肩负起培养拔尖创新人才的责任。例如，清华大学本科生的培养目标是造就高素质、高层次、多样化、创造性的拔尖创新人才。北京大学也提出了"为国家培养在各个领域有创新精神的、有国际化视野的领导型创新型人才"的理念。南京大学的本科人才培养目标是培养一流的"基础宽厚、文理通

---

① 王晓阳.大学社会功能的比较研究[D].北京:北京师范大学,2000:85.

融"为基本特征的基础型和应用型两类人才。基础型人才的培养目标是能够研究和发现自然界一般规律的人才,应重点掌握从事基础研究需要的基本知识和基本理论,具有一定的探索研究和创新能力。应用型人才的培养目标是将发现的一般自然规律转化为应用成果的"桥梁"人才,其培养重点是让学生具有坚实的一般基础理论,相关学科的基本知识及科技开发应用能力。[①]以创新型人才为培养目标的战略决策不仅使率先实验的研究型大学本身继续保持优势地位,而且其所培养的人才也十分符合就业市场对高层次人才的需求。

拔尖创新人才培养目标的确立要求研究型大学以此为目标并对教学、科研、社会实践等各种人才培养途径进行调整。具体到教学领域时,拔尖创新人才培养目标要求广大教师发挥主观能动性对陈旧的教学模式与方法进行改革,大胆实验,以更先进的教学模式与方法为工具,更有效率地实现培养目标。2010年7月29日,中共中央、国务院印发的《国家中长期教育改革和发展规划纲要(2010—2020年)》中明确指出:"高等教育着力培养信念执着、品德优良、知识丰富、本领过硬的高素质专门人才和拔尖创新人才。"[②]这就要求我国研究型大学应进一步贯彻创新型人才培养目标,把通识教育、专业教育和创新素质的培养有机结合起来,将宽基础、强能力、高素质的创新型人才继续作为今后较长一段时间内的培养目标。

二、构建多元、平衡的课程体系

课程是大学教育的核心,也是实施教学的载体。教师需要根据不同的课程性质应用不同的教学模式与方法,因此,多元且平衡的课程体系能帮助研究型大学教学模式与方法改革尽量避免出现两极化的价值取向。作为创新型人才的培养基地,我国研究型大学的课程体系应该在兼顾通识教育与专业教育、科学教育与人文教育、理论知识与实践锻炼的同时,自主开展各种课程改革实验,做到科研与课堂教学并举,促进科

---

① 李硕豪.我国若干研究型大学本科人才培养方案改革分析[J],高教论坛,2009(5):46—48.

② 教育部.国家中长期教育改革发展规划纲要(2010—2020年)[EB/OL].[2010-08-24].http://www.moe.edu.cn/edoas/website18/30/info1280446539090830.htm.

研成果及时转化为教学内容,而多元、平衡的课程体系可以为多种形式的教学模式与方法改革提供更广阔的空间。

我国研究型大学从20世纪50年代起开始模仿苏联教育模式,对课程体系进行了调整,重专业教育而忽视了通识教育。虽然自20世纪90年代特别是进入新世纪以来,高等学校开始调整课程体系,增加了通识教育课程的比例,但从总体上而言仍然偏重于专业教育。就整体培养方案而言,学生实践锻炼的机会也远远少于理论知识的学习。例如,清华大学在调研国外著名研究型大学课程框架的基础上,结合国情与校情,以建立适应"研究型"教学的课程结构为重点,初步形成了新的培养方案,确定了相对"简洁"的课程结构。新方案将本科教育总学分由200左右调整至170左右,其中课程学分由原来的170左右调整为140左右,课程门数由70余门减少到40余门,按照"通识教育基础上的宽口径专业教育"的原则,调整了各类课程的学分比例。以工科为例:自然科学基础占总学分的1/4,人文社会科学基础占1/4,专业相关课程占1/2。另外,各类集中安排的实践环节占30学分,包括夏季学期集中实践环节、综合论文训练。相当一部分实践与研究训练环节,融入到课程教学中进行。①

虽然我国研究型大学的课程体系调整已经取得了一定的进展,但比起国外研究型大学的课程体系而言,我国研究型大学仍有继续调整的空间。国外研究型大学除了课程的数量多、种类全之外,还开设了许多有特色的课程。其中多数特色课程都是讨论课,强调学生的主动参与,在"学生中心"的师生互动中培养学生的实践能力。这种课程性质不仅决定了教师必然要采用相应的教学模式与方法来刺激学生,而且也会使教学组织形式变得更为多样,有助于推动我国研究型大学教学模式与方法的改革。虽然由于国情、校情的不同,国外很多经验并不能直接照搬进国内大学,但却非常值得我国研究型大学研究、借鉴。具体而言,我国研究型大学在进行课程调整时需要注意以下三方面的问题。

第一,加强通识课程,增加课程的可选择性。课程的专业性和综合性一直是研究型大学课程取向的一对基本矛盾,研究型大学所培养的人才是能够应对各种复杂问题的拔尖创新人才,这一培养目标就要求用于

---

① 汪蕙,张文雪,袁德宁.关于研究型大学教学模式的认识和实践[J].清华大学教育研究,2002(1):17—22.

培养人才的课程体系需要具备宽口径、厚基础的特点，以复合型知识体系取代传统的专业知识体系。具体而言，人文社会学科的学生应该具备一定的自然科学知识，而自然学科的学生也应受到一定的人文熏陶。研究型大学可以通过开设专门的通识课程、跨学科专业课程等途径来增加通识课程的数量，加强通识课程。哈佛大学就拥有世界上最为精致的通识课程体系，主要体现在其核心课程领域。哈佛核心课程分为八个学习领域，分别为：美学与阐述性理解（AI）、文化与信念（CB）、经验与数学推理（EMR）、伦理推理（ER）、生命系统科学（SLS）、物理宇宙科学（SPU）、世界社会（SW）和世界中的美国（US/W）。每一个领域开设的课程数量从4门到22门不等，要求学生从每个领域至少选修一门课程。虽然哈佛大学的通识课程体系对于我国研究型大学而言也许是不可复制的，但它所反映的通识教育理念却是值得借鉴的。

第二，更新课程内容，实现课程内容的现代化。随着知识经济和科技的发展，社会对研究型大学也提出了与时俱进的要求。研究型大学不仅需要设立新的专业方向，而且还要及时更新课程内容。一方面，研究型大学设立的新专业一般具备交叉性，这从客观上要求新专业的课程内容也要具备交叉性和综合性，并能充分体现新时代的特征。另一方面，对于研究型大学原有的专业而言，其课程内容更是需要进行更新。无论是在自然学科还是人文社会学科中，教师都不能仅仅死守陈旧而固定的课程内容，而应在保留经典内容的同时，及时更新课程内容，将学科前沿知识引入课堂，实现课程内容与时代的结合，这样才能使研究型大学所培养的人才不至于落后于时代和社会的需要。

第三，注重课程内容与教学模式及方法的衔接。研究型大学的教师不能企望以一种模式或方法来教授所有的课程内容，不同类型的课程内容需要用不同的教学模式与方法来呈现及传递。同时需要注意的是，许多教学模式与方法并不局限于某一特定学科的课程教学中。例如，基于问题的学习虽然最初起源于医学领域，但除此之外，其还在健康学、社会学、工程学、建筑学、商务、法律、经济、管理、数学、农业等学科的教学中被广泛应用。因此，教师应该以实际的课程内容为依据，充分考虑学生的特点，选择适当的教学模式及方法。尤其对于刚刚入学的新生，教师更应该给予特别的关注，帮助新生度过从高中转入研究型大学的适应期。只有注重内容与方法的衔接才能使学生更高效地吸收教师所要教授的课程内容，从而最终实现研究型大学的拔尖创新人才培养目标。

总之，除了设置有特色的课程形态外，研究型大学在进行课程体系调整时还应注意课程的整合与重组，加强不同学科之间的交叉与融合；注意学生人文素养与科学素养的平衡培养；将实践与研究融入教学，体现出研究型大学的优势，以此来保障教学模式与方法改革的顺利进行。

三、以多样化的教学理念指导教学模式与方法改革

教学理念是教学模式与方法改革的核心，如果没有教学理念的变革，教学模式就不可能发生实质性变化。只有适应社会环境、时代背景的变化以及教育制度改革的教育教学观念才能对教学模式与方法改革起到正确的指导作用。传统的教学模式与方法受行为主义以及认知主义的影响，强调教师在教学活动中的主导作用，学生的主体地位处于被压制的地位。而当代研究型大学人才培养的目标是具有自主学习能力、创新能力和实践能力的创新型人才，强调学生的能动性。这一目标定位要求研究型大学应该及时转变教学观念，以新的理论基础来指导教学模式与方法改革。因此，从世界范围看，建构主义教学观继行为主义教学观和认知主义教学观之后，成为在研究型大学教学模式与方法改革中起着主导作用的教学理念。

建构主义认为教学不是简单的知识传授活动，它是依据一系列的社会假设来开展的。建构主义教学观认为教师和学生都不是既定的、封闭的学习场所的人员，他们是带着各自具体的、历史的社会背景来到学校的，并有意识地将这种社会化的背景因素渗透到教学活动中；教学中的知识也不是简单、中立的科学体系，而是承载着具体社会的价值、思想和方式等；教学过程是社会交流、碰撞和建构的实践。[1]正是由于建构主义教学观认为知识是不确定的，而学生是具有经验背景的，这种教学观指导下的教学模式与方法多推崇师生对话，强调课堂讨论和角色扮演等方法的重要性。此外，建构主义教学观对学生主体地位也极为重视，在课堂教学中主张每个学生学会理清和表达自己的见解，学会聆听和理解别人的看法，了解与自己相对立的观点，看到问题的不同侧面和不同

---

[1] 张忠华.现代大学教学方法论[M].哈尔滨:黑龙江人民出版社,2009:133.

的解决途径,培养学生的创新精神。尽管建构主义教学观符合当今研究型大学教学模式与方法改革的需要,但其缺点也是明显的。例如,建构主义教学观过于强调情境的偶然性与重要性,忽视对间接经验的学习,容易形成过于主观、以偏概全的知识体系;过于强调学生对意义的主动建构,带有强烈的相对主义色彩,忽视了真理的绝对性;过于强调对知识的理解,容易忽视对外部技能的训练。①

由此可见,尽管建构主义教学观已成为当代教学改革中最有影响力的教学理论,但我们也不能因此否定行为主义教学观和认知主义教学观的可取之处。例如,行为主义教学观强调将知识以刺激的形式呈现给学生,通过反馈、强化等方式来完成教学任务,其在程序—控制式教学模式中仍然大有可为。认知主义教学观尊重学生的认知发展规律,注重通过有意义的讲授教学来消除学生对知识的质疑,其所推崇的"先行组织者"策略在许多教学模式中仍然有用武之地。研究型大学作为各种思想汇集之所,应该在进行教学模式与方法改革时对各种指导思想兼容并包,以不同的教学观念来指导不同的教学情境。

四、优化教学模式与方法组合方式,实现教学效果的最优化

多年来,我国研究型大学教学模式与方法改革取得了丰硕的成果,目前大学中使用的教学模式与方法不下数十种。不同的教学模式与方法各有长短,各自适用的具体情形也不尽相同。例如,研讨类教学模式与方法更多地被应用于人文社会学科的教学中,而实践类教学模式与方法则更受自然学科的青睐。然而,不同的教学模式与方法并非壁垒分明,它们彼此之间的关系不是排他的,而是相互联系、相互补充的。例如,虽然讨论法可以充分调动学生的学习积极性,发挥他们的主观能动性和创造性,但是在这一过程中却容易忽视系统基础知识和基础理论的传授,因此,讨论法一般被应用于高年级课堂中。但如果将其与讲授法有机地结合起来,那么讲授法利于传授系统知识的优点恰恰可以弥补讨论法的不足,从而使讨论法也能在低年级课堂中被应用。此举不仅使两种

---

① 薛国凤,王亚晖.当代西方建构主义教学理论评析[J].高等教育研究,2003(1):95—99.

教学方法得以扬长避短,而且也都拓展了它们自身的应用范围。因此,教师应综合优化使用各种教学方法,充分发挥教学方法体系的整体功能。这样不仅能实现教学效果的最大化,而且还将最终提高人才培养的质量。

西方研究型大学中盛行的一年级习明纳虽然克服了传统大班接受性教学的不足,为学生提供了探究、讨论和交流的机会,但是习明纳并不能解决所有的问题,一年级习明纳课程在实施过程中也产生了一些问题。例如,有的学生也许会对与习明纳并不直接相关的问题感兴趣;部分课程超出了新生的水平;教师多是上讲授课,而不是习明纳;部分课程缺少内容;新生通常太害羞,不能完全投入;等等。[1] 为此,许多大学还推行了辅助一年级习明纳课程的相关措施。例如,加州大学伯克利分校设立"师生思想交流聚餐计划"(the Food For Thought program),旨在为师生提供非正式的课外交流的机会。参加该计划的教师,或者把习明纳安排在中午前后,与学生在公共餐厅共进午餐;或者安排在下午后半段,然后与学生共进晚餐。凡是实施"师生思想交流聚餐计划"的习明纳,都在课程介绍时予以标出。如果参加的习明纳没有实施该计划,学校建议学生通过其他方式与教师交流,如利用教师的答疑时间(office hours),或者邀请教师到公共餐厅一起进餐。哈佛大学还为本科生开设宿舍楼习明纳(House Seminar),宿舍楼习明纳的主题都有一定的广度和深度,注重理论与实践的结合,关注学生的特殊需要,为既有的课程体系注入新鲜和重要的内容。所有宿舍楼习明纳需要教师首肯后才能选修。需要说明的是,宿舍楼习明纳的对象比较广泛,以本科生为主,但不限于本科生,更不限于一年级学生。研究型大学的教学过程十分复杂,不仅教学内容丰富,而且教学活动所要实现的目标也是多方面的,既包括知识的掌握、能力的训练,还包括科研精神的培养。单一的教学模式与方法是很难完成教学任务的。因此,在教学过程中教师更应该选择、交替运用多种教学模式与方法,通过优化组合的方式使它们在最大程度上互助互利,实现共同的教学目标。此外,由于长期使用单一的教学模式会使课堂教学变得乏味、枯燥,因此,优化组合各种教学模式与方法不仅能有效地调动学生的学习积极性,而且也能使教师自身远

---

[1] Arthur Levine & John Weingart.Reform of Undergraduate Education[M].San Francisco:Jossey-Bass,1973:29—30.

离单一的重复工作，提高教师的教学积极性。

除了不同的教学模式与方法可以进行优化组合外，各种教学模式与方法自身的基本操作程序的划分也并非是固定、绝对的，教师可以有根据地重新进行排列组合，使原有的教学模式与方法焕发新机。在实际教学过程中，由于学生智力水平和当时具体的教学情境有所不同，教学模式的基本程序不一定完全适用。因此，教师要以灵活变通为原则，注意避免生搬硬套、照本宣科的现象。例如，实验课中"基本理论知识"这一环节的呈现顺序会起到完全不同的作用，如果教师在实验之初就将理论知识传授给学生，然后再让学生以理论为依据实施实验步骤，这一顺序就将这堂实验课变成了验证性实验；而如果教师是先让学生自己去探索、试验，最后在进行总结时引入理论知识，则这堂实验课就是重在培养学生探索能力的探索性实验。由此可见，教学模式与方法的操作程序应根据教学目标灵活调整，能产生完全不一样的教学效果。

五、改变研究型大学重科研、轻教学的倾向，鼓励教师进行教学改革实验

目前，我国研究型大学仍然存在重科研、轻教学的现象。出现这种现象的原因是多方面的，既包括国家政策及社会需求对科研成果，尤其是自然科学研究成果的重视等外部因素，同时，许多大学教师更倾向于用科研成果来体现自我价值，他们认为教学只是传递人类传统知识的低级阶段，而科学研究则是创造新知识的高级阶段。实际上，教学活动不仅承担着传递原有知识、延续传统的责任，而且在教学互动过程中，教师和学生都有可能在思想的交流中碰撞出新的知识火花。尤其在研究型大学中，教学和科研本身就是紧密相连的"双生子"，两者相互渗透，不可分割，甚至于带有科研性的探究性教学已经成为研究型大学教学的重要形式之一。因此，政府、社会及大学教师都不能因教学效果的后续性而否定其重要价值和深远影响，相反的，各方力量应共同努力改变研究型大学中重科研、轻教学的倾向，出台各种奖励政策提高教师改革教学模式与方法的积极性，从根本上重视教学活动。

除了对现有教学模式与方法进行排列组合，实现综合使用外，研究型大学作为科研活动的主体，既有责任也有义务进行新式教学模式与方

法研究，探索适合我国国情的教学模式与方法，引领整个大学教学模式与方法改革的努力方向。在这一领域，国外研究型大学已经为我国研究型大学起了良好的示范作用。例如，虽然通过解决问题来学习的思想由来已久，最早甚至可以追溯到苏格拉底的谈话法，但"基于问题的学习"（PBL）作为一种特定的教学方法却是在20世纪60年代后期才出现。加拿大麦克马斯特大学医学院在美国霍华德·白罗斯教授（Howard Barrows）的协助下，开发出基于问题的学习，并把它作为该院主要的学习和教学方法。PBL教学法在麦克马斯特大学的成功，引起更多的大学医学院的仿效，并最终推广至生物学、生物化学、化学、物理学、地质学、政治科学等其他学科领域。实施PBL教学法最为成功的研究型大学之一美国的特拉华大学（University of Delaware），该校在将PBL运用于本科生教学的过程中又发展出了医学院模式（medical school model）、流动促进者模式（floating facilitator model）、同学导师模式（peer tutor model）、大班模式（Large Class Model）等4种新模式，推动了PBL教学法的新发展。[①]

我国研究型大学近些年来也在教学模式与方法改革方面进行了探索，例如北京大学自2001年起开始以"元培计划"为教学改革思路，在低年级实施通识教育，在高年级实行宽口径的专业教育。此外，北京大学还鼓励教师突破单一的课堂讲授模式，实施启发式、讨论式、探究式的教学方法，引导学生主动学习，积极参与教学过程。清华大学自1993年起，就开始尝试进行了各种教育实验。依据不同的改革方向，我们可以把清华大学的教育实验分为几种类型。一是以"精英教育"为目的的小灶式的培养计划，如"基础强化实验班"（1993年）、"基础科学班"（1998年）、"社科和人文实验班"（2001年）、"中外文化综合班"（1999年）、"化学—生物基础科学班"（2003年）等；二是以课程改革为突破口的各种教学改革计划，如"百门精品课程建设工程"（2001年）、"新生研讨课计划"（2003年）等；三是以加强培养学生研究能力和创业能力的各种实战计划，如"大学生研究训练（SRT）计划"（1996年试行，2002年全面实施）等。但就整体而言影响并不明显，而且多是借鉴

---

① Barbara J. Duch, Susan E. Groh & Deborah E. Allen. The Power of Problem-Based Learning: a Practical "How to" for Teaching Undergraduate Courses in Any Discipline[M]. Sterling: Stylus Publishing, LLC, 2001:40—44.

第五章 我国研究型大学教学模式与方法改革对策研究

国外大学的做法,结合自身特点的创新较少。因此,我国研究型大学中的教学模式与方法改革实验还有一段很长的路要走。要使教师特别是优秀教师投身本科生教学,积极参与教学模式与方法的改革与实验,关键在于从与教师发展密切相关的晋升制度、奖酬制度上进行改革,建立鼓励教师参与教学改革的激励机制。我国大学应借鉴国外的经验,在教师奖励机制方面进行改革,如在晋升和奖励方面更加重视本科生教学;对教师的各种教育创新措施予以经费支持等。

六、加强大学生科研训练,培养学生的创新能力

除了正常的课堂教学外,科研活动也是研究型大学人才培养不可或缺的途径之一,而且从一定意义上来说,在研究型大学中大学生科研训练对于学生而言甚至比课堂教学更为重要,它既能训练学生进行科学研究的素养,加深对基本理论知识的理解,又能培养学生的创新能力。研究型大学不仅拥有一流的师资及图书馆、实验室等硬件设施,还具备充足的科研经费,因此,更有条件为学生提供参加科学研究的机会,提高学生的创新能力。1969年由美国麻省理工学院所首倡的"本科生研究机会计划"作为一种典型的本科生科研计划,在经过40多年的发展与变革后,已经成为世界诸多知名高校普遍效仿的做法。大学生科研是指通过科学研究的过程来培养学生发现问题、分析问题和解决问题的能力,培养学生的创新意识、创新精神、创新思维和创新能力,让学生从中得到宝贵的研究经验和体验。本科生科研的形式多样,既可以是本科生参与教师或者研究生主持的研究项目,也可以是本科生自己独立主持的研究项目。

我国高校在20世纪80年代开始探索本科生参与科研训练,最初是以课外活动的形式出现的,主要体现在全国高校范围内的竞赛活动,如清华大学联合全国30余所重点高校于1989年成功举办了第一届"挑战杯"大学生课外学术科技作品展。到20世纪90年代中后期,我国一些研究型大学实施本科生科研训练计划,虽然名称各异,但都取得了较好的成效。如清华大学1996年推出"大学生研究训练(SRT)计划",浙江大学1998年实施"大学生科研训练计划"(SRTP),上海交大2001年启动"本科生研究计划"(PRP),北京师范大学2002年启动本科生科研

基金，复旦大学2003年实施"大学生学术研究资助计划"，同济大学2006年启动"大学生创新训练计划"(SITP)。2001—2006年，北京大学共有1716名本科生的1208个项目受到学校基金和教育部国家基金资助；化学与分子工程学院50%的二年级学生、75%的三年级学生参加了教师的课题组。[①] 2007年的高等教育质量工程启动"大学生创新创业训练计划"，各省市和高校也相继启动了"大学生创新创业训练计划"，建立了国家、省市和学校三级大学生创新创业训练计划体系，进一步推动了本科生科研的开展。尽管本科生科研训练在我国研究型大学中开展的势头日益良好，但是仍有些地方需要注意：各校不仅要致力于鼓励更多的学生参加本科生科研，而且还要注意保持不同学科学生参加本科生科研的比例平衡，更重要的是要为本科生科研活动的展开提供充足的经费保障和优质的教师指导。我国大学比较重视知识的传授，为创新人才的培养打下了较为雄厚的知识基础，但对创新能力培养重视不够，特别是不能给学生以独立发展的空间，学生发展的主动性、能动性不足，学生的创新能力不足。

在加强大学生科研训练方面，我国研究型大学任重而道远，应该认真研究、学习国外研究型大学在这方面的经验。为了培养创新型人才，世界主要研究型大学在教学模式与方法的选择上特别注重学生的科研能力的培养，由此形成了几种有代表性的教学模式与方法，具体包括习明纳、导师制、本科生科研、基于问题的学习等。这些教学模式与方法的具体情况在前文中已有详述，在此就不再赘述。值得注意的是，与传统的教学模式不同，大学生科研训练并不是发生在课堂上的，也不是固定的、程式化的，所以高校原有管理模式必然出现诸多不适，如学校不可能再通过课时、考勤等传统方式来有效地评价教师的教学绩效和学生的学习成效。因此，必须考虑更为有效的新管理模式。[②]

---

① 马廷奇.我国研究型大学人才培养模式改革新进展[J].高等教育研究,2009(4):87—92.

② 郑家茂,张胤.对大学生科研训练计划的若干思考[J].高等工程教育研究,2008(6):98—102.

七、营造有利于教学模式与方法改革的内部制度环境

大学中的任何一项改革都不是孤立地进行的,它需要多个部门的协同配合,教学模式与方法改革也是如此。改革的顺利进行需要各部门在共同目标的指引下朝正确方向努力,各种管理制度改革可以规范人们的行为,保障改革的效率。教学模式与方法从来就没有统一的普适模式,教师和学生必须在互动中根据课程的实际情况来选择适合的模式与方法,在这一过程中就需要各种制度能够赋予师生选择的自由。具体而言,在研究型大学中进行教学模式与方法的改革必须调整教学管理、教学评价等方面的制度,以完善的管理制度来保障大学的学术自由。

(一)建立富有弹性的教学管理制度

教学管理制度是指在教学过程中,为了规范教学活动和实现学校的教学目标而制定的系统的教学管理方法。教学管理制度是教学理念的具体化,也是开展教学活动、进行教学模式与方法改革的重要保证。目前,我国研究型大学教学管理制度的缺陷在于过于强调教学过程、教学大纲和教材的统一。这种刚性的教学管理制度限制了教学模式与方法的改革,应该从以下几个方面来进行调整。

第一,大力推行学分制和选课制。美国研究型大学普遍实行学分制和选课制,即只规定毕业所需的最低学分数,不规定修业年限,专业的界限也相当模糊,教学计划弹性很大。学分制和选课制作为一种灵活而富于弹性的教学管理制度,有利于教师把研究的最新成果及时转化为课堂上的教学内容,有利于激发学生学习的主动性和独立性,有利于促进学生的个性化发展。尤其是选课制不仅为学生提供了选择的主动权,而且也在一定程度上促使开课教师进行教学模式与方法改革,因为过于沉闷的课堂是无法吸引学生前来学习的。

第二,按课程性质合理进行课时安排。在我国研究型大学的课时安排中经常出现两节课连排现象。这种课时管理制度经常使讨论课、实验课、与传授新知识的新课被迫分开进行,不利于课程之间的衔接。同时,教师也会因为课时限制而无法充分地与学生互动,无法使用不同的教学模式与方法实施教学。一般而言,给予教师较长的课时可以使他们有充分的时间进行教学安排,设计多样化的教学活动,充分地展开课堂讨论,实现师生的教学相长。但如果将所有的课程都安排成几节课连排

的情形，也有可能会产生教与学疲劳的问题。例如大学公共外语课等偏重记忆类的课程就不太适合安排过长的课时。因此，教务部门应该根据课程的特点、学生的知识结构、学生的思维发展水平等具体条件来安排课时。

  第三，推广导师制。导师制作为一种教学管理制度，既是选课制有效实施的重要措施，又是一种古老的教学模式。导师制起源于牛津大学，是一种非常典型的自学—辅导式教学模式，特别强调学生的自学研读过程。"牛津大学各学院的导师并不看重教授学生多少知识或是给他多少信息，而在于培养学生成为能够进行独立思考、充满智慧和理性的人。"[①]导师一般由学术与人品俱佳的学者担任，一个导师一般指导6—12个学生。"牛津导师制教学的最基本要素是撰写周论文，可以是一篇研究性论文，也可以是读书体会。"[②]教学计划由导师和学生共同来制订，导师根据学生的情况，开出书单，要求学生去自行阅读，并按要求完成一篇200字以上的小论文。导师一般每周上课一次，而且是一对一指导（但参与学生目前不限于一人），内容主要是讨论所写的论文，同时也会指导学习中的问题等。[③]发展到当代的导师制又有了新的使命，即导师要从全方位对学生进行指导，既帮助学生制订学习计划，又要指导学生选择专业方向。

（二）多元化的教学评价制度

  教学评价是指为了确保和改善教学效果，运用相关技术手段评量教学过程和结果，确定教学现状与教学期望的差距，寻求解决教学问题对策的活动。[④]教学评价是教学模式的重要构成要素之一，既包括对教师教学的评价，也包括对学生学习状况的评价。教学评价的结果会直接影响到师生双方下一轮教学模式与方法的选择。因此，教学评价标准的多元化可以鼓励教师在教学模式与方法的选择上进行大胆创新。《国家中

---

① 张河清.国外本科生导师制经验探究——牛津大学的启示[J].现代商贸工业,2009(24):232—233.

② 刘学政.牛津大学本科生导师制探究[J].辽宁医学院学报(社会科学版),2010(1):1—4.

③ 刘学政.牛津大学本科生导师制探究[J].辽宁医学院学报(社会科学版),2010(1):1—4.

④ 钟志贤.大学教学模式革新:教学设计视域[M].北京:教育科学出版社,2008:210.

第五章　我国研究型大学教学模式与方法改革对策研究

长期教育改革和发展规划纲要（2010—2020年）》就明确提出要"改革教育质量评价和人才评价制度。改进教育教学评价。根据培养目标和人才理念，建立科学、多样的评价标准"①。

1. 对教师教学评价制度的改革

由于研究型大学承担着教学、科研、社会服务三项职能，因此，在对研究型大学中的教师进行评价时一般也是从这三个方面来着手的。理想的教师评价制度是要保证这三个维度的平衡，然而现实是，当前我国研究型大学中重科研、轻教学的评价模式仍没有改变，这种现状使得教师不愿把时间与精力投入到教学模式与方法的创新上。因此，改革教师教学评价制度变得十分必要。

第一，加大教学评价的比重。美国研究型大学对教师教学、科研和社会服务评价的权重分别为50%、30%和20%，这种比例分布本身就可以促进教师对教学工作的重视，鼓励他们积极改进自己使用的教学模式与方法。德国大学虽然历来崇尚科研，而把教学放在相对次要的地位，但其对教师教学评估的结果也是影响教师职位、晋升、薪水等最重要的因素之一。英国的剑桥大学更是明确规定"连续聘任的教师需要良好的教学成绩作为条件"。② 第二，丰富教师教学评价的方式和指标。就评价方式而言，目前我国研究型大学的教师教学主要接受教育部、学校管理部门以及学生三类主体的评价。其中，教育部本科教学工作评估以及学生评价占据十分重要的地位，但评价的有效性和可靠性还存在一定的争议。因此，有必要丰富教学评价的方式。例如，美国研究型大学在传统评价方式的基础上，增加了一些新的评价方式，如研究报告、研究成果展示、研究成果汇报、同行评价、社区评价、批判性思维测评等。就评价指标而言，我国传统的教学评价指标着重于对教学结果的评价，非常重视学生究竟获得了多少可以量化的知识。这种单一的评价指标使得教学效率最高的传递—接受式教学模式在我国研究型大学中颇受推崇，不利于教师对教学模式与方法进行革新。事实上，教学评价指标应该包括教学理念、教学内容、教学手段、教学方法、教学态度等诸多项目，既

---

① 教育部.国家中长期教育改革发展规划纲要(2010-2020年)[EB/OL].[2010-08-24].http://www.moe.edu.cn/edoas/website18/30/info1280446539090830.htm.

② 李勇,贺庆棠.国外研究型大学教学模式的优势及借鉴[J].中国高等教育,2009(1):60—62.

要注重定量评价，也要重视定性评价。第三，以奖励措施鼓励教师进行方法创新。近年来，美国研究型大学为了重建本科生教育，在教师奖励机制方面进行了改革，如在晋升和终身教职以及其他奖励方面更加重视本科生教学；对教师的各种教育创新措施予以经费支持，教师参与本科生教育创新的积极性大大提高。例如，康奈尔大学设立了"优秀教学奖"来鼓励知名教授从事本科生教学工作。美国的经验值得我们借鉴，我国研究型大学也要从与教师发展密切相关的晋升制度、奖酬制度上进行改革，一方面鼓励优秀教师走上课堂教学的讲台，另一方面促进教师们积极进行教学模式与方法改革。

2. 对学生考核方式的改革

学生考核方式的改革本身就是教学模式与方法改革中必不可少的一个环节。由于我国研究型大学教学模式与方法改革中存在重理论、轻实践的价值取向，因此，目前对学生考核方式的改革从内容上而言，应该加强对学生综合能力的评价，包括理论知识考核、实践动手能力考核等；从时间上而言，既应该包括期末考核，也应该包括随堂考核与期中考核；从形式上而言，既包括考试、论文考查，也包括实验、口头陈述等。

国外研究型大学的一些做法值得我们借鉴。英国大学对学生的考核方法多数为"小组作业"和"个人作业"。小组作业一般由3—5人分工完成，每个小组的题目不同，小组成员要定期进行讨论。在小组研究过后，可能需要进行课程设计或撰写小论文。之后，由小组成员分工把主要内容采用适当的方式陈述出来，其他小组的成员和教师会针对作业内容提出问题。小组作业一般占个人总成绩的40%。至于个人作业或考试，理工科的学生往往是做设计，文科学生则多为案例分析或写论文。个人作业或考试一般占个人总成绩的60%。德国大学的考试很严格，难度也很大，但有一定的灵活性。如大学里讨论课很多，一般不用闭卷考试的方式，学期结束时教师根据发言提纲和发言情况来评定学生的成绩。[①]

（三）充足的教学经费支持

教学经费是大学教学改革顺利推进的物质保障，教学模式与方法改

---

① 李勇,贺庆棠.国外研究型大学教学模式的优势及借鉴[J].中国高等教育,2009(1):60—62.

第五章 我国研究型大学教学模式与方法改革对策研究

革中所涉及的教学工具、教学场地、师资等各方面都需要大量的资金。首先，充足的教学经费可以保障现代化教学工具的使用。现代科技日新月异的发展使得黑板、粉笔等传统教学工具逐渐被计算机、互联网等现代化教学工具所取代。这些教学工具不仅能够促进教学模式与方法的改革，而且基于这些现代化教学工具所研发出来的多媒体教学片、课程网络、计算机辅助教学（CAI）技术、大规模网络开放课程（MOOCs，慕课）、翻转课堂、混合式教学等副产品本身就形成了一种新的教学模式。学生可以非常便捷地上网学习、提问，教师也可以通过网络发布教学视频，解答学生提出的问题，并针对学生的问题设计研讨活动。不仅师生之间的互动不受时空限制，而且学生也能够利用网络享受世界上最优质的教育资源。校园网络的建立、计算机器材的购置等等都离不开经费的保障。其次，充足的教学经费可以为校外教学活动提供保障。研究型大学教学模式与方法改革所涉及的范围既包括课堂教学，也包括课堂教学之外广阔的第二课堂。大力培养大学生的实践能力是教学模式与方法改革的重要目标之一，许多研究型大学以此目标为依据推进实习法、参观法、现场教学法，有些老师甚至会采用情境—陶冶式教学模式将学生带到特殊的教学情境中去，这些教学模式与方法的实施需要在大学之外。教学活动开展的场地费用、校外人员进行指导的费用都是一笔不小的开销，需要大量资金的保障。再次，充足的教学经费可以为教学模式与方法改革提供优质师资。作为教学模式与方法改革的主要实施者之一的教师也有正常的物质需求，充足的经费不仅可以为教师解决后顾之忧，稳定师资队伍，而且还能在教师激励机制中添加一定数额的奖金，鼓励优秀教师大胆创新，推进教学模式与方法的改革。

八、出台相关法规政策，为教学模式与方法改革的顺利进行提供外部制度保障

教学模式与方法改革开展的场所虽然是研究型大学内部，但其也会受到大学外部诸多因素的影响。国家出台的关于高校教学改革方面的法规政策既是教学模式与方法改革的外部助推力，同时又为教学模式与方法改革的顺利进行提供了法律保障。一般而言，国家出台的法规政策对大学产生影响的顺序是，从教学管理体制的改革入手，再到教学计划、

学科专业目录的调整，逐步深入到教学内容和课程体系的改革，进而带动教育思想的变革。[①]但是国家政策始终是一种社会活动，而不是单一的或孤立的事件，其巨大的影响力容易使教学模式与方法改革出现千校一面的情况。因此，国家政策一般只应从较为宏观的方面作出方向性的规定，而赋予各所研究型大学相应的自主权。

目前，与我国研究型大学教学模式与方式改革相关的政策法规多数以激励为主要原则。例如，国务院1994年发布的《教学成果奖励条例》充分肯定教学工作和教学改革成果的重要作用，使之与国家科学技术三大奖受到同等对待，极大地激励了高校教师进行教学模式与方法创新的积极性。2007年，教育部、财政部正式启动"高等学校本科教学质量与教学改革工程"，大力加强实验、实践教学改革，倡导启发式教学和研究性学习为核心，探索教学理念、培养模式等全方位创新，评选高等学校教学名师，大力表彰在教学和人才培养领域作出突出贡献的教师。

研究型大学教学模式与方法改革需要许多连续性的国家政策持续为其保驾护航。2010年7月29日，中共中央、国务院印发的《国家中长期教育改革和发展规划纲要（2010—2020年）》中明确规定："适应国家和社会发展需要，遵循教育规律和人才成长规律，深化教育教学改革，创新教育教学方法……注重学思结合。倡导启发式、探究式、讨论式、参与式教学，帮助学生学会学习。"[②]此外，还要开展多项人才培养计划进行配合，如实施基础学科拔尖学生培养试验计划和卓越工程师、医师等人才教育培养计划；继续实施"985工程"和优势学科创新平台建设，继续实施"211工程"和启动特色重点学科项目；继续实施"高等学校本科教学质量与教学改革工程""研究生教育创新计划""高等学校哲学社会科学繁荣计划"和"高等学校高层次创新人才计划"。……积极开展拔尖创新人才培养改革试点。探索贯穿各级各类教育的创新人才培养途径；鼓励高等学校联合培养拔尖创新人才；支持有条件的高中与大学、科研院所合作开展创新人才培养研究和试验，建立创新人才培养

---

① 周群英.改革开放以来本科教学改革回顾与评述——基于政策分析视角[J].大学教育科学，2009(2):23—27.

② 教育部.国家中长期教育改革发展规划纲要(2010—2020年)[EB/OL].[2010-08-24].http://www.moe.edu.cn/edoas/website18/30/info1280446539090830.htm.

第五章 我国研究型大学教学模式与方法改革对策研究

基地。①

值得注意的是,教学模式与方法改革的成果虽然表现为各种具体的教学模式与方法,但其所追求的目标却是"使教师不要局限于固定的教学模式与方法之中"。德国教育家雅斯贝尔斯就曾经指出:"大学教学不能陷入一定的格式,有利于培养智力的教育通常都采取个性化的形式。"②

---

① 教育部. 国家中长期教育改革发展规划纲要(2010—2020年)[EB/OL].[2010-08-24].http://www.moe.edu.cn/edoas/website18/30/info1280446539090830.htm.

② Karl Jaspers. The Idea of the University [M].H. A. T. Reiche and H. F. Vanderschmit, trans. London:Peter Owen Ltd., 1965:72.

参考文献

一、中文著作

1. 阿尔特巴赫,伯巴尔,冈普奥特.21世纪美国高等教育:社会、政治、经济的挑战[M].北京:北京师范大学出版社,2005.
2. 毕淑芝,王义高.当代外国教育思想研究[M].北京:人民教育出版社,1993.
3. 别敦荣,王根顺.高等学校教学论[M].北京:高等教育出版社,2008.
4. 博克.美国高等教育[M].乔佳义编译.北京:北京师范学院出版社,1991.
5. 陈洪捷.德国古典大学观及其对中国大学的影响[M].北京:北京大学出版社,2002.
6. 程晋宽."教育革命"的历史考察:1966—1976[M].福州:福建教育出版社,2001.
7. 顾明远.教育大辞典[M].上海:上海教育出版社,1990.
8. 国务院学位委员会办公室.透视与借鉴——国外著名高等学校调研报告:2008年版(上、下册)[M].北京:高等教育出版社,2008.
9. 贺国庆.德国和美国大学发达史[M].北京:人民教育出版社,1998.
10. 教育部.面向21世纪教育振兴行动计划学习参考资料[M].北京:北京师范大学出版社,1999.
11. 教育部高等教育司.高等教育教学改革1999[C].北京:高等教育出版社,2000.
12. 教育部人事司.高等教育法规概论[M].北京:北京师范大学出版社,1999.
13. 教育部中外大学校长论坛领导小组.大学校长视野中的大学教育[M].北京:高等教育出版社,2007.
14. 李定仁.大学教学原理与方法[M].北京:科学出版社,1994.
15. 李剑萍.大学教学论[M].济南:山东大学出版社,2008.
16. 刘宝存.大学理念的传统与变革[M].北京:教育科学出版社,2004.

17. 刘志鹏,别敦荣,张笛梅.20世纪的中国高等教育·教学卷(上卷)[M].北京:高等教育出版社,2006.

18. 吕达,周满生.当代外国教育改革著名文献(美国卷·第一、二、三、四册)[G].北京:人民教育出版社,2004.

19. 戚万学.高等教育学[M].济南:山东人民出版社,2006.

20. 钱伯毅.大学教学论[M].合肥:中国科学技术大学出版社,1991.

21. 乔伊斯,等.教学模式(第七版)[M].荆建华,等译.北京:中国轻工业出版社,2009.

22. 石中英.知识转型与教育改革[M].北京:教育科学出版社,2001.

23. 孙莱祥,张晓鹏.研究型大学的课程改革与教育创新[M].北京:高等教育出版社,2005.

24. 台湾师范大学教育研究所.西洋教育思想(下)[M].台北:伟文图书出版社有限公司,1979.

25. 王英杰,刘宝存.国际视野中的大学创新教育[M].太原:山西教育出版社,2005.

26. 王英杰,刘宝存.世界一流大学的形成与发展[M].太原:山西教育出版社,2008.

27. 王战军.中国研究型大学建设与发展[M].北京:高等教育出版社,2003.

28. 徐继存,赵昌木.现代教学论基础[M].北京:北京大学出版社,2008.

29. 应望江.中国高等教育改革与发展30年[M].上海:上海财经大学出版社,2008.

30. 张忠华.现代大学教学方法论[M].哈尔滨:黑龙江人民出版社,2009.

31. 郑家茂,熊宏齐.开放·创新——实验教学新模式[M].北京:高等教育出版社,2009.

32. 中国高等教育学会.改革开放30年中国高等教育发展经验专题研究[M].北京:教育科学出版社,2008.

33. 钟海青.教学模式的选择与运用[M].北京:北京师范大学出版社,2006.

34. 钟志贤.大学教学模式革新:教学设计视域[M].北京:教育科学

出版社,2008.

35. 周远清.周远清教育文集(三)[M].北京:高等教育出版社,2007.

36. 朱清时.21世纪高等教育改革与发展——国外部分大学本科教育改革与课程设置[M].北京:高等教育出版社,2002.

二、中文论文

1. 蔡文敏,刘军伟.剑桥大学导师制及其对我国大学教育的启示[J].中国电力教育,2010(9):204—206.

2. 董盈盈,文新华."高峰体验"课程:大学生实践能力建设的新探索[J].江苏大学学报(高教研究版),2006(3):18—21.

3. 杜智萍.19世纪以来牛津大学导师制发展研究[D].保定:河北大学,2008.

4. 凡奇.牛津大学的导师制对我国高校教学方式改革的启示[J].辽宁工业大学学报(社会科学版),2008(5):77—79.

5. 韩骅.柏林大学的传统及其对我国高教改革的启示[J].高等教育研究,1997(1):94—98.

6. 贺国庆.近代德国大学科学研究职能的发展和影响[J].河北大学学报,1996(4):8—16,39.

7. 贺能坤.大学教学经费评估反思[J].江苏高教,2010(4):19—22.

8. 胡建华,等.我国高等学校教学改革30年[J].教育研究,2008(10):11—20.

9. 黄惠.探究研究型大学的教学[D].南京:河海大学,2005.

10. 金春兰.对教学模式的研究(一)[J].黑龙江教育,2001(7—8):36—23.

11. 李家宝.何谓美国的"研究型大学"?[J].中国研究生,2005(1):21—22.

12. 李向荣,李蔚,段远源.研究型大学人才培养体系建设的新探索[J].清华大学教育研究,2008(6):40—43.

13. 李勇,贺庆棠.国外研究型大学教学模式的优势及借鉴[J].中国高等教育,2009(1):60—62.

14. 李正.中国研究型大学本科教育质量研究[D].上海:华东师范大学,2005.

15. 李正."大工程"背景下的研究型大学工程人才培养[J].中国高等教育,2006(10):41—42.

16. 李志义.高水平研究型大学本科教学模式的选择[J].中国高等教育,2007:20—23.

17. 刘宝存.创新人才培养与大学教学思想的变革:国际比较的视角[J].河北师范大学学报(教育科学版),2004(5):80—84.

18. 刘宝存.哈佛就是哈佛——哈佛大学办学理念探析[J].教育发展研究,2004(2):28—33

19. 刘宝存.美国研究型大学本科生科研的基本类型与模式[J].教育发展研究,2004(11):93—95.

20. 刘宝存.美国研究型大学的高峰体验课程[J].中国大学教学,2004(11):61—62.

21. 刘宝存.美国研究型大学一年级习明纳尔课程[J].外国教育研究,2005(3):64—68.

22. 刘宝存,王维,马存根.美国高等学校的服务性学习[J].比较教育研究,2005(11):43—47.

23. 刘宝存.洪堡大学理念述评[J].清华大学教育研究,2002(1):63—69.

24. 刘道玉.关于大学创造教育模式的构建[J].教育发展研究,2000(12):42—46

25. 刘学政.牛津大学本科生导师制探究[J].辽宁医学院学报(社会科学版),2010(1):1—4.

26. 刘钰,张会平.实践教育:人才培养的新模式[J].教育探索,2006(11):38—39.

27. 马廷奇.我国研究型大学人才培养模式改革新进展[J].高等教育研究,2009(4):87—92.

28. 牛犇.从科研变迁看研究型大学教学[J].扬州大学学报(高教研究版),2009(2):3—6.

29. 牛畅.中美两国研究型大学本科生课程之比较[D].南京:南京师范大学,2008.

30. 彭珂珊,高增刚.我国研究型大学形成与发展[J].科学新闻,2008(8):39—40.

31. 苏玉霞.美国研究型大学本科习明纳的创新型人才培养功能研究[D].长春:东北师范大学,2008:5.

32. 汪蕙,张文雪,袁德宁.关于研究型大学教学模式的认识和实践[J].清华大学教育研究,2002(1):17—22.

33. 王雯.中国大学学习苏联教育经验开展教学改革的历史回顾——以清华大学为案例[J].清华大学教育研究,2003(12):79—85.

34. 王晓阳.大学社会功能的比较研究[D].北京:北京师范大学,2000.

35. 王一军,龚放.高等教育大众化阶段高校教学定位的再思考——基于伯顿·克拉克"教学漂移"观点的分析[J].高等教育研究,2010(2):61—67.

36. 王战军.什么是研究型大学——中国研究型大学建设基本问题研究(一)[J].学位与研究生教育,2003(1):9—11.

37. 薛国凤,王亚晖.当代西方建构主义教学理论评析[J].高等教育研究,2003(1):95—99.

38. 闫月勤,等.发达国家研究型大学的本科教学及其特色[J].江苏高教,2006(1):105—107.

39. 杨林,刘念才.中国研究型大学的分类与定位研究[J].高等教育研究,2008(11):23—29.

40. 杨士强.在学习中研究问题,在研究中提高能力[J].计算机教育,2008(15):4—8.

41. 张红霞.从国际经验看研究型大学本科教学改革的基本原则[J].高等教育研究,2006(12):60—65.

42. 张小杰.关于柏林大学模式的基本特征的研究[J].华东师范大学学报(教育科学版),2003(2):69—77.

43. 张振刚.中国研究型大学分类研究[J].高等工程教育研究,2002(4):26—30.

44. 郑家茂,张胤.对大学生科研训练计划的若干思考[J].高等工程教育研究,2008(6):98—102.

45. 钟勇为.对大学教学改革取向的哲学思考[J].国家教育行政学院学报,2009(4):47—51.

三、中文其他

1. 北京大学校长办公室.关于修订北京大学本科生教学计划的意见.
2. 北京大学医学部教育处.北京大学医学部本科生选修课程(任选课)相关规定.
3. 北京大学教务部.北京大学暑期学校手册.
4. 北京大学教务部.北京大学本科教学水平评估自评报告.
5. 北京师范大学教务处.北京师范大学本科教学水平评估自评报告.
6. 清华大学教务处.清华大学本科教学水平评估自评报告.
7. 清华大学.清华大学关于加强实践教育工作的若干意见.
8. 山东大学学校办公室.关于印发《山东大学学术振兴行动计划》的通知.
9. 教育部.国家中长期教育改革发展规划纲要(2010—2020年).
10. 中山大学教务处.中山大学本科教学工作水平评估自评报告.
11. 北京航空航天大学学生处.北航2006学生手册.

四、外文著作

1. Andrew Furco & Shelley Billig. Service-Learning: The Essence of the pedagogy [M]. Greenwich, CT: Information Age Publishing, Inc., 2002.
2. Charles E. McClelland. State, Society and University in Germany 1700—1914[M]. London: Cambridge University Press, 1980.
3. Dorothy H. Evensen, Cindy E. Hmelo & Cindy E. Hmelo-Silver. Problem-Based Learning: A Research Perspective on Learning Interactions [M]. Mahwah, NJ: Routledge, 2000.
4. Gina Wisker. The Undergraduate Research Handbook [K]. Houndmill: Palgrave Macmillan, 2009.
5. John Henry Cardinal Newman. The Idea of a University: Defined and Illustrated [M]. Chicago, Illinois: Loyola University Press, 1987.
6. Karl Jaspers. The Idea of the University [M]. H. A. T. Reiche and H. F. Vanderschmit, trans. London: Peter Owen Ltd., 1965.
7. Linda B. Nilson. Teaching at Its Best: A Research-Based Resource for College Instructors [M]. San Francisco: John Wiley and Sons, 2010.
8. M.S. G. Sheela Talawar & G. Sheela. Synectics Model of Teaching

[M]. New Delhi: Anmol Publications PVT. LTD., 2004.

9. Nancy Fried Foster & Susan L. Gibbons. Studying Students: The Undergraduate Research Project at the University of Rochester[M]. Chicago: Assoc of College & Research Libraries, 2007.

10. Peter Schwartz, Stewart Mennin & Graham Webb. Problem-Based Learning: Case Studies, Experience and Practice[M]. London: Kogan Page, 2001.

11. Robert M. Hutchins. The Conflict in Education in a Democratic Society[M]. New York: Harper & Brather, 1953.

12. Theodore C. Wagenaar. The Capstone Course: A Special Issue[M]. Washington, DC: American Sociological Association, 1993.

五、外文论文

1. Burton R. Clark. The Modern Integration of Research Activities with Teaching and Learning[J].Journal of Higher Education, 1997, 68(3):241—255.

2. Christopher D. Carlson & Richard J. Peterson. Social Problems and Policy: A Capstone Course[J]. Teaching Sociology, 1993, 21(3):239—241.

3. Dick Cone & Susan Harris. Service-Learning Practice: Developing a Theoretical Framework[J]. Michigan Journal of Community Service Learning, 1996, 3(1):31—43.

4. Dwight E. Giles Jr. & Janet Eyler. Theoretical Roots of Service Learning in John Dewey: Toward a Theory of Service Learning[J]. Michigan Journal of Community Service Learning, 1994, 1(1):77—85.

六、外文其他

1. Association of American Colleges. Integrity in the College Curriculum: A Report to the Academic Community.

2. The Boyer Commission on Educating Undergraduates in the Research University. Reinventing Undergraduate Education: A Blueprint for America's Research Universities.

3. The Boyer Commission on Educating Undergraduates in the Research

University. Reinventing Undergraduate Education: Three Years after the Boyer Report.

七、中外文网站

1. 教育部网站：www.moe.edu.cn
2. 北京大学网站：www.pku.edu.cn
3. 清华大学网站：www.tsinghua.edu.cn
4. 北京师范大学网站：www.bnu.edu.cn
5. 山东大学网站：www.sdu.edu.cn
6. 北京航空航天大学网站：http://www.buaa.edu.cn/
7. 教育部高等教育教学评估中心网站：www.pgzx.edu.cn
8. 哈佛大学网站：www.harvard.edu
9. 剑桥大学网站：www.cam.ac.uk
10. 东京大学网站：www.u-tokyo.ac.jp/
11. 麻省理工学院网站：web.mit.edu
12. 卡内基基金网站：www.carnegiefoundation.org

附录1

"研究型大学教学模式和教学方法改革"
教务处处长调查问卷

尊敬的处长,您好!

  2007年教育部和财政部联合下发了《关于实施"高等学校本科教学质量与教学改革工程"的意见》,正式启动了"高等学校本科生教学质量与教学改革工程"(以下简称"质量工程")。提高本科生教学质量,关键在于教学模式和教学方法的改革与创新。本研究力图通过对我国研究型大学教学模式和方法改革现状进行问卷调查、个案研究和比较研究,总结近年来我国研究型大学教学模式和方法改革的基本经验,分析存在的问题和原因,为研究型大学教学模式和方法改革提供理论指导、政策建议和实践帮助。

  本问卷由个人基本情况和题目两部分组成,题目包括36个小题。完成问卷约15分钟。

  本问卷只作研究所用,所有答案均无正确与错误之分,答案仅供科研之用,请您不必带有任何顾虑,完全按照自己的真实想法回答各项问题,这对于本研究的有效性具有重大意义。

  衷心感谢您的合作!

一、被调查人基本情况(请在符合您情况的相应选项后画"√")

1. 性别:男(　　)　　女(　　)
2. 年龄:35岁以下(　　);36—40岁(　　);
　　　　41—50岁(　　);51岁以上(　　)
3. 是否承担教学任务:是(　　)　　否(　　)
4. 如承担教学任务,现任教学科目:
　　文科(　　);理科(　　);工科(　　);医科(　　);
　　农科(　　);其他(　　)
5. 最后学历:硕士(　　);博士及以上(　　)
6. 您是否主持或参与过各级各类的教学研究项目:
　　是(　　)否(　　)

7. 如果您主持过教学研究项目，请在相应项目级别后标明次数：

国家级教学研究项目（　　）次

省、部级教学研究项目（　　）次

院校级教学研究项目（　　）次

国际合作教学研究项目（　　）次

二、题目（请将您所认同的选项填在题后括号内，除特别说明的以外，皆为单选）

1. 对于教育部近3年来所印发的有关"质量工程"的文件，教务处（　　）

　A. 深入学习领会文件精神，并结合学校实际制定了本校的实施意见（细则）

　B. 了解文件大体内容，责成分管处长组织学习并制定本校实施意见（细则）

　C. 关注部分内容，结合学校实际有针对性地制定实施意见（细则）

2. 2007年2月教育部和财政部联合下发的《关于实施"高等学校本科教学质量与教学改革工程"的意见》，我处（　　）

　A. 高度重视，以"质量工程"为抓手，全面推进教育教学改革

　B. 重视质量工程项目的申报与建设，但更关注项目立项和经费支持

　C. 传达文件精神，认为"质量工程"的实施重在院系

3. 对于"质量工程"的实施，我处采取的措施是（　　）

　A. 全面推开，齐头并进地推进教育教学改革

　B. 重点抓好容易立项的优势、特色项目的建设与改革

　C. 以"质量工程"项目为杠杆，加强薄弱环节的建设

4. 我校人才培养模式改革的核心推动力关键在于（　　）

　A. 学校和院系　　　　B. 教师　　　　C. 学生

5. 在"质量工程"的各个项目中，我认为影响研究型大学本科教学质量的最核心因素是（　　）

　A. 专业结构调整与专业认证

　B. 课程、教材建设与资源共享

　C. 实践教学与人才培养模式改革创新

D. 教学团队与高水平教师队伍建设

E. 教学评估

6. 在我校组织实施有关教学模式和方法的改革时，具体做法是
（ ）

A. 单独立项资助，专项审批

B. 在有关项目指南中单独设置专项模块，供教师自由选题

C. 融入课程或实践教学改革的项目之中

7. 我认为研究型大学的人才培养目标和一般院校的区别主要表现在
（ ）

A. 重科研意识与科研能力的培养

B. 重知识的学习与积累

C. 重实践应用能力的培养

8. 对于国内外研究型大学有关教学改革的进展情况，我 （ ）

A. 经常关注，非常了解

B. 根据工作需要适当关注，大概了解

C. 偶尔会关注，略有了解

9. 为了提高本科生教育质量，教务处的主要工作是 （ ）

A. 组织院系学习领会国家文件精神，共同探讨人才培养方案

B. 深入研究文件精神，指导院系开展教学模式和方法的改革

C. 既履行宏观指导的职能，也承担相关项目

10. 为了推进教学模式和方法的改革，我校采取的有效办法是
（ ）

A. 领导高度重视，亲自挂帅主抓

B. 管理重心下移，院系牵头，专家督导

C. 依靠政策和经济杠杆宏观调控

11. 我校每年都会设置专项资金鼓励教师参与教学模式和方法的改革
（ ）

A. 完全符合　　　B. 基本符合　　　C. 不太符合

12. 我校在申报有关教学模式和方法改革的相关课题时 （ ）

A. 各院系申报热情很高，教师非常支持并愿意投身教学改革

B. 各院系申报时有所侧重，部分教师投身教学改革的积极性较高

C. 各院系申报参与积极性不高，教师侧重科研的倾向性明显

13.在历年的教学研究项目申报中,我校教师申报的有关改进教学模式与方法的项目　　　　　　　　　　　　　　　　(　　)
　　A.数量较多　　　　　B.数量一般　　　　　C.数量较少

14.在我校历年的教学成果评选中,关于教学模式和方法改革的成果获奖　　　　　　　　　　　　　　　　　　　　(　　)
　　A.很多　　　　　　　B.一般　　　　　　　C.很少

15.为了提高本科生教学质量,在教学与科研的关系问题上,我认为,在研究型大学应该　　　　　　　　　　　　　(　　)
　　A.教学为主,科研为辅,有针对性地鼓励少数学生参与科研
　　B.教学与科研并重,鼓励学生适当参与科研,锻炼其科研能力
　　C.重视科研,鼓励学生积极参与科研,着重培养其科研能力

16.目前,我校采用的教学模式和方法主要有　　(　　)(可多选)
　　A.课堂讲授　　　　　B.以问题为中心(PBL)教学
　　C.案例教学　　　　　D.研讨式(Seminar)教学
　　F.其他(请填写至少两项我校开展的新的特色改革)
　　_____
　　_____

17.在下列几种国内外新型的教学模式和方法中,我校采用了
　　　　　　　　　　　　　　　　　　　　　　(　　)(可多选)
　　A.苏格拉底教学法　　B.高峰体验教学法
　　C.本科生科研　　　　D.合作式教学
　　E.服务性学习(Service Learning)

18.作为教务处处长,我对本校教师从事教学模式和方法的改革情况　　　　　　　　　　　　　　　　　　　　　　(　　)
　　A.非常了解　　　　　B.基本了解　　　　　C.不太了解

19.根据我对教师的了解,我校教师对于教学模式和方法改革的态度是　　　　　　　　　　　　　　　　　　　　　(　　)
　　A.非常支持,参与积极性高
　　B.认为有必要改革,但不愿耗费太多时间和精力
　　C.领导要求做的就按规定做

20.在我校教师队伍中,积极参与教学模式和方法改革的教师所占比例是　　　　　　　　　　　　　　　　　　　　(　　)
　　A.80%以上　　　　　B.50%—80%　　　　　C.低于50%

21. 根据我对本科生的了解，我校本科生参与科研的情况是
（　　）
   A. 投入了极大的热情，想方设法通过多种渠道参与课题研究
   B. 只对自己感兴趣的课题投入极大热情，对其他事情并不关心
   C. 如果老师不做要求，自己不会主动参与课题
22. 在我校，本科生有机会参与科研的比例是　　　　（　　）
   A. 80%以上　　　　　　B. 50%—80%
   C. 20%—50%　　　　　D. 低于20%
23. 为了提高本科生的实践能力，我校目前采取的教学模式和方法主要有　　　　　　　　　　　　　　　　（　　）（可多选）
   A. 教学实习和专业实习　　B. 实验操作
   C. 毕业论文和毕业设计　　D. 本科生科研
   F. 其他（请填写至少两项我校开展的新的特色改革）
   _____
   _____
24. 在下列几种国内外新型的教学模式和方法中，我校采用了
（　　）（可多选）
   A. 产学研合作　　　　　B. 合作教育
   C. 双元制　　　　　　　D. 服务性学习（Service Learning）
25. 实施教学模式和方法改革后，我认为教学质量（　　）
   A. 明显提高　　　　　　B. 有所提高，但效果不明显
   C. 出现部分下滑
26. 在我校，教务处每年都会定期组织教学改革研讨与交流会
（　　）
   A. 完全符合　　　　　　B. 基本符合
   C. 不太符合
27. 为了让教师更有效地参与教学模式和方法的改革，我校制定了相关配套措施，下列哪项最符合　　　　　　　　　（　　）
   A. 把教师参加教学模式和方法的改革或获得过教学成果奖作为评定职称的必要条件
   B. 把教师参加教学模式和方法的改革或获得过教学改革成果奖项作为推荐参评高级别优秀教师的必要条件

C. 把教师参加教学模式和方法的改革或获得过教学成果奖项作为考核教师工作业绩的必要指标项

28. 在我校，教师是否主持教学改革项目并获得过高级别的教学成果奖是评价教师是否优秀的一项重要指标 （   ）

  A. 完全符合   B. 基本符合

  C. 不完全符合

29. 在推广我校教学模式和方法改革成果的过程中，教务处 （   ）

  A. 给予尽可能多的物质奖励

  B. 树立优秀典型，在校内外作报告观摩、推广

  C. 给予政策优惠和扶持

30. 在推行教学模式和方法改革成果的过程中，我认为最大的难点是 （   ）

  A. 与改革相关的制度不够健全

  B. 教师的教学观念、教学能力和教学动机存在差距

  C. 学生对新的教学模式和方法不适应，参与热情不高

  D. 经费不足

31. 在我校有部分教师不愿意参加教学模式和方法的改革，主要原因是 （   ）

  A. 政策制度不健全，经费太少

  B. 教学模式和方法的改革见效慢，教师缺少成就感

  C. 学生参与积极性不高，很难推动

32. 与国内外其他研究型大学相比，我校在教学模式和方法的改革方面特色鲜明之处表现在 （   ）

  A. 加强制度建设和经费投入，营造吸引教师参与教学模式和方法改革的良好氛围

  B. 加强师资队伍建设，增强教师改革教学模式和方法的能力

  C. 强调学生的自主性，围绕学生的兴趣开展教学改革

33. 在我校，教学模式和方法改革后学生学业成绩评价的内容偏重

  A. 学生基础知识的掌握

  B. 学生科研能力

  C. 由单一的知识和科研能力评价转向知识与能力并重的综合评价

34. 在评价学生学业成绩时，我校采用的方式主要有　　　（　　）

  A. 书面考试

  B. 撰写论文和研究报告

  C. 能力展示

  D. 其他（请填写至少两项我校开展的新的特色评价方式）

_____

_____

35. 我认为我校的教学模式和教学方法改革最成功的地方在于

（　　）

  A. 领导重视，制度健全，资金到位

  B. 师资力量雄厚，参与积极性高

  C. 学生基础好，推广改革容易

36. 为了深入开展教学模式和方法的改革，假如目前制度完善、经费充足、师资力量雄厚、师生积极参与，我最希望采取哪些教学模式和方法改革，请最少列举三种并简要说明。

  A. _____

  B. _____

  C. _____

问卷调查到此结束，再次感谢您对本次问卷调查工作的支持！

附录2

"研究型大学教学模式和教学方法改革"
教师调查问卷

尊敬的老师,您好!

2007年教育部和财政部联合下发了《关于实施"高等学校本科教学质量与教学改革工程"的意见》,正式启动了"高等学校本科生教学质量与教学改革工程"(以下简称"质量工程")。提高本科生教学质量,关键在于教学模式和教学方法的改革与创新。本研究力图通过对我国研究型大学教学模式和方法改革现状进行问卷调查、个案研究和比较研究,总结近年来我国研究型大学教学模式和方法改革的基本经验,分析存在的问题和原因,为研究型大学教学模式和方法改革提供理论指导、政策建议和实践帮助。

本问卷由个人基本情况和题目两部分组成,题目包括36个小题。完成问卷约15分钟。

本问卷只作研究所用,所有答案均无正确与错误之分,答案仅供科研之用,请您不必带有任何顾虑,完全按照自己的真实想法回答各项问题,这对于本研究的有效性具有重大意义。

衷心感谢您的合作!

一、被调查人基本情况(请在符合您情况的相应选项后画"√")

1. 性别:男( )   女( )

2. 年龄:35岁以下( );36—40岁( );
          41—50岁( );51岁以上( )

3. 是否承担管理(行政)任务:是( )   否( )

4. 如承担管理(行政)任务,是否有助教学或教改实践:
   是( )   否( )

5. 您是否主持或参与过各级各类的教学研究项目:
   是( )否( )

6. 如果您主持过教学研究项目,请在相应项目级别后标明次数:
   国家级教学研究项目( )次

省、部级教学研究项目（　　　）次

院校级教学研究项目（　　　）次

国际合作教学研究项目（　　　）次

二、题目（请将您所认同的选项填在题后括号内，除特别说明的以外，皆为单选）

1.对于教育部近3年来所印发的有关"质量工程"的文件，作为教师，我　　　　　　　　　　　　　　　　　　　　　　　　（　　）

　　A.深入学习领会文件精神，并结合学校整体部署积极参与执行

　　B.只了解学校下发院系的部分文件内容，配合学校有关活动对自己教学稍作调整改变

　　C.没太关注，只凭经验积累改进自己教学

2.2007年2月教育部和财政部联合下发的《关于实施"高等学校本科教学质量与教学改革工程"的意见》，我校　　　　　　　（　　）

　　A.高度重视，以"质量工程"为抓手，全面推进教育教学改革

　　B.重视"质量工程"项目的申报与建设，但更关注项目立项和经费支持

　　C.传达文件精神，认为"质量工程"的实施重在院系

3.对于"质量工程"的实施，我校教务处采取的措施是　　（　　）

　　A.全面推开，齐头并进地推进教育教学改革

　　B.重点抓好容易立项的优势、特色项目的建设与改革

　　C.以"质量工程"项目为杠杆，加强薄弱环节的建设

4.我校人才培养模式改革的核心推动力关键在于　　　　（　　）

　　A.学校和院系　　　　B.教师　　　　C.学生

5.在"质量工程"的各个项目中，我认为影响研究型大学本科教学质量的最核心因素是　　　　　　　　　　　　　　　　（　　）

　　A.专业结构调整与专业认证

　　B.课程、教材建设与资源共享

　　C.实践教学与人才培养模式改革创新

　　D.教学团队与高水平教师队伍建设

　　E.教学评估

6.在我校组织实施有关教学模式和方法的改革时，具体做法是

（　　）

A. 单独立项资助，专项审批

B. 在有关项目指南中单独设置专项模块，供教师自由选题

C. 融入课程或实践教学改革的项目之中

7. 我认为研究型大学的人才培养目标和一般院校的区别主要表现在 （　　）

  A. 重科研意识与科研能力的培养

  B. 重知识的学习与积累

  C. 重实践应用能力的培养

8. 对于国内外研究型大学有关教学改革的进展情况，我 （　　）

  A. 经常关注，非常了解

  B. 根据工作需要适当关注，大概了解

  C. 偶尔会关注，略有了解

9. 为了提高本科生教育质量，教师的主要职责是 （　　）

  A. 认真学习领会国家有关文件精神，与院系同事共同探讨优秀人才培养方案

  B. 有意识学习国内外先进教学经验，结合自己专业特点及教学实践总结有利于提高教育质量的教学模式和方法

  C. 积极争取承担学校相关教改项目，以此促进教学提高学生培养质量

10. 为了推进教学模式和方法的改革，我校采取的有效办法是 （　　）

  A. 领导高度重视，亲自挂帅主抓

  B. 管理重心下移，院系牵头，专家督导

  C. 依靠政策和经济杠杆宏观调控

11. 我校每年都会设置专项资金鼓励教师参与教学模式和方法的改革 （　　）

  A. 完全符合　　　　B. 基本符合　　　　C. 不太符合

12. 据我了解，我校在申报有关教学模式和方法改革的相关课题时 （　　）

  A. 各院系申报热情很高，教师非常支持并愿意投身教学改革

  B. 各院系申报时有所侧重，部分教师投身教学改革的积极性较高

C. 各院系申报参与积极性不高，教师侧重科研的倾向性明显

13. 在历年的教学研究项目申报中，我校教师申报的有关改进教学模式与方法的项目　　　　　　　　　　　　　　　　　　（　）

　　A. 数量较多　　　　　B. 数量一般　　　　　C. 数量较少

14. 在我校历年的教学成果评选中，我院系教师参与的关于教学模式和方法改革的成果获奖　　　　　　　　　　　　　　　（　）

　　A. 很多　　　　　　　B. 一般　　　　　　　C. 很少

15. 为了提高本科生教学质量，在教学与科研的关系问题上，我认为，在研究型大学应该　　　　　　　　　　　　　　　（　）

　　A. 教学为主，科研为辅，有针对性地鼓励少数学生参与科研
　　B. 教学与科研并重，鼓励学生适当参与科研，锻炼其科研能力
　　C. 重视科研，鼓励学生积极参与科研，着重培养其科研能力

16. 目前，我校采用的教学模式和方法主要有　　（　）（可多选）

　　A. 课堂讲授　　　　　B. 以问题为中心（PBL）教学
　　C. 案例教学　　　　　D. 研讨式（Seminar）教学
　　E. 其他（请填写至少两项我校开展的新的特色改革）

　　_____

　　_____

17. 在下列几种国内外新型的教学模式和方法中，我在教学中常采用　　　　　　　　　　　　　　　　　（　）（可多选）

　　A. 苏格拉底教学法　　B. 高峰体验教学法
　　C. 本科生科研　　　　D. 合作式教学
　　E. 服务性学习（service learning）

18. 作为教师，我对学生对教学模式和方法改革的要求　　（　）

　　A. 非常了解　　　　　B. 基本了解　　　　　C. 不太了解

19. 根据我对教师的了解，我校教师对于教学模式和方法改革的态度是　　　　　　　　　　　　　　　　　　　　　　　（　）

　　A. 非常支持，参与积极性高
　　B. 认为有必要改革，但不愿耗费太多时间和精力
　　C. 领导要求做的就按规定做

20. 据我所知，在我校教师队伍中，积极参与教学模式和方法改革的教师所占比例大约是　　　　　　　　　　　　　　（　）

　　A. 80%以上　　　　　B. 50%—80%　　　　　C. 低于50%

21. 根据我对本科生的了解，我校本科生参与科研的情况是

（　　）

　　A. 投入了极大的热情，想方设法通过多种渠道参与课题研究

　　B. 只对自己感兴趣的课题投入极大热情，对其他事情并不关心

　　C. 如果老师不做要求，自己不会主动参与课题

22. 据我了解或估计，我校本科生有机会参与科研的比例可能在

（　　）

　　A. 80%以上　　　　　　B. 50%—80%

　　C. 20%—50%　　　　　D. 低于20%

23. 为了提高本科生的实践能力，我校目前采取的教学模式和方法主要有　　　　　　　　　　　　　　　　　（　　）（可多选）

　　A. 教学实习和专业实习

　　B. 实验操作

　　C. 毕业论文和毕业设计

　　D. 本科生科研

　　E. 其他（请填写至少两项我校开展的新的特色改革）

　　_____

　　_____

24. 在下列几种国内外新型的教学模式和方法中，我校（院）或我自己采用了　　　　　　　　　　　　　　（　　）（可多选）

　　A. 产学研合作　　　　B. 合作教育

　　C. 双元制　　　　　　D. 服务性学习（Service Learning）

25. 实施教学模式和方法改革后，我认为教学质量　　（　　）

　　A. 明显提高　　　　　B. 有所提高，但效果不明显

　　C. 出现部分下滑

26. 在我校，教务处每年都会定期组织教学改革研讨与交流会

（　　）

　　A. 完全符合　　　B. 基本符合　　　C. 不太符合

27. 为了让教师更有效地参与教学模式和方法的改革，我校制定了相关配套措施，下列哪项最符合　　　　　　　　　　（　　）

　　A. 把教师参加教学模式和方法的改革或获得过教学成果奖作为
　　　　评定职称的必要条件

　　B. 把教师参加教学模式和方法的改革或获得过教学改革成果奖

项作为推荐参评高级别优秀教师的必要条件

C.把教师参加教学模式和方法的改革或获得过教学成果奖项作为考核教师工作业绩的必要指标项

28.在我校，教师是否主持教学改革项目并获得过高级别的教学成果奖是评价教师是否优秀的一项重要指标　　　　　　（　　）

  A.完全符合　　　　　B.基本符合　　　　　C.不完全符合

29.在推广我校教学模式和方法改革成果的过程中，教务处

（　　）

  A.给予尽可能多的物质奖励

  B.树立优秀典型，在校内外作报告观摩、推广

  C.给予政策优惠和扶持

30.在推行教学模式和方法改革成果的过程中，我认为最大的难点是　　　　　　　　　　　　　　　　　　　　　　　　（　　）

  A.与改革相关的制度不够健全

  B.教师的教学观念、教学能力和教学动机存在差距

  C.学生对新的教学模式和方法不适应，参与热情不高

  D.经费不足

31.在我校有部分教师不愿意参加教学模式和方法的改革，主要原因是　　　　　　　　　　　　　　　　　　　　　　（　　）

  A.政策制度不健全，经费太少

  B.教学模式和方法的改革见效慢，教师缺少成就感

  C.学生参与积极性不高，很难推动

32.与国内外其他研究型大学相比，我校在教学模式和方法的改革方面特色鲜明之处表现在　　　　　　　　　　　　　（　　）

  A.加强制度建设和经费投入，营造吸引教师参与教学模式和方法改革的良好氛围

  B.加强师资队伍建设，增强教师改革教学模式和方法的能力

  C.强调学生的自主性，围绕学生的兴趣开展教学改革

33.在我校，教学模式和方法改革后学生学业成绩评价的内容偏重

（　　）

  A.学生基础知识的掌握

  B.学生科研能力

C.由单一的知识和科研能力评价转向知识能力并重的综合评价

34.在评价学生学业成绩时,我校(院)采用的方式主要有　(　　)

　　A.书面考试

　　B.撰写论文和研究报告

　　C.能力展示

　　D.其他(请填写至少两项我校开展的新的特色评价方式)

_____

_____

35.我认为我校的教学模式和教学方法改革最成功的地方在于

(　　)

　　A.领导重视,制度健全,资金到位

　　B.师资力量雄厚,参与积极性高

　　C.学生基础好,推广改革容易

36.为了深入开展教学模式和方法的改革,假如目前制度完善、经费充足、师资力量雄厚、师生积极参与,我最希望采取哪些教学模式和方法改革,请最少列举三种并简要说明。

　　A._____

　　B._____

　　C._____

问卷调查到此结束,再次感谢您对本次问卷调查工作的支持!

附录3

"研究型大学教学模式和教学方法改革"
学生调查问卷

亲爱的同学们,你们好!

本研究力图通过对我国研究型大学教学模式和方法改革现状进行问卷调查、个案研究和比较研究,总结近年来我国研究型大学教学模式和方法改革的基本经验,分析存在的问题和原因,为研究型大学教学模式和方法改革提供理论指导、政策建议和实践帮助。

本问卷由个人基本情况和题目两部分组成,完成问卷约20分钟。

本问卷只作研究所用,所有答案均无正确与错误之分,问卷的答案采用匿名形式,答案仅供科研之用,请您不必带有任何顾虑,完全按照自己的真实想法回答各项问题,这对于本研究的有效性具有重大意义。

衷心感谢您的合作!

一、个人基本情况(请在符合您情况的相应选项后画"√")

1.性别:男(　　)女(　　)

2.年龄:

3.学科:

　文科(　　);理科(　　);工科(　　);医科(　　);

　农科(　　);其他(　　)

4.年级:

二、事实性问题

1.你认为影响高校本科教学质量最主要的因素是:

　A.国家政策　　　　　B.学校体制

　C.教师教学　　　　　D.其他_____

2.你认为人才培养模式改革的核心推动力关键在于　　(　　)

　A.学校和院系　　　　B.教师

　C.学生

3.你认为研究型大学的人才培养目标和一般院校的区别主要表现在

　　　　　　　　　　　　　　　　　　　　　　　　　(　　)

    A. 重科研意识与科研能力的培养
    B. 重知识的学习与积累
    C. 重实践应用能力的培养
4. 你认为教学模式的方法改革应该针对公选课设置的哪一方面？
　　　　　　　　　　　　　　　　　　　　　　　　　　　（　　）
    A. 整肃纪律，积极贯彻考勤制度，严打迟到早退、缺课旷课的现象
    B. 树立新型师生关系，加强教师评价体系，实行双向监督，提高教学质量
    C. 丰富课程内容，优化教师配置，计入评价体系，提高同学积极性
    D. 其他_____
5. 你认为影响研究型大学本科教学质量的最核心因素是　　（　　）
    A. 专业结构调整与专业认证
    B. 课程、教材建设与资源共享
    C. 实践教学与人才培养模式改革创新
    D. 教学团队与高水平教师队伍建设
    E. 教学评估
6. 你认为本科教育教学中存在的最突出矛盾和问题是　　　（　　）
    A. 学校对本科教学不重视
    B. 专业设置与社会需求脱节
    C. 课程内容落后于行业发展
    D. 课程内容理论性太强，与行业实际不对接
    E. 学校对学生毕业条件要求太低，没有严把质量关
    F. 其他_____
7. 你认为学校本科生的培养目标应该定位于　　　　　　　（　　）
    A. 专业理论扎实的技术科研型人才
    B. 能力较为综合的复合型人才
    C. 具有较强的实践能力，能较快上手工作的应用型人才
    D. 其他_____
8. 你对学校教学模式的方法改革的建议是　　　　　　　　（　　）
    A. 不用改革了，长时间的积淀证明先前的制度的正确性

B. 改革应以老师为重

C. 改革前应广泛征集民意,尊重教师和学生的意见

D. 改革应以学生为重

9. 你所在学校有组织意在培训和锻炼创新意识和能力的活动吗？（　）

  A. 从来没有过   B. 偶尔

  C. 经常   D. 总是

10. 你认为培养实用性创新型人才,高校在教学方面最需要做到的是（　）

  A. 突出实践教学和工程训练

  B. 在教学中运用参与式的教学方式

  C. 改革实践教学环节,逐步开放实验室

  D. 改革考试方法,鼓励有创新意识的学生脱颖而出

11. 你认为老师在教学中还有哪些方面不足,需要改进的？（　）

  A. 教学方法太死板,太传统   B. 教学手段落后

  C. 教学设备简陋   D. 其他

12. 你对参与本科生科研的态度是（　）

  A. 投入了极大的热情,想方设法通过多种渠道参与课题研究

  B. 只对自己感兴趣的课题投入极大热情,对其他事情并不关心

  C. 如果老师不做要求,自己不会主动参与课题

13. 为了提高本科生的实践能力,贵校目前采取的教学模式和方法主要有（　）（可多选）

  A. 教学实习和专业实习

  B. 实验操作

  C. 毕业论文和毕业设计

  D. 本科生科研

  F. 其他（请填写至少两项我校开展的新的特色改革）

_____

_____

14. 你认为参加实习对你有何影响？（　）

  A. 激发我对此行业的兴趣

  B. 能增加未来就业的竞争力

C.有助于理论联系实际

　　D.有助于建立正确的价值观和端正工作态度

　　E.有助于提高人际关系

　　F.有助于提高个人能力

15.你认为哪种教学模式最能帮助提高教学质量？　　　　（　　）

　　A.苏格拉底式　　　　　　B.PBL（基于问题的学习）

　　C.Seminar（研讨式）　　　D.其他_____

16.你所在的学校教学和科研的关系是怎样的？　　　　　（　　）

　　A.重视教学　　　　　　　B.重视科研

　　C.教学科研并重，科研促进教学

　　D.其他_____

17.在下列几种国内外新型的教学模式和方法中，贵校采用了

　　　　　　　　　　　　　　　　　　　（　　）（可多选）

　　A.产学研合作　　　　　　B.合作教育

　　C.双元制　　　　　　　　D.服务性学习（Service Learning）

18.实施教学模式和方法改革后，你认为教学质量　　　　（　　）

　　A.明显提高　　　　　　　B.有所提高，但效果不明显

　　C.出现部分下滑

19.在评价学生学业成绩时，贵校采用的方式主要有　　　（　　）

　　A.书面考试　　　　　　　B.撰写论文和研究报告

　　C.能力展示　　　　　　　D.其他

20.你所在的学院专门设立实验室吗？　　　　　　　　　（　　）

　　A.有

　　B.没有（若选此项，直接做第二部分题）

21.你认为实验室在哪些方面对你有帮助？　　　　　　　（　　）

　　A.提高学习能力，解决学习中遇到的问题

　　B.扩大交际面，认识更多专业人士

　　C.培养团队合作意识

　　D.参与科研，提高自身创新、实践能力

22.你对实验室建设和改进有何建议？　　　　　　　　　（　　）

　　A.延长开放时间　　　　　B.增加实验室设备

　　C.配备专门的指导老师　　D.很好了，不用改进

E. 其他_____

三、态度性问题

	非常符合	基本符合	不确定	基本不符合	完全不符合
1. 我认为教师对教学方法改革很有必要					
2. 我认为本学科在未来经济、社会发展中有作用					
3. 我认为所学知识和实际情况联系紧密					
4. 我所学的课程可以支撑我做一些简单的研究/调查					
5. 我认为现在教师教学手段多样化					
6. 我很积极地参加社会实践活动					
7. 我对大学生科研很感兴趣					
8. 课程的学习对我在科学研究和方法上有很大启发					
9. 专业实验室的设备能满足我专业实验的需求					
10. 教师能合理有效地利用教学媒体辅助教学					
11. 教师鼓励学生发表个人观点并与同学相互交流					
12. 教师讲课理论联系实际,便于知识的吸收和运用					
13. 教师讲课方式灵活、生动,课堂气氛活跃					
14. 我对学校提供的实习岗位很满意					
15. 在专业实习过程中,我很好地提高了自己的实践能力					

问卷调查到此结束,再次感谢您对本次问卷调查工作的支持!